U0934515

YI NENGLI PEIYANG WEI HEXIN DE
GUOJIMAOYIZHUANYE JIAO XUE YANJIU (2012)

以能力培养为核心的国际贸易专业“教”、“学”研究(2012)

主　编：沈晓平　赵亚平

副主编：崔　玮　郑春芳

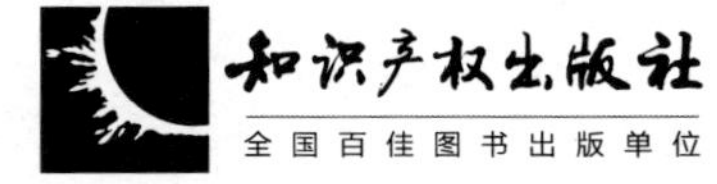

知识产权出版社
全国百佳图书出版单位

内容提要

本论文集分为上下两篇。上篇是专业教师对于国际贸易专业建设、课程改革、课堂教学、人才培养等方面的研究与探索。下篇是本专业学生的部分学术论文。一方面显示了教师教学研究的成果，另一方面充分展示了学生的科研能力。

责任编辑： 张水华

图书在版编目（CIP）数据

以能力培养为核心的国际贸易专业“教”、“学”研究（2012）/沈晓平，赵亚平主编.
—北京：知识产权出版社，2012.12
ISBN 978-7-5130-1764-0

Ⅰ. ①以… Ⅱ. ①沈… ②赵… Ⅲ. ①国际贸易—教学研究—高等学校—文集
Ⅳ. ①F74-42

中国版本图书馆 CIP 数据核字（2012）第 299149 号

以能力培养为核心的国际贸易专业“教”、“学”研究（2012）

主　编：沈晓平　赵亚平
副主编：崔　玮　郑春芳

出版发行：知识产权出版社

社　址：	北京市海淀区马甸南村 1 号	邮　编：	100088
网　址：	http://www.ipph.cn	邮　箱：	bjb@cnipr.com
发行电话：	010-82000860 转 8104/8102	传　真：	010-82000860
责编电话：	010-82000860 转 8389	责编邮箱：	miss.shuihua99@163.com
印　刷：	知识产权出版社电子制印中心	经　销：	新华书店及相关销售网点
开　本：	787mm×1092mm 1/16	印　张：	18.25
版　次：	2012 年 12 月第 1 版	印　次：	2012 年 12 月第 1 次印刷
字　数：	288 千字	定　价：	48.00 元

ISBN 978-7-5130-1764-0/F·579（4609）

前　言

北京联合大学商务学院是一所以培养国际化应用型商科人才为己任的地方经管类学院。几年来，学院秉承“国际视野、应用为本、经管综合、能力为重、全面发展”的人才培养理念及“分类指导、分层培养、因材施教、突出特色”的教育教学理念，以强化学生能力培养为主线，借鉴与吸收国外先进教育教学经验，不断深化教育教学改革，取得了较大的成效。本书是我院国际经济与贸易专业依托校级专业综合改革试点项目，以强化学生的跨文化交流能力、商务实战能力、自主学习能力、团队协作能力、就业创业能力为核心，在“如何教”、“怎样学”上积极开展研究与实践的阶段性成果。

全书分为上、下两篇。上篇是教师教学研究成果，主要内容包括教师执教能力建设研究、培养方式方法研究、课程教学研究、网络学堂建设研究等；下篇是国贸专业 2009 级部分学生的学术论文，研究领域涉及国际服务与技术贸易、国际直接投资、产品出口等相关问题。

本书由本人与国际贸易学科带头人赵亚平教授负责总体设计、策划与组织；专业负责人崔玮教授负责学生学术论文统稿；教研室主任郑春芳副教授负责教师教研论文的统稿。本书的编写、出版过程还得到了各级领导及知识产权出版社的大力支持与帮助，在此一并致谢！

希望本书的出版能进一步推进我院国际经济与贸易专业的人才培养质量提升，促进“教”、“学”相长，也希望能使有兴趣的读者开卷有益。

书中不妥之处请批评指正！

北京联合大学商务学院　副院长　沈晓平

2012 年 11 月 20 日

目　录

上篇　教师教学研究论文

下篇　学生学术研究论文

上篇

教师教学研究论文

普通高校专业教师执教能力及建设研究

赵亚平❶

摘要：为适应高等教育普及化下生源新特点，普通高校在教师执教能力方面进行了多种建设。通过对高校调研发现，执教能力的建设主要体现在制度建设和人才培养两个方面。制度建设的特点是规范与引导相结合；对教师执教能力培养是重点与一般相结合。本文以北京联合大学为例，通过学生问卷调研对商务学院经济学类课程授课教师执教能力的表现进行了研究，并据此提出了完善与加强执教能力组织、建立与完善提高执教能力机制等措施与建议。

关键词：专业教师；执教能力；建设

1　问题的提出

能力，就是指顺利完成某一活动所必需的主观条件。能力是直接影响活动效率，并使活动顺利完成的个性心理特征。能力总是和人完成一定的活动相联系在一起的。离开了具体活动既不能表现人的能力，也不能发展人的能力。❷能力素质，是在任务或情景中表现的一组行为；能力与知识、经验、和个性特质共同构成胜任某项任务的条件。它是由美国著名的组织行为研究者大卫·麦克利兰（David McClelland）提出的。麦克利兰将能力素质（Competency）界定为：能明确区分在特定工作岗位和组织环境中杰出绩效水平和一般绩效水平的个人特征。可分五个层次：知识（Knowledge）、技能（Skill）、自我概念

---

❶ 作者简介：赵亚平（1960–），女，经济学博士，北京联合大学商务学院教授，研究方向为跨国经营、国际服务贸易。

❷ 百度百科 . http：//baike. baidu. com/view/41286. html？ tp＝2_ 01.

(Self-Concept)、特质(Traits)、动机(Motives)。能力素质模型通常包括三类能力：通用能力、可转移的能力、独特的能力。通用能力是指适用于公司全体员工的工作胜任能力，它是公司企业文化的表现，是公司内部对员工行为的要求，体现公司公认的行为方式；可转移的能力是指在企业内部多个角色都需要的技巧和能力，但重要程度和精通程度有所不同；独特的能力指某个特定角色和工作所需要的特殊的技能，通常情况下，独特的能力大多是针对岗位来设定的。

根据北京市教育委员会《北京市教师资格教育教学能力测试标准及办法》(京教人〔2002〕4号)，高等学校教师资格教育教学能力主要从职业道德及心理素质、专业理论知识、教学能力、现代教育技术应用能力、外语能力、自我评价和综合表现七个方面进行测试。具体标准规定如下：①职业道德和心理素质：热爱教育事业，遵守教师职业道德规范，热爱学生，注重教书育人，心理健康；②专业理论知识：具有扎实的本专业知识，具有较为广博的相关学科知识，了解当前教学改革中的有关问题；③教学能力：选择教育教学内容和方法得当，设计教学方案合理，掌握和运用教育学、心理学知识的能力较强，语言表达简练、生动、流畅；④现代教育技术应用能力：能较熟练地操作计算机，并运用现代教学手段进行教学；⑤外语水平：掌握一门以上外语，达到大学外语六级以上水平，具有较强的综合运用语言的能力。具有大学英语六级（其他语种参照执行）或硕士以上学位证书者，可免于此项测试；⑥自我评价：能对教学过程、师生状态、教学效果进行评价和反思，达到改进教学的目的；⑦综合表现：有扎实的专业知识和较为广博的相关学科知识；教学效果良好；具有较好的科学研究能力和潜能；培养学生科学意识、创新能力的意图比较明显，具备教书育人的能力和基本素质。

高等教育普及化背景下地方高校如何适应生源特点，建立与完善支持教师专业成长的管理与服务体系，建立科学的激励与约束机制，有效引导教师提升执教能力，引导教师将主要时间和精力投入到教学中，打造一支师德高尚、业务精湛、结构合理、爱岗敬业、充满活力的教师队伍已经成为当前的主要任务之一。

2 文献回顾

执教能力就是运用正确的执教理念、采取科学的执教方法和高超的执教艺术，传授最先进的科学知识，将学生培养成有思想、有道德、有文化、有责任的人才的能力（康祝圣，2005）。

余承海、姚本先（2005）认为高校教师的教学能力主要由以下七个因素构成：完善的知识结构及知识更新能力；驾驭学科内容的能力；学术研究的能力；培养学生终身学习的能力；哲学思辨能力；熟练地操作计算机能力；有效获取外文资料及较高的阅读理解能力。

教师的执教能力，指的是教师教书育人的能力。具体地说，就是在正确的教育理念、教育思想的指导下，教师通过科学合理的教学方法，有效地开展教学活动的能力。教师的执教能力涵盖了教师在教育教学活动中所有的教育手段、教育方法、教育技巧和教育能力（郑丽，2008）。

地方商科院校教师执教能力包括开创性的教学组织能力、熟练的知识个能力、熟练的实际操作能力、调查分析能力、反思教学过程的能力、教学创新能力（颜建军、李湘林，2008）。

林永柏（2008）提出教学的十种能力，包括：教学目标、教学任务的认知能力；教学方案的设计能力；教学内容的驾驭能力；学科内容的评价能力；教学表达能力；选择和运用教学方法、教学媒体的能力；课堂教学的组织管理能力；教学活动的调控能力；培养学生终身学习的能力；教学创新能力。

可以看出，学界对执教能力或教学能力早有多种研究，但对于执教能力建设的研究还有很大空间。而从学校的发展看，执教能力持续建设才是教育教学质量的保证。

3 实证研究

3.1 对高校执教能力建设情况的调查

为了了解普通二类本科学院教师执教能力的培养与管理，我们调研了南京财经大学、东北财经大学、北京信息科技大学、淮海工学院、北京联合大学等学校。经过对这些学校的调研我们发现以下情况。

第一，规范与引导相结合。各个学校都非常重视教学质量，并通过各种制度规范、引导、约束教师的教学工作。制度建设是教学质量的根本保证。考核、推动教师提高教学质量的制度有很多，虽然各学校的表达方式不同，大致归为直接的、间接的两种（见表1）。

表1　教学质量相关制度文件情况

直接制度	对教师教学工作的规范	·淮海工学院2002年印发的《淮海工学院教师教学工作规程》，对教师任课资格、开课条件、课堂教学、课外辅导等有明文规定； ·北京信息科技大学2006年印发的《北京信息科技大学教师教学工作基本规范》，也主要规定了教师接收教学任务、备课、授课辅导答疑等工作
	对教师教学质量的评价	·南京财经大学2005年印发的《南京财经大学教学质量评价方案》规定：教师教学质量评价结果与津贴分配方案的实施周期（三年）整体挂钩，并作为学校教学部门考核的重要内容
	课堂教学质量标准	·2005年东北财经大学印发了《东北财经大学课堂教学质量标准》，包括对授前准备、教学依据、授课内容、教授方式等12个方面进行了界定。 ·不仅如此，还在同年印发了《东北财经大学关于教师备课的有关规定》，提出了10条有关备课的要求
	教学质量责任制	·2005年东北财经大学印发了《东北财经大学教学质量岗位责任制》明确规定教师是教学质量的第一责任人；各级管理部门是自己部门教学质量的第一责任人
间接制度	加强与鼓励教师教学研究	·2005年印发的《东北财经大学关于加强教学研究的若干意见》明确提出“有计划地组织教学研究、规范教学研究内容、重视教学研究立项、制定激励教学研究的政策措施、成立教学研究中心”

续表

	鼓励教学公开竞赛	·2005年印发的《南京财经大学教师教学公开竞赛管理办法》规定对获奖教师颁布证书和奖金，还作为教师年度工作考核、职称评定、岗位津贴档次确定的重要依据
	教学质量保障体系	·2007年印发的《北京信息科技大学本科教学质量保障与监控体系管理意见》
	教学奖励	·2005年南京财经大学印发的《南京财经大学本科教学奖励实施办法》规定的奖励为各类教学奖（教学成果奖、优秀教学奖、精品教材奖等）；各类指导学生奖；其他教学奖励

资料来源：《东北财经大学本科教学管理制度汇编2005》；《南京财经大学教学管理规章制度文件汇编2005》；《北京信息科技大学本科教学管理文件汇编2008》；《淮海工学院规章制度汇编·教学管理卷2006》.

第二，重点与一般相结合。教师培养是保证执教能力的手段。对教师的培养采取两个途径：一是重视对青年教师的培养（见表2）。二是全面重视教学能力的提高，以北京联合大学为例：①通过教研立项提升教师教学研究能力。北京联合大学有校级教学研究立项；商务学院更是每年进行教研教改立项、课程负责人项目资助、网络学堂项目资助等，给予许多教师进行教学改革与研究的条件，也取得了一定的成果。②通过说课比赛、青年教师基本功大赛推动教师教学水平的提高。如2010年以来已连续举办了两届高等职业教育教师说课评选活动。活动要求参赛教师重视现代教育理念在教学中的应用，根据课程内容和学生特征，对教学方法进行设计，针对不同的教学内容，灵活组合运用多种恰当的教学方法，有效地调动学生参与学的积极性，启发学生积极思维，促进学生学习能力的发展。对提高高职教师执教能力和教育教学质量起到了有效的促进作用。③通过教学评优促进教学水平提高。为鼓励在教学改革和教书育人工作中做出突出贡献的一线教师，培养一批教学骨干，提高人才培养质量，根据《北京联合大学教学优秀奖评选办法（试行）》（京联发〔2011〕34号）文件精神，学校组织开展了2011—2012学年教学优秀奖评选工作。

表2　北京联合大学近几年对青年教师培养方式一览表

时间	培养方式	具体内容
2003年	青年教师导师制	导师要根据单位为青年教师指定的专业方向，以及培养计划的要求，对青年教师在各方面给予全面指导，并定期向单位领导汇报情况。每指导1名青年教师每年给予40学时的工作补贴。指导工作考核优秀者，每年增加20学时工作补贴
2010年	《新教师入职培训计划》	包括：全校统一组织的培训；学院自行组织的培训
2011年	《新教师入职培训体系》	培训内容包括：课程体系、校情介绍、教学能力提升、师德修养、团队拓展训练、职业生涯管理、心理健康等7个方面
2012年	《新教师研习营培训方案》	培训内容包括：走进联大、互动拓展、执教能力培养、教学观摩交流、职业发展导航、在线学习6个模块

资料来源：北京联合大学人事处.

3.2　对教学效果的调查

3.2.1　问卷设计

根据学者对执教能力的研究成果，结合工作实践经验，我们认为教师执教能力集中在“教前”准备和“教中”实施这两大阶段，共分为五个方面：一是教师基本素质与能力，包括教师了解本课程特点、了解本校学生特点情况；二是教学内容的整合能力，包括重点是否突出、能否理论联系现实、授课能否深入浅出；三是教学过程的设计能力，包括课堂是否有计划地互动、授课过程中是否采用启发式教学；四是课堂教学的掌控能力，包括教学节奏如何、教学秩序如何、时间分配是否合理；五是教师体态语言的教学表现力，包括声音是否有轻有重、肢体语言是否舒展大方。

并据此设计了问卷，进行了调查。

3.2.2　问卷发放

2011—2012学年度第二学期，我们在北京联合大学商务学院对《运输与保险》、《国际贸易理论与实务》、《微观经济学》、《财政学》、《保险学》、《证券投资学》、《报关与商检》、《国际结算》、《金融衍生工具》、《世界经济热点问题》10门课、17个班级的学生进行了问卷调查，共发放问卷255份，收回有效问卷231份。

3.2.3 问卷统计

关于老师讲授的内容是否紧密围绕本课程主要核心：有95人认为教师在授课中能紧密围绕本课程主要核心内容，占受访学生的41.2%；有80人认为教师在授课中能比较紧密围绕本课程主要核心内容，占访学生的34.6%；还有43人认为“一般”、13人认为“不紧密”，分别占到18.6%、5.6%。其中认为“紧密”和“比较紧密”的人数共有175人，占76%。

关于教师在授课过程中是否能突出重点：认为教学重点“突出”、“较突出”、“一般”、“没突出”的学生分别有83人、75人、57人、16人，分别占到受访人数的35.9%、32.5%、24.7%、6.9%。其中，认为“突出”和“较突出”有158人，占68%。

关于教师在授课过程中是否能将理论紧密联系现实：认为教师在授课中理论联系实际“紧密”、“较紧密”、“一般”、“不紧密”的分别为93人（占40%）、81人（占35%）、50人（占22%）、7人（占3%）。

关于教师在授课过程中是否做到“深入浅出”：认为教师“能”、“一般”、“没有”的学生人数分别为：96人（占42%）、109人（占47%）、26人（占11%）。

关于在授课中教师是否对难点问题展开讲解：回答“是”、“一般”、“没有”的学生分别为108人（占47%）、105人（占45%）、18人（占8%）。

关于教师是否能结合本班学生特点授课：认为教师在授课中“结合”、“一般”、“没有结合”本班学生特点的人数分别为81人（占35%）、120人（占52%）、30人（占13%）。

关于教师在课堂是否有计划地互动：认为教师在授课中“经常”、“一般”、“没有”有计划地进行课堂互动的学生人数分别为103人（占45%）、106人（占46%）、22人（占9%）。

关于教师在授课过程中是否经常采用“启发式”教学：认为教师在授课

中“经常”、“一般”、“没有”使用启发式教学的人数分别为 94 人（占 41%）、109 人（占 47%）、28 人（占 12%）。

关于教师教学进度和教学节奏安排如何：认为教师在授课中教学进度安排“较快”、“适中”、“较慢”的学生分别为 62 人（占 27%）、159 人（占 69%）、10 人（占 4%）。

关于在教学中教师是否维持教学秩序：认为教师在授课中“随时维持”“维持几次”、“不维持”课堂秩序的学生分别为 95 人（占 41%）、118（占 51%）、18 人（占 8%）。说明教师在授课中积极维护教学秩序，体现出较好的教学秩序控制态度与能力。

关于教师授课中声音是否有轻有重以吸引同学注意：认为教师在授课中声音“有轻有重”、“一般”、“无轻重变化”的学生分别为 82 人（占 36%）、115 人（占 50%）、34 人（占 15%）。说明大多数教师在这方面还有待提高。

关于教师是否注意仪表，肢体语言是否舒展大方：认为教师在授课中“注意”、“一般”、“没注意”仪表和肢体语言的学生人数分别为 143 人（占 62%）、71 人（占 31%）、17 人（7%）。

3.2.4 结果分析

第一，教师重视教学工作；具备了基本的专业水平和教学能力。大多数教师在授课中能围绕课程的核心内容，体现出教师较强的专业素质与能力。但只有三分之一的学生认为教师在授课中比较灵活地结合学生特点，大多数教师还没有很好地将自己的授课与班级特点结合起来。

第二，大多数教师有较好的知识运用能力；即使是理论课教学，大多数教师能够紧密结合现实情况进行理论讲解与分析，体现出教师把握专业前沿、及时传递有效信息的能力。但只有 42% 的学生认为教师能做到深入浅出地授课，45% 的学生认为教师能够重点讲解难点问题，说明部分教师在授课方法和技巧上还有待进一步提高。

第三，大多数教师懂得运用课堂互动，也能采取启发式教学，教学过程的设计能力较强。

第四，69% 的学生认为教学进度适中，教学节奏合理；多数学生认为教师注意维护教学秩序，反映出教师较好的课堂教学掌控能力。

第五，大多数学生反映教师在教学中能做到通过声音高低的变化吸引学生注意力；教师仪表得体、肢体语言舒展大方，体现了教师们较好的教学表现力。

4 措施与建议

4.1 完善与加强执教能力组织建设

由于执教能力的主体是教师，而涉及教师管理的部门是多方面的，因此，高校对执教能力的建设与管理应该是全方位、系统化的。

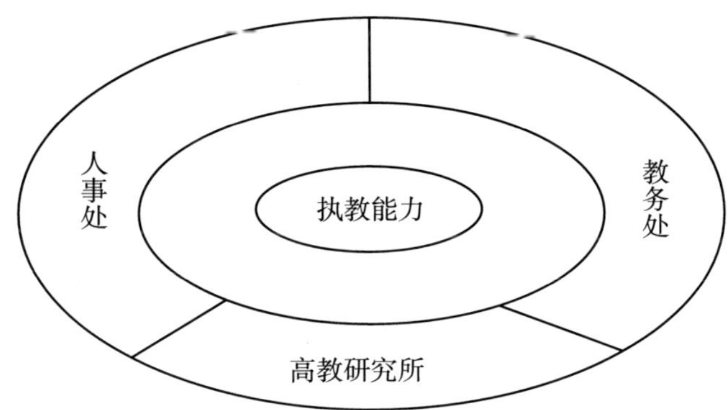

图1 执教能力组织建设

首先，在教务处建立教师执教能力建设机构以保证教育教学质量。该机构主要负责执教能力比赛、经验交流、示范课程展示等等。这些工作可以强化教师不断提升执教能力的意识，交流教学方法与技巧，加强团队教学的管理，还向“下”具体落实到课堂教学，向“上”凝练出一批可供推广与借鉴的教学应用研究成果，全面提高了教学品质。以商务学院国际经济系为例：通过两次执教能力演讲展示与交流，我们总结出适合经济学类专业课程的教学方法。

第二，在高教研究所建立执教能力研究机构以不断总结经验。专门进行教师教育与实践的研究。主要研究：教学能力形成与发展规律；符合高校教师教学专业成长的路径与方法；中外合作办学中如何提高教师能力尤其是双语或者全英语教学能力；进行教师专业化的研究和教学研究；进行教师评价和教学质量评估的研究。

第三，加强"教师教学发展中心"建设使教师能力可持续发展。中心的工作任务是"作为教师培训的主责部门，承担全校教师的培训工作，青年教师的指导和培育；进行教师专业化的研究和教学研究；进行教师评价和教学质量评估的研究，并协助有关部门开展相关工作；开展教师心理咨询服务、举办教师发展论坛等"。

4.2 建立与完善提高执教能力的机制

第一，构建不同学科类型（文科/理工科）教师执教能力的测评体系，并定期展开测评。将测评结果与岗位待遇、职称晋升等直接挂钩。

第二，在教师培训制度基础上建立教师自我发展机制。学校提出对教师执教能力与水平的要求并给予一定的经费支持，选择怎样的培训内容以及培训方式由教师根据自己的需要确定。

第三，建立教师岗位与级别的淘汰机制。对于执教能力不符合教师岗位要求或不符合教师所聘岗位级别要求的要及时下调级别或换岗，以敦促教师不断自醒、自悟、自我发展。

5 结语

大学教师的教学能力，是一个无法回避的问题，即使作为教授，也"首先是讲课的学问家，能开出多种有深度的课程"（张岂之语）。只有在大学教师教学能力普遍提高、不断提高的情况下，高校教育教学水平才能得到持续提高。

参考文献：

[1] [美] 康斯坦斯·库克．提升大学教学能力教学中心的作用 [M]．陈劲，郑尧丽，译．杭州：浙江大学出版社，2011.

[2] 章坤．试论大学教师的教育能力 [J]．邵阳学院学报（社会科学版），2006（4）：114-116.

［3］蒋琦，朱健梅．论高校青年教师教育能力建设［J］．合肥工业大学学报（社会科学版），2009（12）：28-31.

［4］袁夫彩，赵希文．高校青年教师教学素养提升方略的探索［J］．教育与教学研究，2010（6）：8-10.

［5］孙钰华．高校教师教学能力研究的回顾与反思［J］．中国大学教学，2009（8）：58-60.

［6］姚利民，成黎明．期望与现实：大学教师教学现状调研［J］．中国大学教学，2007（3）：37-40.

分类培养与分级教学研究——以《国际服务贸易》为例

梁　瑞[1]

摘要：建立以市场需求和学生个性培养为导向的分类培养模式是解决当前我国高校人才培养模式单一化与社会对人才多元化需求不相适应问题的主要路径。当前针对经济类专业分类培养、分级教学培养机制的研究还相对欠缺。国际贸易专业人才培养的类型基本可分为“学业深造”型和“就业与创业”型两大类型，据此该专业分类培养模式的构建应从人才分型、课程体系构建和配套基础工作三个方面入手。同时，针对部分学科大类必修课和专业必修课，可以通过灵活利用教学方法和教学手段将不同类型学生学习需求的差异有机结合起来进行分级教学，以更好地实施人才分类培养。

关键词：市场需求；个性培养；分类培养；国际贸易专业

1　问题的提出

根据中国海关和世界贸易组织的统计，2011 年，我国货物贸易进出口总值 36420.6 亿美元，其中，出口 18986 亿美元，占全球货物出口总额的 10.4%，连续三年居全球之首；进口 17434.6 亿美元，进口额占全球货物进口总额的 9.5%，连续三年全球第二。同时，2011 年，中国服务贸易进出口总额达 4191 亿美元，居世界第四位，其中出口居世界第四，进口居世界第三。随

[1] 作者简介：梁瑞（1980-），女，博士，北京联合大学商务学院讲师，研究方向为国际服务贸易、区域贸易安排。

着我国对外经贸的快速发展和外贸大国地位的逐步确立，我国对国际贸易人才需求的多元化要求也越来越高。目前我国对外经贸领域就业市场面临“人才紧缺”与“人才过剩”的双重矛盾，而高校国际经济与贸易专业人才培养中教与学的“供需不对称”、培养模式单一等问题也日益凸显。为了更好地提高国际贸易人才的培养质量，使国际贸易人才的培养既满足国家经贸发展对人才的多元化需求，同时又注重学生个性和兴趣的差异，在国际贸易专业教学中实施以市场需求和学生个性培养为导向的分类培养模式就显得非常必要和紧迫。

所谓分类培养就是高校依社会对人才的基本需求和大学生的个性特点为基础，设计不同的培养方向和和培养方案，让学生自主选择发展方向，成为各有所长的专门人才。随着我国高等教育由精英教育步入大众教育阶段，宽口径、厚基础的通识教育与专业教育之间的矛盾、多样化的人才培养需求与培养模式单一之间的矛盾日益成为当前我国多数高校普遍面临的突出问题。一方面，人才需求单位反馈大学生专业水平有所下降，另一方面学术研究型与就业创业型的大学生得不到与之发展方向相适应的培养方案和课程体系。因此，实施人才分类培养的教学模式，既是高校根据学生个性差异进行因材施教和全面推进素质教育的需要，同时也是高校满足经济社会的快速发展对人才多元化培养需求的必然选择。

2 研究现状

目前国内关于本科生分类培养、分级教学人才培养机制方面的研究视角主要集中在以下三个方面：

一是对本科生分类培养模式的内涵、实施途径及后续完善问题进行一般意义上的理论探讨。赵桂龙、缪培仁和丁为民（2012）的研究针对高校人才培养存在的主要问题，说明了实施本科生分类培养的原因，提出了本科生实施“学术研究类”和“就业、创业类”分类培养的模式。

二是以具体专业和课程为研究对象，探讨本科生实施分类培养、分层教学的必要性、途径和可能存在的问题。韩美贵、金德智和赵吉坤（2011）的研究认为，工程管理本科专业分类培养遵循“以人为本，按需设计，搭建平台，分类培养，分向发展”的办学理念，以产学研结合为培养手段，按“低年级夯实基础，高年级分流培养”的原则，形成“基础平台+方向模块”的柔性课程体系。课程分类集中在选修课范围内的通识课、学科类选修课和专业选修课方面，按照层次将其分为4种类型，即通用课、Ⅰ类（应用型）、Ⅱ类（研究型）和高阶课。不同类型的课程间具有一定的关联性，又有一定的差异性。实现分类培养还需要相应的师资条件、实践教学条件和制度条件支撑。王健（2009）以法学专业本科人才分类培养为研究对象，从法学专业本科人才的培养目标出发，在对美国、澳大利亚和新西兰的本科生培养经验进行借鉴的基础上，以浙江理工大学法学专业人才培养为例，对法学专业本科人才分类培养的实践和效果进行了研究。

三是以具体学校为研究对象，探讨本科生分类分级教学与人才培养模式的改革与思考。张明如（2010）以长江大学的分类分级教学模式为例，对长江大学一工部教学模式的现状、存在的问题以及未来改革建议进行了分析。唐毅谦等（2010）以成都学院为例，从分类培养体系构建的依据出发，分别论述了分类培养的目标、规格和实施途径，同时对今后改进的方向进行了探讨。综合上述研究可以看出，目前关于经济类专业尤其是国际经济与贸易专业分类培养、分级教学培养机制的研究和探讨还相对欠缺，因此加强对经济类专业实施分类培养教学模式的研究，提高高校经济类人才培养的质量是非常必要的。以下笔者结合本人所在高校国际经济与贸易专业人才培养的现状，重点探讨国贸专业分类培养模式的实现路径，同时结合《国际服务贸易》课程探讨在分类培养模式下如何对学科大类和专业教学平台中的一些核心必修课程进行分级教学。

3　国际经济与贸易专业分类培养模式的实现路径

3.1　明确分类培养的人才类型和培养目标

根据笔者对所在学院国际经济与贸易专业本科学生就业数据的统计分析可知，近三年有大约15%的毕业生毕业后选择在国内或出国继续进行学术深造，而85%的学生选择直接就业或自己创业。根据这一就业特点，我们将本专业的人才培养类型分为“学业深造”型和“就业与创业”型，同时将“就业与创业”型根据就业领域又分为外经贸领域和金融领域。在人才培养过程中，针对不同的人才培养类型设置不同的课程体系，进行分类培养，并注重兼顾与不同类型人才需求方对人才知识和素能要求的衔接。

3.2 优化与分类培养体系相配套的课程体系

随着教育教学改革的推进，笔者所在学校国际经济与贸易专业已经基本推行了本科分类培养的人才培养方案。国际经济与贸易专业采取人性化的人才培养模式，根据学生的学业基础、兴趣爱好及就业和深造意向，为学生提供弹性课程，实现个性化的教育服务。培养方案的课程体系由通识教育、学科大类教育、专业教育和素质拓展教育四个部分构成的知识体系和教学模块构成。每个教学模块都设有必修课与选修课。

通识教育课程主要包括高等数学、英语、计算机、体育、军事、心理学、德育课等公共基础必修课程以及涵盖自然科学、人文艺术、社会科学和沟通交流四大类的选修课程。通识教育注重学生视野的拓展和个性的发展，力争使学生兼备人文素养与科学素养，把学生培养成“全面发展的人”。通识教育课程主要为低年级学生开设。

学科大类教育课程主要包括宏微观经济学、管理学、会计学等必修课程以及商务分析、商务研究、商务决策等选修课程。学科大类教育注重夯实加宽学生的专业基础，体现大学大众教育的“厚基础”与“宽口径”，一方面有利于学生充分发现自身的兴趣与特长，另一方面也有利于扩大学生未来发展的选择范围。

专业教育课程除了开设国际贸易理论与实务、国际服务贸易、国际金融等专业必修课程之外，还将专业选修课分为限选课和任选课让学生根据自身需要和喜好自行选择。其中根据不同类型学生就业后的不同需求，将专业任选课分为三个模块：一是针对有考研深造意愿的学生，开设针对考研的选修课模块（由中级微观经济学、中级宏观经济学和国际经济学课程组成），使学生更为深入地掌握国际经济与贸易学科的基础理论；二是面向具有到对外经贸领域就业意向的学生，为了进一步培养其国际商务运作、管理及国际市场调研能力，开设由市场调查与预测、电子商务概论和国际市场行情分析组成的选修课模块；三是针对有向金融领域发展意向的学生，开设由金融学、财务管理和国际投资学三门课程组成的选修课模块，进一步拓展其金融方面的理论知识。

素质拓展教育重在培养学生的综合素质和实践能力，主要开设课程分为三个版块：创新创业教育选修课程（创业学概论等）、创新创业实践活动（国贸技能竞赛、创业计划竞赛等）与社会实践活动（志愿服务与公益活动等）。

此外，在课堂教学之外，根据学生综合素能培养需要，还独立设置实践教学环节。实践教学分别安排在学生大学阶段的各关键环节，实践内容涉及入学教育、毕业教育、英语综合能力实践以及国际结算、国际贸易流程综合模拟等核心专业课的模拟训练。同时，依据学生毕业后就业深造高层次发展以及人才国际化趋势发展的需要，我院根据学生大一入校时的英语测评成绩将国际经济与贸易专业的学生分为全英班和普通班，根据课程特点，挑选四大类教育的大部分课程在全英班开设全英语或双语教学。

上述四类教育的课程体系构成四个教学平台。大学生一年级使用公共课教学平台，二三年级进入学科大类教学平台与专业培养教学平台，三四年级进入个性化发展的素质拓展教育教学平台。在这四个教学平台中，学生都可以根据自己今后的发展方向和学习能力通过分级教学（选择公共教学平台和学科大类与专业教学平台中的部分重要课程如高等数学、英语以及经济学）或者选修课的方式自行选择感兴趣的课程。国际经济与贸易专业实现分类培养的课程体系构架与实现路径见图 1 所示。

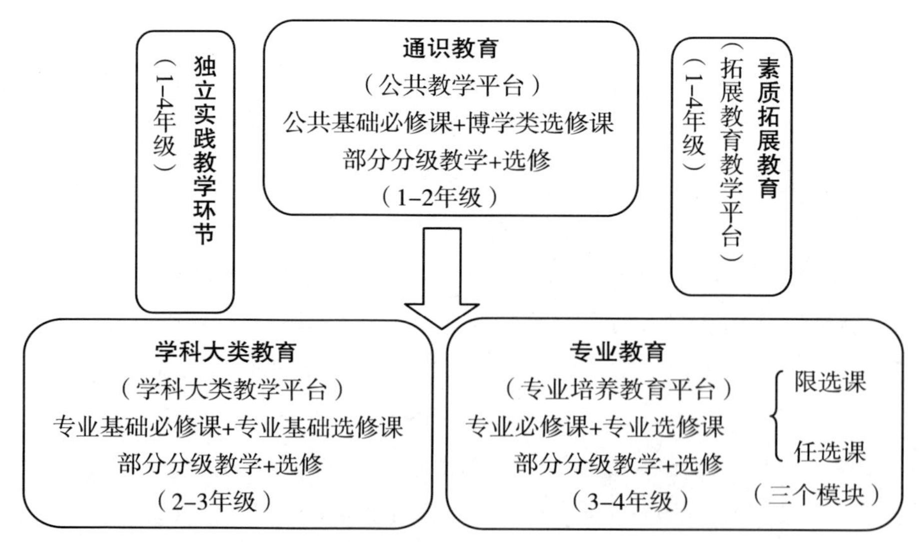

图 1　国贸专业分类培养课程体系构架与实现路径示意图

3.3 夯实与分类培养体系相适应的基础工作

为了更好地实施分类培养体系下的课程体系，本专业又根据新的培养方案重新修订了课程教学大纲。新修订的教学大纲突出体现了人才培养目标与学生能力的培养。同时对一些重要的学科大类课程（如经济学）和专业课程（如国际贸易理论与实务、国际服务贸易）制定分层次教学的实施方案，要求同一门课程的学习目标、学习内容与课外作业针对不同类型学生在不同层次的知识与能力需求差异上要有所区别，以满足不同类型学生的需求。同时，不断推进教学管理制度与环境的改革。在逐步完善与分类培养相配套的选课制度的同时，不断提高学校教学管理新信息化水平，加快建立与分类培养相适应的教学管理系统。

4 分类培养模式下《国际服务贸易》课程分级教学的实现方法

为了更好地实施分类培养的人才培养方案，需要对学科大类和专业教学平台中的一些核心必修课程进行分级教学，以满足不同类型人才未来发展和个性发展的需要。下面以《国际服务贸易》课程为例介绍如何通过分级教学实现专业人才的分类培养。

《国际服务贸易》课程的主要知识体系包括国际服务贸易的基本理论与政策、国际服务贸易规则、国际服务贸易的主要发展实践。不同类型的学生对该课程的要求和兴趣点也不尽相同。“学业深造”型学生鉴于考研和未来学术深造的需要，会更加关注国际服务贸易的基本理论与政策的基本内容及其前沿发展。而“就业创业”型学生考虑到未来就业所从事的领域，可能更加关注具体行业的实践与发展。为了满足不同类型学生对该门课程教学的不同需求，教师在进行教学设计时要充分考虑并满足不同类型学生可能产生的不同学习需求，进行分级教学。为此，可从以下几个方面着手：

（1）在进行教学设计前，充分考虑学生的分型及其兴趣点和学习需求。首先应清楚该课程对于考研深造学生以及直接就业或创业学生未来发展的重要性。其次，应该思考如何将这种重要性转换为不同类型学生的知识需求点和兴趣点。

（2）在进行教学设计时，充分考虑学生学习需求的差异并进行有机结合。目前由于现实条件的各种限制，大多数学校还不可能完全根据学生分型将所有的课程都进行分开授课，尤其是对于一些学科大类课程和专业必修课程。这就要求教师在进行教学设计时要考虑如何在同一教学时间和同一教学环境下进行因材施教。因此，教师在充分考虑求知需求差异的前提下，再将这种差异进行有机结合。例如，在讲授国际服务贸易基本理论这部分内容时，授课教师既要考虑到考研学生对知识深度和前沿问题的学习需求，同时又要兼顾直接就业的学生更关注实践应用的特点。基于此，教师在进行教学设计时，可通过灵活运用不同教学方法与教学手段来实现不同类型学生需求的有机结合。例如，在讲授比较优势理论在服务贸易领域的适用性问题时，可只介绍最基本的理论，同时可列举具体的服务行业来探讨比较优势理论在该行业的运用。而关于该理论的前沿问题以及在实践运用中的不适性及新思考可以利用网络学堂分别进行深度探讨。由此，通过课内课外不同教学方法与教学手段的相互补充可以较好地实现不同类型学生学习需求差异的有机结合。同时，也较好地实现了该课程针对不同类型学生的教学目标和能力培养目标。

由上述分析可以看出，对于不能通过选修的方式来实现对学生的分类培养时，可选取相关课程进行分级教学，通过教学方法和教学手段的灵活运用来实现教学内容和培养目标差异的有机结合。

5　结论

建立以市场需求和学生个性培养为导向的分类培养模式是未来一段时期内高校教育教学改革的一项重要内容，也是一项系统工程。它不仅需要学校教学管理部门、教师和学生共同深化对分类培养模式的认识，而且还要求对一些具体问题进一步做细做实，比如如何随社会发展对人才需求的变化以及学生特点的变化，不断完善人才培养目标和专业能力与素质要求，并不断细化各门课程的教学大纲，同时实现教学计划和教学大纲的动态化修改与完善。此外，在学生发展方向的选择上要给予正确的指导，学生是否能够正确认识自己并做出正确选择是保证分类培养实施效果的前提。因此学校应从入学教育、选课指导、社会实践、就业指导、毕业设计等多方面加以综合指导。

参考文献：

[1] 赵桂龙，缪培仁，丁为民．本科生分类培养模式的探索与实践［J］．高等农业教育，2012（1）：40-42.

[2] 张明如．高等教育分类分级教学模式改革探讨——以长江大学为例［J］．网络财富，2010（2）：10-11.

[3] 周小雨．西部高校教育技术学专业分类培养教学新模式——以延安大学教育技术学专业为例［J］．现代教育技术，2010（6）：149-152.

《国际服务贸易》教学中本科生科研能力培养的探索

崔 玮❶

摘要：本科生科研能力的提升是培养创新人才的重要途径，而《国际服务贸易》课程自身的特点使其能够在培养学生科研能力方面发挥更加积极的作用。通过采取课堂教学的改革措施，包括革新教学内容、转变教学模式、创新学习效果评价方式、紧密结合学生科研项目以及开展学术讲座等方式，使得学生通过《国际服务贸易》课程的学习，培养科研素养、拓展科研视野、掌握科研方法，从而提高科研与创新能力。

关键词：国际服务贸易；学生科研；研究型教学

1 研究背景

随着世界经济与贸易发展日益向服务业与服务贸易倾斜，《国际服务贸易》课程在国际经济与贸易专业人才培养中发挥着越来越重要的作用。服务贸易与货物贸易相比具有自身的特点，相应的教学侧重点也不同。传统的货物贸易课程群教学重点是使学生掌握进出口业务流程及各环节具体操作，实践性较强；而《国际服务贸易》强调服务贸易理论、规则与政策、国际服务贸易在行业、国别/地区、区域贸易组织以及中国四个层面的发展实践，与货物贸易课程相比，《国际服务贸易》理论性与研究性更强。正是基于该课程的特点，

---

❶ 作者简介：崔玮（1970–），女，教授，博士，研究方向为国际贸易理论与政策、国际服务贸易。

通过教学模式的改革，《国际服务贸易》课程教学能够在培养学生科研能力方面发挥更加积极的作用。

教育部颁布的2010—2020年《国家中长期教育改革和发展规划纲要》中明确提出高等教育应注重对学生科研能力的培养，“支持学生参与科学研究……充分调动学生学习积极性和主动性”，“促进科研与教学互动、与创新人才培养相结合”。目前，各高校及教师已经普遍认识到了本科生科研能力提升的重要性，并提出通过教学模式改革、实行导师制、组织科研竞赛等措施培养学生的科研能力。一些学者结合自身的教学实践，提出了通过日常教学培养学生科研能力的路径与措施。黄大林等（2012）指出：当前，日常教学中缺乏对学生进行必要的科研训练，因此，应通过教学科研化，将科研内容融入课堂教学之中，培养学生的科学思维、科学方法和科学精神；袁仲雄、魏为民（2012）深入探讨了在课程中引入科研项目的意义和对科研项目进行教学化再开发的原则。朱湘萍、包本刚（2012）研究了从理论教学和实践教学两个方面培养学生科研兴趣和科研信心的具体措施。赵姝等（2012）则对课堂教学过程中如何启发学生、采用多元化教学方式、指导学生分析解决问题、使学生了解科研的步骤等进行了详细阐述；现有的文献主要集中在医学、生物医药、计算机等专业，对经管类专业课堂教学中学生科研能力培养的研究仍很少。

《国际服务贸易》作为一门较新的课程，还没有得到各高校充分的重视，对该课程教学改革及建设的研究仍处于起步阶段，相关研究文献仅有6篇。张唯实（2009）、陈秀莲（2011）对《国际服务贸易》教学方法与教学手段的改革措施进行了研究与实践；梁瑞（2011）探讨了《国际服务贸易》教学中课内外教学相融合的教学模式；陈四辉（2011）、孙雅玲（2010）都对合作式教学模式在服务贸易课程中的运用进行了阐述；而顾和军（2009）则从案例搜集准备、案例表述、分析讨论、案例总结和评述等方面探讨了案例教学法在该课程教学中的运用。上述教学方法的应用都能够对培养学生科研能力发挥一定的作用。

2 基于科研能力培养的教学改革措施

2.1 将服务贸易领域前沿问题融入教学内容

目前，《国际服务贸易》主要教学内容是有关服务贸易的基础知识、基本理论、贸易规则及贸易政策等，教学内容较为枯燥，不易调动学生的学习兴趣和主动性，因此，首先应对教学内容和教学侧重点进行调整。在基础理论方面，不仅是单纯介绍各种学说，而是引导学生探讨传统贸易理论在服务贸易领域的适用性；贸易规则方面则可增加 WTO 规则对我国服务贸易发展的影响等内容；贸易政策方面更侧重于对主要国家服务贸易政策的比较及借鉴。通过上述教学内容的调整，引导学生对相关理论与现实问题进行探究与思考，培养其科研意识。此外，教学内容中还应当侧重各国、各地区、各行业服务贸易的发展实践。教师应将最新的前沿热点问题以及个人在服务贸易领域的科研成果融入这部分教学内容中，和学生一起查找数据，帮助学生通过对数据的分析掌握各国/地区、各行业服务贸易的发展状况，从而帮助学生提升科研素养，掌握基本的研究方法和研究手段。

2.2 教学模式由传授式教学转变为研究型教学

为了在教学过程中更好地培养学生的科研能力，应当对课堂教学方式进行相应的改革，由传统的传授式教学转变为研究型教学。研究型教学是一种以学生为中心和以研究为中心的教学方式。“研究型学习以自主性、探索性学习为基础，以开放式课堂为组织形式，引导学生创造性地运用知识和经验，自主地发现问题、研究问题和解决问题。”[1] 在研究型教学中，学生是主体，是通过研究型学习进行知识建构的主动者而不是被动的信息接受者；教师是主导，是研究型教学的组织者、研究方向的引导者、学习效果的评价者和学习资源的提供者。教师与学生共同参与知识发现的过程，通过“师生”、“生生”共同研究探索，使学生在掌握新知识的同时，获取创新的思维方式与研究方法。具体

---

[1] 陈四辉. 合作研究型教学在“国际服务贸易”中的应用研究［J］. 教育与教学研究，2011（7）.

可采取以下教学方法。

2.2.1 通过案例分析与研讨拓展学生研究思路

将案例教学贯穿于课程教学的始末，并通过案例教学使学生将理论知识与实际相结合，并激发其研究的热情和积极性。案例的搜集可以通过网络、学术期刊、报纸、电视等，案例既可以是文字形式也可以是视频等形式。案例教学的运用可以分为以下几种情况：

第一，引导案例。在每章内容讲授之前教师可先向学生展示一个实际案例，并提出思考问题，要求学生带着问题听讲，并运用之后课堂上所讲授的理论知识自己分析问题、解决问题。教师需精心选择引导案例，使其能够紧密结合本章的主要知识点，反映前沿发展，同时难度适中并具有一定的趣味性和启发性，能够发挥调动学生学习兴趣的作用。

第二，课堂案例。在基础知识讲授过程中，通过案例分析引导学生积极思考与探究，拓展学生的研究思路，如引导学生观察与分析身边服务业与服务贸易相关经济现象、经济政策，就服务贸易发展热点问题进行研讨等等。

第三，综合案例。一章的知识讲授完毕后，以小组形式完成综合案例分析与研讨。综合案例应紧密结合服务贸易领域的真实问题，具有一定的复杂性及研讨价值，能反映现实中两难抉择的状况，需要学生综合运用所学知识及分析能力来完成。学生先进行资料收集，并在小组内部组织充分的研讨，撰写案例分析报告，之后可以在班级内部组织演讲、讨论或进行辩论，通过同学间的相互合作、碰撞、交流，对案例进行深入思考、判断，从而使学生拓展思路并达到一定的思维深度。如为学生播放关于金砖国家的视频资料，引导学生对各国服务贸易发展进行比较分析。

2.2.2 通过师生共同研究使学生掌握研究方法

在研究型教学过程中，教师应转变传统的以传承知识为主的教学方式，充分发挥学生的主体地位，使其能够主动地参与到学习与研究的过程中来，通过与教师的合作、与同学的合作共同对某一专题进行深入研究，从而启迪思维、挖掘潜能，逐步掌握科学的研究方法，培养基本的研究能力。如在“运输服务贸易”这一章，教师可以给出学生一个专题：“中国运输服务贸易发展状况如何？在世界上处于什么样的地位？存在哪些问题？”教师可以为学生提供一些网站，学生在课下以小组为单位查找关于中国运输服务贸易的发展规模、主体、结构、对象国等方面的数据，并进行数据的归纳、总结和比较；课上教师与学生一起针对这些数据进行分析，共同探讨中国运输服务贸易在世界运输服务贸易以及在中国服务贸易发展中的地位，进而引导学生提出发展中存在的问题，并共同研究提升我国运输服务贸易竞争力的对策。这种教学方式改变了传统教学中直接将结论灌输给学生的做法，而是师生共同发现问题、分析问题与解决问题。在这一过程中，学生不仅学到了知识，更重要的是掌握了科研的方法、步骤，培养了逻辑思维与分析能力。同时，师生、生生共同研究还能够创造轻松、和谐的课堂氛围，使师生在共同研究中分享研究乐趣和研究成果。

2.2.3 充分利用网络学堂营造学术氛围

网络学堂能够在以下几个方面发挥培养学生科研能力的作用：首先，利用丰富的网上教学资源拓展学生的科研视野。教师在网络学堂上为学生提供丰富的课外阅读材料，包括高水平的学术论文、经典案例、热点问题报道、视频资料等，以拓展学生的知识面。同时，也鼓励学生将课下自主阅读的研究文献上传至网络学堂，加强学生之间的交流与资源共享。其次，通过建立广泛的外部链接，为学生开展课题研究创造条件。将网络学堂与中国商务部网站、国家统计局网站、中国服务贸易网、中国服务贸易指南网、WTO官方网站、北京市商务委员会、北京统计信息网等进行链接，方便学生查找相关数据及文献。第三，利用“讨论板”实现“师生”互动与“生生”互动。通过讨论板组织学生进行案例的分析与讨论，为学生之间的交流与沟通搭建平台，同时任课教师参与讨论，作出相应的指导与点评。

2.3 创新学习效果评价方式

与基于科研能力培养的授课方式相对应，对学生学习效果的考核标准和方法也应进行相应地深层次改革。《国际服务贸易》考核方法应由传统的单纯笔试考核，转变为平时的案例分析、专题研究考核与期末课程论文相结合的评价方法；考核内容从单纯考查学生对基本概念与理论知识的掌握，逐渐拓展到对学生的知识掌握程度、学习能力、创新能力、研究能力、交流沟通能力、团队合作能力等多方面的综合考查。以考核学生学习新知识及拓展知识的能力、运用所学知识分析解决实际问题的能力、创新能力和探究能力的高低为主要标准，采取多种方式考查学生的学习效果，逐步建立一个灵活、实用、多层次的考核体系。一方面，要注重学习过程中的考核。学生在日常学习过程中参与案例讨论的情况、小组专题研究中的贡献率、网络学堂中自主学习的情况等都应作为考核内容。另一方面，以课程论文作为期末综合考核的方式。学生需要自主确定论文选题、收集资料、运用适当的研究方法开展研究。考核标准应包括选题、工作量、论证逻辑性与充分性、研究方法的运用、观点的创新性、研究规范性等。

2.4 将课堂教学与学生科研项目紧密结合

为了鼓励学生开展科研活动，学校每年都会开展各类科研项目的立项申报，如“启明星”大学生科技创新项目等。《国际服务贸易》课程可以与这些学生科研项目的申报紧密结合，在教学过程中指导学生就服务贸易领域相关问题作为选题，并填写项目申报书，提前为项目申报做好准备。学生可自主组成团队，以团队为单位进行申报。首先了解申报流程及要求，并确定选题。选题应紧密结合现实中的热点问题，并强调通过社会调研、企业调研获得一手资料；之后，项目团队在教师指导下撰写国内外研究现状、课题的理论价值与实践价值、研究内容与重点、研究方法与技术路线、进度安排、资金使用情况等等。此外，还可组织团队之间进行研讨，相互交流经验与体会。通过申报科研课题，培养学生对开展科研活动的感性认识，同时，结合课堂所学知识有针对性地开展科研活动，既能调动学生对课程学习的积极性，又能使科研项目的完成具备坚实的基础。

2.5 开展学术讲座拓展课堂教学

在《国际服务贸易》课程开设过程中，授课教师可结合自身的研究成果定期为学生举办学术讲座，作为课堂教学有益的补充和拓展。讲座的内容应与课程内容有一定的关联，而且是服务贸易领域的学术前沿问题。教师通过讲座向学生展示自己的研究思路、研究方法与研究结论，从而拓展学生的研究视角，提高学生的科研素养。

3　教学改革的实施条件

为使上述教学改革措施得以有效实施，并真正发挥培养学生创新能力与科研能力的作用，必须具备以下条件。

3.1　采取团队授课方式

首先，只有采取团队授课方式，每位授课教师针对自己的研究专长承担相应章节的授课任务，才能够给予学生更专业、更深入的引导；更为重要的是，由于进行了教学方式的改革，无论是综合案例的分析、专题研究的开展还是课程论文的撰写都需要教师进行细致的辅导，而该课程通常是大班授课，因此，工作量很大。如果由一位教师单独授课，教师无法做到对每个小组进行指导，这样教学方式的改革也就流于形式，无法达到预期的效果。而采取团队授课方式，可以根据专题研究或课程论文的选题为各个小组分配相应的指导教师。因此，只有团队授课才有可能真正做到师生共同研究，学生的研究能力在教师的细致指导下得以提升。

3.2　授课教师应积极开展服务贸易领域的研究

教学方式的改革要求授课教师必须亲自开展服务贸易领域的研究，只有这样才能够紧跟该领域的学术前沿，才能将自己的研究成果运用于教学，才能够对学生科研活动的开展起到引领的作用。教师将自己的科研成果融入教学内容中，能够使讲授的知识体系既有广度、又具深度，既避免老化又不断创新。而且，由于这些学科前沿的内容来自于教师自身的研究，因此，在讲授时能够做到深入浅出，结合自己的切身体会来讲，从而使这些前沿性的内容自然、恰当、适度、亲切地渗透进课堂教学。同时，教师在采取各种新型教学方式时能够游刃有余。此外，教师还可结合教学内容，及时给学生介绍一些学术观点、学术动态，使学生了解学科发展前沿，为学生开展科研提供方向和素材。相反，如果教师没有对该领域进行研究，授课内容仅仅来源于课本，那么课堂将变得枯燥、呆板，学生无法从中汲取科研的养分，创新意识将受到局限。

4 结语

教学与科研的互动能够使学生的科研能力得到提升，使学生成为符合现代经济社会需要的优秀人才。《国际服务贸易》课程应针对自身的特点，通过教学内容、教学方式及考核方式等方面的系统改革，并与学生科研活动开展及学术讲座开设相结合，从而在培养学生科研意识、科研素养及科研能力方面发挥积极的作用。

参考文献：

[1] 顾和军．“国际服务贸易”课程案例教学的思考［J］．中国电力教育，2009（9）：95-96.

[2] 陈四辉．合作研究型教学在“国际服务贸易”中的应用研究［J］．教育与教学研究，2011（7）：80-83.

[3] 贾立江，刘家国，武艳君．本科生研究型教学模式研究［J］．黑龙江教育学院学报，2012（8）：41-42.

[4] 刘丽莉．大学生科研能力培养的实践教学模式研究——以公共管理类课程 PBL 为例［J］．科技创新导报，2012（7）：152-153.

[5] 崔玮．基于能力培养的“国际贸易实务”教学模式创新探讨［J］．中国电力教育，2010（11）：55-57.

[6] 孙雅玲．国际服务贸易课程合作式教学模式的实践与思考［J］．浙江万里学院学报，2010（5）：97-100.

《国际服务贸易》课程定位、特色及实践研究

赵亚平❶

摘要：定位是课程建设的基础。《国际服务贸易》有基础性和应用性两层定位。基础性体现在相关理论、政策、规则以及必备的知识；应用性体现在对具体行业的考察与分析。特色是课程吸引力与竞争力的体现。《国际服务贸易》课程既有一般性也有特殊性。一般性是指它有一套独立的规则；特殊性是所涵盖的行业多。依据经典教学三要素说，《国际服务贸易》课程建设应该从教师、教材、学生入手，并不断进行创新与发展。

关键词：课程定位；课程特色；建设路径

1　背景分析与问题提出

20 世纪 80 年代以后，随着世界经济结构的调整，服务贸易在世界经济贸易活动中的地位越来越重要，世界服务贸易得到迅速的发展。①从总额上看，2006 年、2007 年、2008 年世界服务贸易总额分别达到了 53304 亿美元、63163 亿美元、72003 亿美元。②从行业和规模上看，到 2008 年服务贸易总额已经实现 72003 亿美元，其中：运输为 19094 亿美元，约占 26.5%；旅游为 17977 亿美元，约占 25%；其他项目为 34932 亿美元，约占 48.51%。③从服务贸易的地区来看，无论是出口还是进口，欧洲是最主要的地区。2008 年的出口额为 1919 亿美元，进口额为 1628 亿美元。

---

❶ 作者简介：赵亚平（1960-），女，经济学博士，北京联合大学商务学院教授，《国际服务贸易》课程负责人，研究方向为跨国经营、国际服务贸易。

随着全球服务贸易的发展，中国国际服务贸易开始加速（见表1）。1988年中国进出口贸易为80亿美元，仅占世界服务贸易的0.7%；1998年进出口额达到了504亿美元，占世界服务贸易的1.9%；到2008年进出口额达到了3045亿美元，占世界服务贸易的4.2%。

伴随国际服务贸易业务的发展，对服务贸易专业人才的需求也迅速增加。但我国目前大多数国际经济与贸易专业培养计划主要集中于货物贸易，专门的服务贸易人才培养严重不足，这就对国际经济与贸易专业人才培养提出了新的挑战，即如何在国际经济与贸易专业的框架内培养熟悉服务贸易知识、具有从事服务贸易工作能力的人才。

目前大多数高校的国际经济与贸易专业培养目标是：学生应能较系统地掌握马克思主义经济学基本原理和国际经济、国际贸易的基本理论，掌握国际贸易的基本知识与基本技能，了解当代国际经济贸易的发展现状，熟悉通行的国际贸易规则和惯例，以及中国对外贸易的政策法规，了解主要国家与地区的社会经济情况，能在涉外经济贸易部门、外资企业及政府机构从事实际业务、管理、调研和宣传策划工作的高级专门人才。培养目标中还没有针对服务贸易人才培养的相关描述，培养计划也还没有体现出对服务贸易及其相关课程的重视（见表1）。

表1　国际经济与贸易专业课一览表

	对外经贸大学	中国人民大学	首都经贸大学	北京工商大学
中国对外贸易概论	√		√	√
国际贸易	√	√	√	√
国际贸易实务	√	√	√	√
跨国公司	√			√
国际金融	√	√	√	√
国际结算		√		
国际营销学	√		√	√
国际服务贸易				
国际技术贸易				√
世界经济		√		

数据来源：根据各学校网上2011年春的信息整理。

近些年来，一些院校积极开设了国际服务贸易相关的课程，也出版了许多版本的教材。这些教材的共同特点是：系统阐述国际服务贸易理论、具体解释国际服务贸易政策，但对于各个行业国际服务贸易状况的介绍与分析参差不齐。如有的教材只包括了理论与政策两个部分；有的教材虽然也涉及到具体行业，但或用一章的篇幅简要介绍各个行业的服务贸易情况，或以传统服务贸易和新兴服务贸易两章的篇幅归纳服务贸易情况；只有极少数教材分别介绍物流、金融、保险、建筑、电信、旅游、文化、商业服务、建筑、教育、信息等具体行业情况。

上述情况说明，目前国际经济与贸易本科教育体系中对国际服务贸易的重视程度与迅速发展的国际服务贸易业务及其对专业人才需求的情况尚不够匹配；国际经济与贸易专业建设、培养计划修订，尤其是《国际服务贸易》课程设置、内容安排等方面还有待尽快丰富、创新与发展。

2　《国际服务贸易》课程定位与特色

课程定位是课程建设的基础。由于传统培养方案没有纳入《国际服务贸易》课程，缺少了对该课程权威的定位描述。我们认为，作为一门独立的课程《国际服务贸易》有其一般定位和特色定位。

一般定位是指：该课程是国际经济与贸易专业重要的核心课程之一，在整个国际经济与贸易专业的课程体系中发挥着重要的“基础性”与“应用性”作用。“基础性”体现在它应该讲述服务贸易相关理论、政策、规则，有助于学生建立国际服务贸易的相关理论和规范知识框架。主要教学内容包括国际服务贸易基础知识、传统国际贸易理论在服务贸易中的适用性、《服务贸易总协定》及其主要内容、区域服务贸易协定、国际服务贸易政策。应用性体现在它对有关具体行业的梳理、考察与分析。如从全球、发达国家与发展中国家三个层次阐述服务贸易的现状、特点与发展趋势，并辅以充分的、最新的、第一手数据和翔实的资料，有助于学生获得关于国际服务贸易的感性认识，帮助学生了解主要服务行业的国际贸易情况，更好地理解、消化、吸收、应用所学理论知识，寻找学习和研究的兴趣点，储备工作所需的分析与应用能力。

课程的特色定位则取决于课程开设院校的能力和定位。服务贸易涉及行业过于庞杂，以有限的教学课时难以系统表述所有行业，因此，大多数学校是根据自己专业结构、专业平台、学科基础、师资队伍以及对《国际服务贸易》的认知有选择地讲授。即使是同样的特色定位，各个院校的课程内容也同样有所侧重。如浙江树人大学的课程内容紧密联系江浙地区服务贸易发展情况。而作为地方院校，北京联合大学的《国际服务贸易》更侧重于关注北京服务贸易发展情况。

基于国际服务贸易的课程特点与定位，我们认为，理论是《国际服务贸易》的基石，实践是《国际服务贸易》的出口，理论与实践紧密结合才是《国际服务贸易》课程建设的核心与关键。

3 《国际服务贸易》建设路径的思考与实践

传统的国际服务贸易教材比较注重理论介绍，与现实经济领域现象联系紧密性不够，也不利于吸引学习的兴趣和热情。依据《国际服务贸易》课程定位以及 80 后、90 后学生的学习特点，课程建设的总体目标与思路应该是理论与实践紧密结合——既反映国际服务贸易理论及其最新发展动态，又以灵活的形式以及地方服务贸易案例进一步诠释理论知识。我们认为，《国际服务贸易》课程建设的路径与措施应该基于经典的教学三要素说，[1]着重于从教师、教材、学生三个方面不断创新（见图 1）：

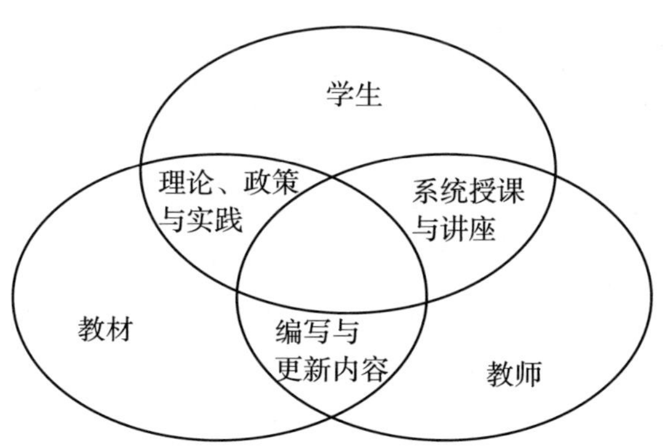

图 1 《国际服务贸易》教学三要素

[1] 经典的三要素说，即教师、教材和学生。

第一，应该构建一支有相关学术研究背景的、开放型的《国际服务贸易》教学团队。教学与科研息息相关，没有科研的支撑，教学就可能缺乏广度、深度与力度。如果教师能深入浅出地将新的学术观点、学术动态以及自己的科研成果融入教学中，就能够更好地吸引学生的注意力、提升他们的学习兴趣与学习效果、引领学生对有关问题的研究。所以，《国际服务贸易》教学团队的建设应该基于相关研究团队基础之上。不仅如此，吸收校外学术专家及企业相关人士进入教学团队也是关键，通过校内外结合，使学生在接受系统理论知识的同时，获得最新学术动态、实践发展现状等方面的即时信息。

第二，构建科学合理的教学内容。一是国际服务贸易理论。理论是国际服务贸易的基础，用以解释国际服务贸易发生的原因。作为教材，应该以介绍学界共识的理论为主，以介绍或探讨最新理论趋势为辅。二是国际服务贸易政策。政策是解决如何运用理论指导实践，可以分为两个层次——WTO《服务贸易总协定》及各区域协定中与服务贸易相关的政策，各国的服务贸易政策。三是国际服务贸易实践。对实践的梳理总结是现实世界中服务贸易现状的客观反映。这部分也可以分层次介绍——世界服务贸易，中国服务贸易，本地服务贸易。如果仅以一门课的有限学时讲授，教师可以择其精华，让学生概览国际服务贸易情况；如果以多门课程讲授，则宜深入到具有地方特色的服务贸易行业与领域。

第三，采用适合学生与课程特点的教学方法。为了学生更好地掌握服务贸易理论、政策与规则，熟知服务贸易现实，应该不断创新教学形式，合理组织并创造性地应用教学要素、教学手段与方法。根据课程定位特色及主要承载内容，《国际服务贸易》比较适合采取的教学形式为：①“走出去”与“请进来”相结合。带学生去实际部门参观学习；请校外专家和企业人士参与教学，促使学生的理性认识与感性认识更好地相结合，更加透彻地了解国际服务贸易。②系统授课与讲座相结合的教学形式。系统授课主要是按照《〈国际服务贸易〉教学大纲》的要求系统讲授国际服务贸易理论与政策；讲座则主要介绍中国及本地服务贸易领域的新情况及热点问题，提高学生的学习兴趣，从而提升课程教学效果。

2010 年，我们以北京联合大学商务学院国际贸易教研室为依托，整合全校相关师资力量，组成了《国际服务贸易》教学团队。团队成员都曾是服务贸易研究团队的成员。科研项目研究的经历与积累为课堂教学奠定了良好的专业基础。我们采取的是在课程负责人的整体安排下集体授课方式，即每位成员负责自己熟悉领域章节的授课。这样，就把研究与教学紧密结合起来，也保证了课堂教学效果。与此同时，我们团队编写了适应本校和其他应用型大学使用的《国际服务贸易：理论、政策与实践》教材，[1]通过上篇（国际服务贸易理论与政策）、下篇（国际服务贸易实践与发展）两部分进行理论概述和行业实践的梳理与分析，并用案例引导学生尽快进入每章内容。除此而外，课后小结、实训分析、思考题等在强化学生理解、复习和深入思考方面也起到很大的作用。

课后的调查结果显示：第一，在课程的安排上基本能够满足学生学习服务贸易的要求，无论是课时、内容、教学能力都是比较合适的。如果继续以《国际服务贸易》一门课程开课，还可以按 30 学时进行教学。在条件许可的情况下，还可以增开《旅游服务贸易》、《文化服务贸易》、《金融服务贸易》等贴近现实、学生又喜欢的服务贸易选修课程。第二，授课效果尚可但也有不断提升授课效果的必要，主要是还需要更多地联系实际，增加鲜活的案例以及课堂互动。第三，虽然授课内容中已经有近一半的行业服务贸易实际，但由于有部分理论，也由于在授课中实训部分的缺失，还需要增强课程的实践性，如请企业互动，或带学生深入企业进行参观、调研；等等。

4 结语

随着全球和我国服务贸易的发展，政府、学界对服务贸易教学与研究更加重视，有的学校甚至提出构建国际服务贸易专业的设想。可以预见，《国际服务贸易》课程在专业教育中的地位将不断提高。而能否更好地体现出课程设计与运行在人才培养中的作用，还需要各个学校根据自己的实践不断创新、完善与提高。

---

[1] 赵亚平等．国际服务贸易：理论、政策与实践［M］．北京：清华大学出版社，2011.

参考文献：

[1] 万红先．国际服务贸易［M］．北京：中国科学技术大学出版社，2009.

[2] 赵亚平等．服务经济背景下北京服务贸易发展研究［M］．北京：中国经济出版社，2010.

[3] 冯宗宪．国际服务贸易［M］．西安：西安交通大学出版社，2008.

[4] 颜廷标．服务业发展比较研究［M］．北京：中国社会科学出版社，2005.

[5] 赵亚平等．国际服务贸易：理论、政策与实践［M］．北京：清华大学出版社，2011.

[6] 杨广．中印服务贸易发展比较之研究［J］．国际贸易问题，2010（2）：68-73.

[7] 郑吉昌．全球服务产业转移与国际服务贸易发展趋势［J］．财贸经济，2009（8）：74-80.

合作式教学模式在《国际服务贸易》课程中的应用

田　园[1]

摘要：本文在提出合作式教学模式在国际服务贸易课程中应用的教学理念的基础上，提出了合作式教学模式在国际服务贸易课程中应用的教学设计，即"师师"合作——国际服务贸易教学团队，"生生"合作——国际服务贸易学习小组，"师生"合作——国际服务贸易教学互动，"校内外"合作——课内外教学一体化的四种思路，最后，结合教学应用的经验，总结了合作式教学模式在国际服务贸易课程中应用的教学反思。

关键词：合作式教学模式；国际服务贸易课程

1　合作式教学模式在"国际服务贸易"课程中应用的教学理念

1.1　合作式教学模式的理论基础及内涵

根据教学思想或理论的不同，学习内容和目标的不同，教学实践活动的形式和过程必然不同，从而产生各种不同的教学模式。合作式教学模式是基于20世纪90年代建构主义学习理论而产生的一种现代教学模式。主要强调情景创设，提倡合作学习，认为知识不是通过教师传授得到的，而是在学习者原有

[1] 作者简介：田园（1982-），女，讲师，博士，北京联合大学商务学院国际经济系教师，研究方向为国际贸易理论与政策、国际服务贸易。

的经验和认知结构基础上，通过与外界的相互作用，即通过协作学习和教学情景的创设来建构新的理解。

合作式教学模式是融合了多种教学因素和多重教学环节的立体式的教学模式，它的实现包含了教师、学生、教学资源动态协作等因素，即“师生”、“师师”、“生生”等不同要素的相互组合，同时也涵盖了“课内教学”与“课外教学”的相融合。

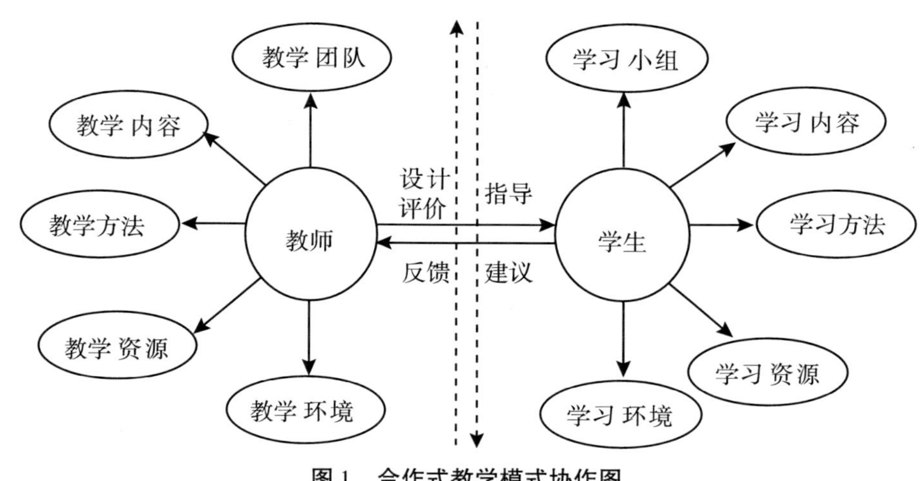

图1　合作式教学模式协作图

1.2　合作式教学模式在国际服务贸易课程中的适用性

合作式教学模式的特点决定了其非常适用于课程内容，解决问题的答案是开放式的，不断发展更新的新兴课程。随着国际服务贸易相比于传统的货物贸易所呈现出的迅速发展的贸易现象，国际服务贸易课程已经成为国际贸易专业一门重要而新兴并需要不断探索的课程。该课程的认知教学目标是使学生掌握服务业发展与服务贸易基本理论，对国际服务贸易发展的背景、现状、特征、影响因素、不同国别的服务贸易政策、不同行业服务贸易发展状况进行综合分析的课程。该课程的能力教学目标是使学生具备独立思辨能力与开放式思维，了解并熟悉国际服务贸易政策与措施，会根据实际情况熟练运用服务贸易总协定和WTO规则解决各行业所出现的服务贸易发展的新问题。但是由于国际服务贸易是一门新发展起来的课程，缺乏像国际货物贸易那样完整统一的理论体系，对于这样一门课程采用传统的教学方式是不合适的，只有采用合作式教学模式，将学生带到理论前沿，才能让学生高起点、多角度来观察行业热点问题，深化对课程的认识，提高解决问题的能力。另一方面，这是一门新兴的课程，目前国内开设国际服务贸易课程的高校并不多，可供借鉴的经验比较少，国际服务贸易课程在教学大纲制定、教材编写、课件制作、习题集和试卷库的建立方面，都面临很多需要探索的地方。因此，针对课程特点以及教学认知目标和教学能力目标，合作式教学模式在国际服务贸易课程中的应用体现出很多优势。

2　合作式教学模式在国际服务贸易课程中应用的教学设计

2.1　“师师”合作——国际服务贸易教学团队

“师师”合作是指改变以往一门课程由单一老师授课的形式，采取多名老师组成的“国际服务贸易教学团队”的合作形式。“国际服务贸易教学团队”的合作方式又包含教师合作性教学和教师合作性学习两种。

2.1.1　教师合作性教学

芝加哥大学的杜威（John Dewey）教授曾提出“教师在一起工作（Teaching Team）可以为学生提供更丰富的教育环境，教师可以担任不同的教学角色，有的与小组在一起，有的与大组在一起，有些进行一对一教学”。通过合理构建国际服务贸易教学团队，可以使教师之间自身原有的知识、经验不断进行信息交换，改造原有的知识结构，构建新的知识、经验体系，实现教师专业素质的提升。并且，教学团队中每位教师的教育背景、研究专长、教学风格都有所不同，可以给学生带来更丰富全新的教学感受，避免单一授课风格导致的枯燥无味，更好地激发学习兴趣，多角度进行综合思考，以便更深层次地把握国际服务贸易的前沿问题，达到良好的教学效果。

在进行团队授课时，必须充分重视授课前准备、授课中互动、授课后反馈三个阶段的教师之间的合作和交流。在授课前制订教学计划，进行充分的讨论，在合作目标、课程计划、课堂教学与管理、评价标准等方面达成一致，明确分工，确定每个人在合作中的角色和任务，优势互补、发挥合力，优化教学方案，提高教学质量，达到有序、有效、灵活而不杂乱的教学效果。在授课中要及时沟通，积极改进，在教学资源、教学方法、教学进度方面做好有序衔接。在授课后，反馈交流课堂上出现的情况，反思课前设计存在的缺陷并进行修改，然后将其纳入日后的课程设计中，如可以通过调查问卷的实施来检验整体团队授课的效果和部分老师出现的问题，通过改进团队教学顺序和教学角色来创设更合适的教学情景。

表 1 "国际服务贸易教学团队"教师角色和任务示例

<table>
<tr><th>教师角色：课内教学</th><th>教学团队</th><th>教师角色：课外辅导</th></tr>
<tr><td>第 1 章 导论</td><td>教师 1</td><td>学生小组 1（4 人）</td></tr>
<tr><td>第 2 章 国际服务贸易理论</td><td rowspan="3">教师 2</td><td rowspan="3">学生小组 2（4 人）</td></tr>
<tr><td>第 3 章 WTO《服务贸易协定》</td></tr>
<tr><td>第 4 章 服务贸易的区域性协定</td></tr>
<tr><td>第 5 章 国际服务贸易政策</td><td rowspan="2">教师 3</td><td rowspan="2">学生小组 3（4 人）</td></tr>
<tr><td>第 6 章 国际服务贸易现状与发展</td></tr>
<tr><td>第 7 章 国际运输服务贸易</td><td>教师 4</td><td>学生小组 4（4 人）</td></tr>
<tr><td>第 8 章 国际旅游服务贸易</td><td>教师 5</td><td>学生小组 5（4 人）</td></tr>
<tr><td>第 9 章 国际金融保险服务贸易</td><td>教师 6</td><td>学生小组 6（4 人）</td></tr>
<tr><td>第 10 章 国际商务服务贸易</td><td>教师 7</td><td>学生小组 7（4 人）</td></tr>
<tr><td>第 11 章 国际文化服务贸易</td><td>教师 8</td><td>学生小组 8（4 人）</td></tr>
</table>

注：具体教学团队人数、任务及角色分配、课时分配以实际情况调整，但为了便于交流、协调和管理，教学团队中教师人数一般不超过 10 人，学生小组不超过 10 组，每组人数不超过 5 人。

2.1.2 教师合作性学习

国际服务贸易教学团队的合作性学习主要可以通过相互听课和集体备课两种方式来进行教学信息和教学方法上的交流与合作。通过相互间的课堂听课，团队中的教师一方面能够直接从其他老师的课堂教学中获得有益的教学经验，取长补短，另一方面，也可以促使教学资源、教学方法、教学内容更好地衔接。而集体备课可以促使教师在教学技能、教学专长、研究方向等方面实现良好的契合，可以共享多媒体课件，丰富教学案例和教学视频资料，多角度深层次创设国际服务贸易教学情境，并最终产生学习成果，如编写国际服务贸易教材、案例集等。

2.2 “生生”合作——国际服务贸易学习小组

“生生”合作，即创立国际服务贸易学习小组是合作式教学模式的第二基本要素，也是实现“教师为主导，学生为主体”的重要途径。学习小组中的个体可以将其在学习过程中探索、发现的信息和学习材料与小组中的其他成员共享，通过共同的目标、差异化的认知构建知识结构，并激发个体的潜能从而对深层次的问题进行探究学习。学生的协作活动有利于发展学生个体的思维能力、交流沟通能力、包容能力、合作精神。在合作形式上又可以采取角色扮演、辩论、问题解决、讨论探索等多种应用模式。

表 2 国际服务贸易学习小组合作示例

合作模式	合作内容	合作目标
角色扮演	让学生分别扮演指导者和学习者的角色，就本国服务贸易的开放领域、开放程度、开放时限进行谈判，理解服务贸易自由化问题，由学习者解答问题，指导者对学习者的解答进行判别和分析	从指导者和学习者不同的角度使学生对于问题的理解有新的体会，激发学习兴趣和积极性
辩论	对本国服务贸易遭受贸易壁垒进行申述，展开辩论	培养学生的批判性思维
问题解决	布置“各国服务贸易发展状况、在国际中的地位、贸易政策”的主题，通过小组成员查阅资料解决问题，并形成报告、论文或展示，选择小组代表发言，进行组间交流	查阅资料、为问题解决提供资料和依据的能力
讨论探索	通过分析“WTO 服务贸易第一案——2004 年美国和墨西哥电信服务贸易争端案”的案例，加深对 GATS 条款的理解和争端解决机制	培养学生发散性思维，开阔新思想和新思路，提高学生对知识的综合运用能力

2.3 “师生”合作——国际服务贸易教学互动

“教师”与“学生”之间的合作是合作教学模式中发生的最频繁也是最主

要的环节。在合作教学模式中，教师是教学活动的组织者，是学习情境的创设者，是方法手段的指导者，通过学习情境的创设，使学生产生学习的需要，驱动学生进行自主学习和合作学习，达到主动建构知识的目标。具体来讲，国际服务贸易教学互动包含以下几个环节。

1. 合理划分学习小组。划分学习小组应考虑学生学业基础、学习习惯、学习目标等差异，形成“组内异质，组间同质”的合作小组，并且实行“角色互换、轮流负责”的制度，如在探讨国际运输服务贸易章节时，在学习小组中选择学生 A 作为组长，而在探讨国际旅游服务贸易章节时，则更换学生 B 作为组长组织讨论和学习。这样能很好地避免“搭便车”现象，又能保证每个学生的积极参与性。

2. 教师分组指导。国际服务贸易教学团队由多名教师组成，因此可以采取一名教师负责一个学习小组的形式，避免一名老师无法和所有学生保持联系和沟通的问题，提高学生的参与度。如负责讲授国际金融服务贸易内容的教师可以指导汇报国际金融服务贸易学习小组的讨论、PPT 的制作等。教师针对学习小组进行“个性化”的指导和帮助，可以提高小组合作学习的效率，也使学生个体能够从学生间的差异以及教师的指导两方面获得知识建构。

3. 小组自学、组内讨论。在明确学习任务、合作规则后，要求学生独立整理、归纳已掌握的知识并列出未理解的知识，通过组内讨论、分享，让学生自己去发现问题、解决问题。对于集中的个别难点，再由教师进行帮助辅导。

4. 教师评价与组内评价、组间互评结合。教师对学习小组的学习过程和学习结果进行评价，还要结合小组集体的评价和小组成员个人的评价，对小组及其个体合作学习的参与度、积极性、独创性给予恰当评价，以树立榜样，激发竞争。

2.4 “校内外”合作——课内外教学一体化

国际服务贸易课程是一门新兴学科，具有很强的应用性、实践性。通过课内外教学一体化的模式，即立足课内有效拓展，融会贯通以赛促进，深入实践切身体验，才能更好地达到国际服务贸易人才培养的目标。国际服务贸易课内外教学一体化的实现路径主要有三种。

1. 立足课内有效拓展。教师在讲授国际服务贸易课程内容时，由于知识点多而且不断更新，因此课内要注重为学生搭建知识结构框架，介绍将课内知识点延伸学习的方法，鼓励学生自己在课外收集资料理解应用。例如在介绍服务贸易统计方法时，教师在讲解基本理论的基础上，给学生介绍相关文献和网站，引导学生在课外以小组为单位了解国际服务贸易统计体系、不同国家或地区的服务贸易统计制度及其差别等现实问题。

2. 融会贯通以赛促进。在课外通过学生社团、学科竞赛与科技活动的开展培养学生融会贯通的能力。为了鼓励学生勇于探索国际服务贸易发展中的新现象、新问题，在课外可以成立国际服务贸易研究社团，开展国际服务贸易科技论文竞赛、区域性服务贸易协定条款抢答比赛等活动，使学生提高应用能力，将理论学习与实际应用紧密联系。

3. 深入实践切身体验。成立服务贸易实践基地，联系服务外包公司、跨国公司等有国际服务贸易的企业，使学生在相应岗位上锻炼实际操作技能，对服务型企业组织机构、运营方式有更深刻理解。另外，可以带学生参观商业、旅游、通信、咨询等服务型企业，通过现场参观访谈，与企业主管人员交流，增强学生的感性认识，更深刻理解国际服务贸易的基本理论。

3　合作式教学模式在国际服务贸易课程中应用的教学反思

3.1　重视教师团队的交流，保证知识建构的完整和有序

教师团队的充分交流直接影响合作式教学模式的顺利实施。特别是在采取教师团队合作授课的教学方式时，要避免因缺乏教师间的交流而导致的授课章节和章节之间的重复、孤立与矛盾，使学生出现知识建构的不完整和理解上的混乱。在整个合作过程中都需要教师针对教学目标、课程计划、课堂教学与管理、考评方式进行交流和协商，必要时随时进行调整。在实践中，笔者所在的国际服务贸易教学团队每周进行集体备课，并且在每位教师讲授本章节时，都要对上一章节的内容进行复习，提出和本章节内容的逻辑联系。

3.2　合理划分学习小组，实现“师一生”的最优结合

学习小组的划分直接影响合作学习的效果。要尽量避免好学生扎堆而差学

生没有小组的情况，教师应在小组划分过程中起到组织者的作用。同时，要避免小组合作“务虚”化，出现有小组而无合作的现象，如在布置“选择感兴趣的国别或行业分析其服务贸易状况”课题时，笔者在实践教学中发现，有些小组并不充分讨论，而是单纯一个人收集资料，一个人负责制作 PPT，一个人负责上台展示的情况。因此合作学习对辅导教师提出了更高的要求，要求辅导教师能够根据学习目标和内容，帮助学生对学习任务进行分解。

3.3 搭建网络交流平台，分享合作成果

国际服务贸易网络课堂是合作式教学模式在服务贸易课堂外应用的良好媒介。让教学团队中的每位教师负责一个专题的建设，包括最新理论、资料、案例的上传，负责解答本专题的学生提问。或者让每个学习小组成为一个版块的版主，通过发帖、回帖的方式进行专题版块的建设。通过网络上的讨论分享，推进合作教学模式的提高与完善。

参考文献：

[1] 何丽玲．任务驱动和小组合作教学模式研究［J］．成功（教育），2009（1）：13-15.

[2] 张娟．合作教学模式在高职英语课堂运用例析［J］．邵阳学院学报（社会科学版），2006（4）：17-19.

[3] 余靖．健美操合作教学模式对促进大学生社会化进程的影响［J］．体育科技文献通报，2012（10）：20-23.

[4] 高晓清，李思思．通识教育知识观下的教师合作教学模式——一种实践观［J］．教师教育研究，2012（7）：30-33.

《国际服务贸易》对大学生就业能力培养的切入点及措施研究

徐 枫[1]

摘要：大学生就业难引发出高校人才培养中对就业能力培养及提升就业能力的规律性探索和对具体实践经验提炼的重视。在教学实践中，专业课的培养目标应适应就业形势，充分满足就业市场的需求，注重对学生专业理论和专业技能的双重培养，这是提升就业能力的根本保证。本文以国际服务贸易专业为例，分析了专业课对大学生就业能力培养的重要意义，从而得出以培养专业能力、充分满足就业需求为导向的课程观，并提出相应的实施措施。

关键词：专业课；就业能力；培养实践

1 “就业能力”及文献综述

1.1 就业能力基本含义

就业能力也称为就业力（Employability），另一层含义可表述为“可雇佣性”，是对能力的一种表述，其涵义根源于就业，通常是指从事某种职业所需要的专业技能与工作能力，包括一般就业能力和特殊就业能力双重层面。其实质是指能够满足职业要求的综合能力。其中，特殊就业能力，是指从事某种职业必须具备这种职业所需要的专业能力，一般通过专业化训练来获得，大学的

[1] 作者简介：徐枫（1973-），女，副教授，博士，北京联合大学商务学院国际经济系教师，研究方向为国际贸易理论与政策、国际金融服务贸易。

专业课教育是提升专业就业能力的重要途径之一。

1.2 就业能力文献综述

关于就业能力的描述，国内外常见的观点有以下几种：美国教育与就业委员会（DFEE）关于就业力的定义是，就业能力是获得和保持工作的能力，通过在劳动市场内获得充分的就业机会，实现潜能的自信。英国学者 Lucke 等认为，就业力的实质是一个人在经过学习过程后，能够具备获得工作、保有工作以及做好工作的能力，因此，就业能力通常从学习中获得。从高等教育的层面理解，普遍的观点是，就业能力是指大学生在校期间通过专业知识的学习和综合能力的开发与培养，实现理想就业，满足职业需求的本领。即以市场为导向，使学生构建起能够适应社会发展变化需要的知识能力。

综上所述，笔者认为，就业能力的涵义是指：在高等教育阶段，以提升就业能力为专业导向，以就业能力的培养作为专业教学活动的出发点，制订有针对性的学科培养目标，采用适当的教学方法，培养并训练学生获得丰富的专业知识与技能，具备充分满足职业所需要的专业能力，以获得充分的就业机会，最终实现高等学校的专业教育向专业化的职业技能成功转化的能力培养。

2 专业课与就业能力关系模型

2.1 关系模型的构建

专业课程的实施对就业能力的提高起到良好的互动与促进作用。市场导向下，高等教育专业课程对学生就业能力的培养的促进和提升作用主要表现为：学生的就业能力越强，其就业概率就越高，被社会认可的程度就越高（农郁祺，2010）。中国人才发展报告中曾经指出（2009）：未来的 2020 年，我国专业人才就业需求总量将达到 8127 万人次，庞大的市场就业需求要求高等教育中专业课的课程设置必须具有未来的前瞻性和高度的适应性，以应对现实和未来的市场需求为导向，密切关注社会经济形势的需求变化，立足于培养高素质的专业人才，并且不断适时调整，紧密依据就业需求的变化灵活地进行弹性调整，及时更新课程内容，把握专业领域内的最新发展动态，以保证专业课的纵深发展和课程的生命力。

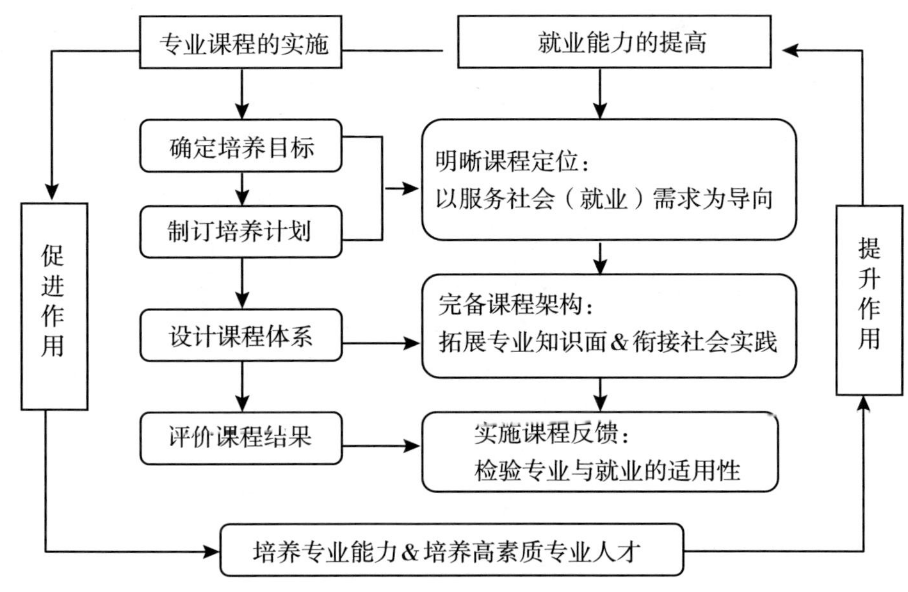

图 1　专业课与就业能力的关系模型构建

2.2　对模型的解读

基于上述专业课与就业能力的关系模型分析，专业课程的实施对就业力的促进作用可以分为以下几个步骤来实现：

首先，确定培养目标，制订培养计划。专业课的定位以服务社会（就业）需求为导向，旨在培养毕业生的专业能力，确立以能力为本的课程观和就业观。以此为根本出发点，确定培养方案。通常对专业课的理解，是指高等学校根据培养目标所开设的专业知识和专门技能的课程。因此，专业课的基本任务，是使学生掌握必要的专业基本理论、专业知识和专业技能，了解本专业本学科的前沿科学技术和发展趋势，培养分析解决本专业范围内一般实际问题的能力。所谓的专业人才，正是指经过专业培养或专门训练，具有某种专业知识，专门才能可以从事管理的应用型人才。总而言之，专业人才所强调的是人的专业性。❶ 而人的专

❶ 荆炜．高校人才培养目标定位的思考［J］．社科纵横，2008（8）：164.

业性是为了满足社会各种不同职业需求的适用性。因此，需要以市场化、提高就业力为导向，培养专业人才。这就需要在确定培养目标，制订培养计划时，首先要明晰课程定位，即以服务社会（就业）需求为导向。

第二，设计课程体系，完善课程架构。完备的课程体系可以进一步拓展专业的知识面，突出专业课的培养特色，提高课程的授课质量。在课程设计理念上，以市场需求为导向的专业课教学，应该遵循社会经济发展对职业需求的发展变化，来不断调整和优化课程设置。通常情况下，在整个专业培养过程中，课程体系包括专业理论教学与专业实践教学两大部分，在具体的课程内容讲解中，可以按专业需求给予理论与实践不同的学时数量，采取多样化的授课方式，如讲座式、启发式、案例引导式以及传统的灌输式教学，以期达到最佳的课程培养效果。完备的课程架构是保证拓展专业知识面的前提，也是使专业知识最终衔接社会实践、提高学生就业能力的基础。

第三，评价课程结果。专业课实施的终极目的是对培养高素质的专业人才起到良好的促进作用。因此，对专业课程实施结果的检验其目的在于保证专业课的授课质量，同时验证专业培养与就业能力二者之间的适用性，可以采用多元化的评价模式并行，以期达到不同的评价目标。如在日常教学过程中，可以以考勤制度来监督学生的学习过程，保证授课过程得以顺利进行，充分保障专业课的课堂质量；通过课后作业，可以反映出学生的学习能力和对专业课内容的理解力；通过开放式的考试可以检验学生对专业知识的接受能力和思维力；通过课程互评检验专业课的实施效果；通过企业的需求反馈，即用人单位的择才，得到专业能力培养结果的反馈，即寻找出专业培养与就业需求的契合度，检验专业与就业的适用性。并据以改进或调整专业课的培养模式，从而发挥特色专业的使命，不断提升本专业培养出来的毕业生的就业能力。

3　课程运行中对就业能力的培养实践——以《国际服务贸易》课程为例

3.1　《国际服务贸易》课程特色

2008 年，教育部的文件中明确指出，在专业教学中，要高度重视实践和实训教学环节，突出专业教育的教学特色。以《国际服务贸易》课程为例，其课程特色表现在以下几个方面：

一是专业定位具有明确的针对性。主要体现在专业培养目标可以满足服务经济全球化背景下对专业人才的需求。世界经济正在步入经济服务化的时代。1994 年关税与贸易总协定乌拉圭回合谈判通过了《服务贸易总协定》，标志着“世界经济服务化”，未来国际市场的竞争将由货物贸易为核心转向以服务贸易为核心。[1] 服务经济对世界各国的经济发展起着巨大的推动和促进作用。在西方国家经济结构中，服务经济占据主导地位。在世界性的服务贸易大背景之下，需要更多的国际服务贸易应用人才，因此，设置国际服务贸易专业，培养服务贸易领域的专业人才是经济发展的大势要求。

二是专业培养具有较强的适应性。国际服务贸易不但是服务经济主导下的热点专业，同时也是在未来具有可持续成长性的专业。其原因在于，服务经济的发展带动了当今世界上各个国家之间国际服务贸易的迅猛发展。用时间来考量，国际服务贸易在过去的几年里，增长幅度巨大，从全球服务贸易出口额总量来看，从 1980 年的 7674 亿美元扩大到 2008 年的 7.2 万亿美元，增长近 5 倍。[2] 在将来的若干年，仍将具有相当巨大的发展潜力，因此，国际服务贸易专业不但为现在的就业需求培养专业人才，与此同时，也在为未来社会的发展培养适用的专业人才。

三是课程体系具有较好的实用性。主要表现在课程内容与社会实践充分衔接。本专业的教学以《国际服务贸易》制定的培养目标为出发点，培养国际服务贸易专业学生的理论知识与专业实践，使二者密切联系。课程主体分两大部分，一是基础理论部分，二是分行业的实践部分。理论部分可以培养基础的专业理论能力，实践部分主要是针对各个服务行业的贸易发展最新动态以及中国的发展现状进行介绍。通过分行业的学习，使学生在掌握国际贸易基础知识的基础上理解服务贸易在整个贸易体系中的地位和作用。课程的整体脉络是让学生掌握国际服务贸易的理论脉络和实践热点。

---

[1] http：//jpkc. zjsru. edu. cn/C18/kcms-1. htm.

[2] 数据来源于商务部网站计算得出。

3.2 结合关系模型解读就业能力的培养

首先，充分明确专业定位，实现培养目标与就业需求有效对接。明确“国际服务贸易”专业的高校培养目标，旨在培养具有扎实的国际服务贸易专业理论基础，较强分析实际问题、解决实践问题的能力，适应国际贸易领域的发展需求，重点培养面向实践的应用型专门人才。学生通过该课程学习，在知识、能力、素质方面应达到理解国际服务贸易的相关知识，以更好适应中国加入世界贸易组织在服务产业和服务贸易领域的国际竞争；掌握国际服务贸易的基本理论、政策和运行方式；能够理论结合实际，能够就主要服务贸易行业或领域的专题进行深入的探讨，为毕业后从事服务贸易工作奠定坚实的基础。

其次，合理设置课程架构，实现课程体系与专业实践有机结合。以国际服务贸易的培养目标、培养计划为指导，制定《国际服务贸易》课程的教学大纲，并以大纲为指导框架，编制《国际服务贸易》课程的教科书。结合国际贸易专业，设计课程体系优化架构。介绍服务贸易理论发展的基本脉络，理解理论对现实贸易现象的解释能力和适应性，培养学生专业素质。实践教学是为本专业的学生提供真实的体会，可以为本专业的学生提供感性认知。在课程设置中，应适当提高实践教学的学时比例，理论部分可以侧重指导案例教学。

再次，及时调整课程内容，实现课堂教学与课程实践有机结合。在课程配备方面，服务贸易专业应按照服务行业需求多样性的特点，提供灵活的专业课程，培养本专业的学生具备理论与实践并重的专业能力，保证专业课程的系统性和完整性。随着国际服务贸易理论与实践的发展，要及时修订《国际服务贸易教材》。课程的内容应服务并充分应用于专业实践，理论联系实际，实现学以致用。加大实践教学环节的课时数量，大量融入案例教学，进行渗透法授课。案例的选取可以结合本专业领域内的时下新闻热点，并进行点评，加深学生对课程内容的理解。

最后，适当改革教学模式，实现专业培养与能力提升充分融合。可以实施开放式教学模式，建立学生实践实习基地，聘请企业和业内的专家进行讲座或假期实践，搭建专业应用于实践的桥梁。在课堂教学方法上，可以开展集体性授课与学习相结合的教学改革尝试，如开展团队专业化教学，以创新式团队教学为授课形式，结合服务贸易不同的行业特点，选择不同的授课教师，改善授课效果。在教学内容上，以研讨启发式的合作学习为教学模式，以启发教学、研究型学习为主线，增强教学互动为重点，培养学生自主学习能力，突出专业的培养特色。

4 结语

总之，高等学校的专业课实施应紧密联系社会发展过程中的就业需求，在整个专业课的培养过程中应以提升就业能力为导向，突破原有的教学局限，强化专业技能、改善教学效果，以服务就业及应用实践为专业导向，保证专业的生命力和可持续发展能力。

参考文献：

[1] 荆炜．高校人才培养目标定位的思考［J］．社科纵横，2008（8）：164.

[2] 潘晨光．中国人才发展报告［R］．社会科学文献出版社，2009. 6.

[3] 赵亚平，黄玉丽．基于“双边市场”的地方本科院校特色专业定位研究［J］．职教论坛，2009（12）：48.

[4] 农郁祺．市场导向下高职学生就业能力培养研究［D］．广西师范学院，2010. 5.

[5] 罗瑞峰．关于就业能力的概念及大学生对就业能力的思考［J］．出国与就业（就业版）2010（4）：28.

国际贸易教学中参与式主题案例教学法的应用

徐怀礼❶

摘要：国际贸易课程是一门具有很强社会实践性和导向性的课程，适合实施基于问题解决的参与式案例教学。本文分析了在国际贸易课程教学中引入应用参与式主题案例教学法的实践背景、必要性，并就如何组织实施与评价等具体操作问题进行了归纳与总结。

关键词：参与式；主题案例式；教学方法

主题案例教学法又叫“基于问题式的学习”，是由美国教授 HowardBra—rows 提出，后来不断得到充实和发展，目前广泛应用到医学、生物学、生理学、心理学、工程教育、商业教育、社会工作教育等多个学科领域。实践证明，问题式学习方式是以学生为中心的教学和管理模式而且非常有效，被很多人认为是一种经济型的高等教育模式。特别是对于像国际贸易等经管类课程等应用性经济学科可以尝试采用，可以提高学生的学习兴趣，增强学生的学习主动性，通过实际问题建立对学生进行学习帮助的路径、具备合理的考评机制等条件，从而改善学习效果。在此基础上，我们有意识地增加了学生广泛参与的方式，通过对国际贸易课程开展合作式教学改革，重点培养学生主动学习、合作式学习的能力，充分调动学生的主观能动性，实现由“要我学”向“我要

---

❶ 作者简介：徐怀礼（1973-），男，讲师，博士，北京联合大学商务学院国际经济系讲师，研究方向为国际贸易政策、国际投资与风险管理。

学”的有效转移，进而实现课堂教学效果的根本性改变。

1　什么是参与式主题案例教学法

一般来说，参与式主题案例教学法具有较为独特的教学理论和管理方式，由传统方式下教师提前安排，转变为学生主动参与，并使学生成为此种教学方式的重要组成部分，学生参与方式、行为、结果成为衡量教学效果的重要参照。

与传统案例教学法不同的是，此种教学方式根据所学的理论内容，搜集整理相关的案例，把案例资料详实地呈现给学生，由学生在学习了解案例内容的基础上，运用所学习的理论知识，对案例中的现象和问题进行分析解决。这种方法虽然对学生巩固和加深理解理论知识具有明显效果，但是由于案例的搜集整理是由老师完成，这在一定程度上限制了学生的学习主动性和思维空间，影响到最终的学习效果。

与传统案例教学法不同的是，我们在运用案例教学法时不是和传统案例教学法一样，把大量案例相关资料完整详实地展示给学生，而是精心挑选一些典型案例主题，比如“国际贸易对我国经济发展的作用”、“中美贸易冲突分析”等，在具体实施教学时只是将该主题名称提前交给学生，鼓励学生围绕该主题课前自由自主地搜集整理资料，并结合所学知识，对整理出的资料进行分析探讨，归纳总结出自己的观点。这种方法被称之为主题案例教学法。基于问题的案例教学通常是以学生为导向的教学方法，一般由4—6个学生组成一个团队，由学生自行制订学习计划、控制学习过程，通过综合运用各学科知识以解决实际问题为目的而开展学习活动。正是由于我们以解决实际问题为目的，而解决实际问题的过程中必然要用到不同领域的知识，这将促使学生对所涉及的各学科的知识能够融会贯通、活学活用，而不是单纯为学而学。同时，我们通过团队方式组织共同完成解决问题的任务，需要大家选出团队组长，组长需要制订工作计划、组织讨论，对于提高学生综合运用专业知识、语言表达、书面写作、团队合作、项目管理等综合能力，是一个很好的锻炼机会。

2　国际贸易课程开展参与式主题案例教学法的必要性

2.1　有助于学生尽快适应国际贸易课程的应用性要求

一般来说，高校中的绝大多数学生对于国际贸易现象接触很少，缺乏感性认识，很多学生反映，在大学初期虽然知道“国际贸易”这门课，但是也只知道它就是和别的国家进行商品贸易，其余一无所知。因此，我们认为通过接触具体案例掌握理论知识，是非常有必要的，让学生尽快熟悉具体而丰富多样的贸易现象，增强性认识，以帮助他们更好地理解和掌握各种理论知识。

2.2　有助于提高学生分析解决实际问题的能力

从根本上说，国际贸易课程主要研究不同国家之间如何进行商品交易，研究如何使交易的双方都能获得更大的收益，以及如何合理利用现有的国际贸易规则使参与者能够获得更大收益。由于它是研究不同国家之间进行的商品交易，所以课程的基础理论与实务操作肯定要比国内贸易复杂和抽象，学生的距离感也更强。因此，该课程要求学生能够通过深入地理解国际贸易基础理论，从而灵活运用这些理论知识分析解决具体国际贸易现象和问题。相比之下，传统的教学方法过于重视理论教学，相对忽略与实践的结合，因而难以取得理想的教学效果。例如，讲解“国际贸易”壁垒的内容，如果单纯地讲述各种国际贸易壁垒的概念及基本含义，内容繁杂而又枯燥乏味，学生接受起来比较吃力。而采取案例教学时，通过主动搜集案例信息和资料，学生接触到的是具体的国际环境背景下，通过阅读生动鲜活的国际贸易壁垒事件，了解到贸易壁垒措施所起到的特定限制进出口效果。通过不断重复的学习过程，使学生加深了对理论知识的理解，提高了分析解决实际问题的能力。

2.3　有助于培养学生的学习兴趣和提高自主学习的能力

参与式主题案例教学一个突出优点是，弥补了由于纯粹讲述理论知识枯燥性的缺点，通过采用具体事例，吸引学生主动参与到学习中来。在学习规律的作用下，人们学习抽象知识需要支付更多的脑力和体力，所以学习者容易感到疲劳和厌倦，相比而言，人们学习具体实际知识脑力劳动负担要小很多，因此，更容易引起学习者的兴趣，理解掌握也更快。在案例教学中所使用的案例大部分是和实际情境联系紧密或是当前人们关注的社会热点问题，所以较容易引起学生的学习兴趣，并投入到案例的学习和思考中去。而且，学生拿到案例主题后，需要主动地通过图书馆、互联网等方式搜集、分析、整理相关资料，在这期间自然就要求学生运用已经理解和学习的理论知识去分析具体案例。有时案例分析的需要也会强迫学生重新学习和深入理解已经学习过或者课本未曾讲述的理论知识。经过多次积淀后，学生的文献检索能力、逻辑推理能力、归纳总结能力、口头表达能力等自主学习的方法和能力就会得到提高，这些将为他们今后的实际工作打下良好的基础。

3　如何在国际贸易教学中开展参与式主题案例教学

实践表明，参与式主题案例教学法在实施初期遇到困难较多，特别是要求教师完成以前的角色转换，由以前包揽一切的主导地位，转变为以协商、引导、纠正、评价为主的角色，为学生积极参与建好平台。如果教师的角度定位准确，能够实现尽快转换，也会带动学生积极参与进来，达到理想的效果。因此，需要关注以下二方面问题：第一，尽快确定好讨论的实际问题。选择的实际问题应该立足于本课程教学内容和教学难点，解决实际问题时需要用到主要的洲际贸易知识和技能，这样通过解决实际问题学习掌握了教学大纲要求掌握的知识和技能。由于实际问题的层次越提高，讨论起来的难度及需要投入也逐步增加，因此建议可以先从较低层次开始做起。第二，形成对学生进行学习帮助的方式。一方面，除了图书馆、互联网等外部资源外，参与教师要有固定的答疑时间和地点，参与学生要建立学习团队，由组长负责制定、督促执行学习计划；同时，还应建立习题库，有助于学生自我测试，检验知识的掌握程度。第三，要建立合理的考评机制，通过此种方式达到控制学习过程和最终学习效果的目的。下面以“当代国际贸易理论”为例，介绍参与式主题案例教学法的具体实施情况。

3.1 讨论案例

如果以当代国际贸易理论为例，案例讨论应包括的主要内容有：①从新要素角度说明国际贸易格局的变化轨迹，举例说明新要素在对外贸易中的作用；②论证全球经济危机背景下为何会出现更多的贸易保护；③为创造国家竞争优势，我国应采取怎样的产业发展对策？你认为怎样才能把我国建设成创新型国家？④介绍浙江省产业内贸易的概况并用案例分析法进行深入分析；⑤有人认为，“中国世界工厂”是中国迅速成为跨国公司“世界性生产基地”的同义语，你认为应如何界定“世界工厂”？中国出口产品的优势和不足分别是什么？同时，还包括实践与自主学习内容，主要是：产业内贸易理论和国家竞争优势理论相比，你觉得哪种理论更适合目前的中国？根据以上内容，自拟题目，写一篇2000字以上的研究报告。

3.2 组织教学

要改变传统的单纯由教师进行理论讲授的教学组织形式，通过组建老师团队，集体备课，采用“大班授课、小班讨论”的教学模式进行。大班课学生在105—140人之间，小班讨论课学生35人左右。由每位任课教师负责自己班级的大班授课任务，采取集中力量，群策群力，共同探讨实施方案，每个老师应整理出研讨问题、相关案例等。进行讨论时，可以一个大班分成3—4个小班，1个小班又分为5个小组，每个小组学生数量在6—8名。要求每个小组推选出一名小组长，小组长负责协调本组学生发言，保证所有同学在5次研讨课中都有发言机会并且必须发言。同时，应积极鼓励学生积极发言，每次研讨课应有10分钟左右的机动发言时间，让本次研讨没有安排发言的同学发言。主要学习方式包括：①积极参与小组研讨；②课堂认真听课，积极与老师互动；③实践与自主学习：每次研讨课前后都留2节课作为实践与自主学习，共计10课时。

3.3 教学方式

《国际贸易理论》采用的是“大班授课，小班讨论，实践教学”的授课方式，讨论课采用的是“课外准备、课堂讨论、师生互动”的方式，具体可见图1：

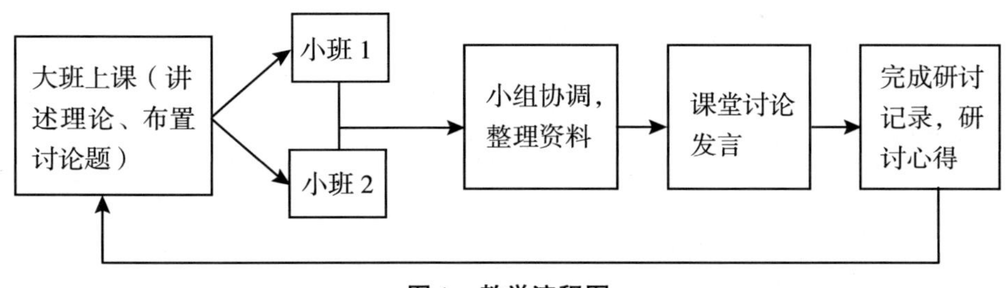

图1　教学流程图

在实际操作过程中，我们立足合作式教学的基本要求，采取以下的创新教学方式。

第一，确定学生的学习和研究方向。为便于有针对性地开展讨论，在合作式教学过程中，我们往往将小班35名学生分成5组，组建合作式教学互助小组。在课堂内外均可按照专业方向，结合课程进度开展研究工作，进而可以发展成为导师制。

第二，结合案例开展合作式教学。为了更好地结合实际开展研究和讨论，避免合作式教学中的讨论环节的失效，我们把学生的合作式研究与现实案例实现有机结合，指导学生针对案例开展研究，不仅可以提高学生的真实感，也便于今后课程教学的连续性和深入性。

第三，重点引入新型的评价方式。在学习的过程中，我们一般要求学生民主推选小组长，协调该小组工作，这样既可保证每个学生都有发言机会，也可以提高学生的综合写作能力和创造性思维能力。

3.4　案例讨论

参与式主题案例式教学以小组为单位开展，讨论的具体组织包括：讨论形式、具体程序、资料提交。

3.4.1　讨论形式

讨论形式主要包括三种：自由讨论、全面讨论和全员讨论。在自由讨论中，小组成员可在论题范围内畅所欲言，各抒己见、相互启发、辩论、协商，禁止任何形式带有人身攻击或限制他人性质的自由发言。全面讨论过程中，小组成员应就所讨论的论题，从不同角度、不同层面展开全面深入的讨论。全员讨论要求每位小组成员均应参与，发表自己的意见，并在记录员的发言记录上签名。

3.4.2 具体程序

可以先由承担该主题研究任务的组员作主题发言，然后由其他组员介绍其该主题所作的研究状况、主要观点及理由；之后，所有成员围绕这一主题发言内容展开讨论，要求其他组员都要发言，并在自己的发言记录部分签名；然后，由发言人将本组讨论情况进行提炼、整理，撰写本组研究报告。最后由小组发言人将讨论结果制作成 PPT 上台发言陈述总结。各组发言人发言完毕后，指导教师应就本次研讨活动作一次简评。

3.4.3 研讨资料

为了提高案例讨论效果，要确保提交讨论材料的质量。一般来说，研讨汇报报告以 PPT 形式展示，课堂研讨时每组自由推选 PPT 的宣讲人（应该由小组成员轮流担任宣讲人），要求电子版发送给教师，文件名称为“时间+组长名称+案例分析报告 PPT”，例如“周三+刘正+案例分析报告 PPT”。课后研讨记录一律要求用 A4 纸打印好，在课堂研讨时让组长上交教师。电子版发送给教师，发送时名称为“时间+组长名称+课后研讨记录”，例如“周五+刘正+课后研讨记录”。除此之外，其他资料包括小组成员的个人得分表要求用 A4 纸打印好，在每次课堂研讨时由组长上交教师。同时每组应将评分标准打印 20 份，课堂研讨课使用 4 份。另外，在课堂研讨之前要讨论评委（小组成员轮流担任评委）的人选。

3.5 考核方式

参与式案例教学课程考核成绩构成一般是：平时考勤与课堂表现 10%、实践与自主学习及课后作业 15%、研讨课课堂表现占到 35%、期末考试 40% 四个部分组成。平时考勤主要以学生上课情况和课堂纪律情况为考核依据；理论课课堂表现主要看学生课堂发言、课堂作业上交情况；实践与自主学习及课后作业主要根据实践、自主学习报告与课后作业完成的质量和数量；研讨课表现主要以学生预习、发言讨论、研讨论文完成情况、研讨课笔记来考核。为了使考核更加合理，每位学生的研讨成绩可以包括如下部分：个人对小组成绩的贡献度（20%）；研讨课小组得分（30%）、小组研讨记录与课堂汇报 PPT 质量与数量（50%）。其中，研讨课小组得分由教师评分（60%）与学生评委评分（40%）加起来汇总得出。考试环节很重要，它是对教与学的全面验收，因此期末考试必须采取闭卷形式，通过考核达到培养目标要求。考试题目一方面要全面符合大纲要求，另一方面要体现重点，难度适中，题量适度，难度与题量应按教学要求来安排，而对未作具体教学要求的内容不作考试要求。通过上述教学方式，我们不仅可以在课程环节、课程教学方法和教学手段有一个较大的改革，而且还对教学内容方面也实现了深入的总结和取舍。

4 结语

我们通过实施参与式主题案例教学法，突出了“以学生为主”和“广泛参与的”的特点，这就在无形中为学生营造了一个轻松、主动的学习氛围，使其能够自由积极地畅所欲言，充分表达自己的观点，同时也可以在讨论过程中获得来自组内其他成员和指导老师的知识信息，让学生尽快改变原来对国际贸易实务缺乏感性认识的状况，从而更深入准确地理解国际贸易理论；提高了他们主动学习能力、解决分析实际问题的能力，通过提高学习的趣味性，避免了以前只由教师讲授的枯燥性。在学习过程中，学生学习积极投入，课堂气氛异常活跃，在激烈的思想交流中加深了知识印象，拓宽了理论思维的深度和广度，学习效果要明显好于“填鸭式”教育被动式学习的效果。

参考文献：

[1] 姜平．综合实践活动教学设计与特色案例评析［M］．北京：首都师范大学出版社，2012. 01.

[2] 赵洁．构建以学生为主体的模拟性教学模式［J］．技术经济与管理研究．2009（01）：78-83.

[3] 王玥．案例教学法在高职电子商务专业中的应用［J］．长春金融高等专科学校学报．2010（01）：45-50.

［4］王伟荣. 基于作品展览模式的实践类课程教学改革与研究——以浙江工商大学广告学教学为例［J］. 科教文汇（中旬刊）. 2008（12）：34-39.

［5］李忱. 基于问题学习的模式在“国际贸易”课程教学中的应用［J］. 广东工业大学学报（社会科学版）. 2008（S1）：54-57.

国际贸易专业《国际商法》课程网络学堂建设探讨

李倩茹[1]

摘要：国际贸易专业国际商法的网络学堂建设应基于建构主义学习理论，以国际贸易专业知识为基础，以培养应用型、复合型人才为目标，遵循内容体系化和模块化原则，以知识学习为手段，以方法意识为目标原则，在具体应用中采取三方面的保障措施，充分利用网络学堂辅助教学，培养学生的法律意识。

关键词：建构主义；国际商法；网络学堂

根据教育部启动实施“本科教学工程”、“专业综合改革试点”项目工作的精神，[2] 高校围绕专业进行的综合改革已随之启动。北京联合大学商务学院从建校伊始就确立了“服务首都，应用为本”的办学定位和“发展应用性教育、培养应用型人才、建设应用型大学”的办学宗旨，国际贸易专业的目标定位是培养既懂经济管理、又懂外语的应用性国际贸易人才，因此在课程设置上坚持强化双语、全英语教学，突出外语能力的培养。但是，对于应用性国际贸易人才的培养，外语只是一个交流和谈判的工具，熟悉我国、当事人国家及国际贸易规则，才能从根本上解决国际商务贸易的实际问题，而这些规则的核心

---

[1] 作者简介：李倩茹（1979－），女，北京联合大学商务学院讲师，武汉大学法学院民商法学专业2011级博士研究生，研究方向为商法、经济法。

[2] 教育部关于启动实施“本科教学工程”、“专业综合改革试点”项目工作的通知［C］．教高司函［2011］226号．

是一系列的法律规则。因此，借新一轮的专业综合改革，以国际商法课程为中心，以建构主义学习理论为指导，运用现代教育技术手段，调整和充实法律课程与优化教学资源，对于建立和完善我校国际贸易人才合理的知识结构至关重要。本文拟从国际贸易专业人才培养目标和国际商法课程知识体系出发，结合笔者从事国际商法教学的实践经验，对该课程网络学堂的建设和辅助教学的作用进行探讨。

1 国际商法网络学堂建设的重要意义

国际商法在国际贸易专业课程体系中是一门重要的必修课程，基于其专业性强、知识点多、覆盖面广等特点，传统的国际商法课堂教学与国际贸易专业培养人才的目标定位存在偏离。现代教育理论中的建构主义学习理论认为，学习的过程是学习者主动建构内部心理结构的过程，学习是在原有的经验和认知结构基础上，通过与外界的相互作用发现和探索新知识、新方法的过程，❶ 因此，对国际贸易专业学生的法律课程教学应立足于学生精通经济学、国际贸易学的优势，在已有知识经验的基础上，帮助他们建立合理的知识结构，以更好地与培养复合型人才的培养目标契合。而现代教育技术手段为教师开展这项工作提供了条件，通过国际商法网络学堂弥补课堂讲授的不足，拓展和优化教学资源，意义重大。

1.1 有利于满足国际贸易专业学生个性化学习的需求

网络学堂作为一种网络教学资源，是对课堂教学的有效补充，由于其具有开放性、自主性特点，教师可以为学生提供个性化的学习空间，根据学生的不同层次需求，设计相应的学习内容，实现分层教学的目的。学生可以根据自己的兴趣调整学习内容和进度，有意识地建构自己合理的知识结构。在网络学堂中设计学生自主学习和协作学习相结合的学习环境，一方面可以培养学生独立钻研的精神；另一方面，学生之间彼此交流、资源共享的合作精神满足了学生个性化学习的需求。

❶ 吴疆．现代教育技术教程（第三版）［M］．北京：人民邮电出版社，2009.

1.2 有利于实现培养国际贸易专业学生法律意识的目标

关于本科教育一直存在着是素质教育还是职业教育的争论，这一问题在近年来大学生就业形势严峻的背景下显得尤为突出。本文认为，对于以应用型教育为培养目标的国际贸易专业来说，二者并不矛盾，以培养应用性能力为中心的职业教育要求在学校本科教育中必须注重学生的素质教育，而法律素质的教育是素质教育的主要组成部分。与法学专业突出以法律思维培养为目标不同，[1] 法律思维能力的培养包括多个方面，需要通过系统的专业训练，这是法律职业能力的核心要素；国际贸易专业开设国际商法课程，目的是培养分析和处理涉外法律问题的能力以及风险防范意识，课程教学并不注重法学专业素质的培养。但是，法律意识的培养却是国际贸易专业学生可以为且大可为的空间，因为传统法科培训的核心在于事后的救济，而国际贸易的核心内容是交易，交易规则的订立是事前防范的最好形式，国际贸易活动中如果事前已经注意并防范了风险的发生会是更有效率的选择。而这种自觉的选择，仅需当事人具备相关的基本法律知识，并具有借助法律专业人士的法律意识，就可以实现。国际商法网络学堂通过体系化的相关知识内容，为学生提供了自觉积累法律知识以及进行自觉思维训练的平台，有利于实现学生法律意识培养的目标。

2 国际商法网络学堂建设的原则及内容

2.1 国际商法网络学堂建设的原则

2.1.1 内容体系化、模块化原则

国际商法课程作为一个法学分支学科，有自己独特的体系结构。对于国际商法体系的构成，国内学者尚无一致看法，一般认为，国际商法体系的确定取决于跨国商事关系的发展。从目前国际商事交易的现状来看，国际商法可以划分为三个部分：一是调整国际商事主体法，二是国际商事行为法，三是国际商

[1] 梁开银．法律思维：法学教育与司法考试的契合点［J］．法学评论，2011，（4）．

事救济法。每一组成部分在表现形式上都是由国际、国内法律渊源有机结合而组成的。

国际贸易专业开设国际商法课程，目的是培养分析和处理涉外法律问题的能力以及风险防范意识。因此，在教学内容上，应根据专业培养目标，围绕国际货物买卖过程的各个环节，侧重于国际商事合同法、国际货物买卖法、国际货物运输法、票据法、代理法、产品责任法等。目前，国际贸易法已成为当今世界各国解决国际贸易参与者之间争端的重要依据，因此，在教学内容上国际贸易统一法应渗透到各个章节中。同时，长期以来，在国际商法领域，具体的涉外经济活动一直受到源于各国内部的体制或制度的约束，因此国别法一直具有重要的地位。因此，在教学过程中，对国别商法的讲授也不可偏废，尤其是那些国际上尚未统一的法律规范。

国际商法是在国际贸易实践的基础上发展起来的，并且随着国际商事活动的发展变化而不断充实和完善。国际商法的教学内容要反映这一现实，要把理论与实践中关于国际商法的最新发展介绍给学生，使学生能把握有关国际商事法律规范的前瞻性。因此，国际贸易专业开设的国际商法课程内容借由国际商法网络学堂建设，结合国际贸易知识，在内容体系上应符合科学性，并对其内容加以体系化和模块化。

2.1.2 知识学习为手段、方法意识为目标原则

正如学者所言，我国近年的立法进程加快，即使对于法学专业来说，也不可能每颁布一部法律就设置一门法律课程。对于新的法律的理解和运用，需要从相关理论出发进行法律推理，使学生能够在无须课堂讲授的情况下也能依靠法律教育培养起来的素质和基本知识去理解和运用新颁布的法律。[1] 对于国际贸易专业学生来说，专业核心课程的设置都难以满足，在有限时间内再设置比较多的法学课程是不可能的，如何使部分学生能够根据自身能力和兴趣自觉地学习法律知识，教师有责任在国际商法这门课程的讲授基础上，做些适当有效地拓展。在国际贸易专业的国际商法课程教学中，要结合国际贸易知识，重点拓展与国际商事交易能力培养相关的法律知识。在这些知识的基础上，通过设

[1] 苏力．法治及其本土资源［M］．北京：中国政法大学出版社，2004.

置实务技能、热点讨论等内容，要求学生掌握法律文献的检索和应用方法，从法律角度判断问题、分析问题、解决问题，自觉运用法律知识和法律思维方法处理商务问题。

2.2 网络学堂的资源内容体系

网络课程的设计模式一般分为三种：基于教的网络课程设计模式、基于学的网络课程设计模式、“主导—主体”网络课程设计模式。根据本校实际情况，学生既要接受课堂面授教学，也要课后通过网络学堂进行讨论、答疑，并且作为课堂辅助教学和课后巩固复习环节使用，所以在国际商法网络学堂课程设计时采取第三种模式。从内容体系来说，分为三大模块：一是调整国际商事主体法，二是国际商事行为法，三是国际商事救济法。网络学堂包括以下功能：学习内容在线浏览、学习资源下载（教师的教案、教学课件、视频、热点案例、参考资料、法律法规等）、作业在线提交与评阅、学生自我测试与评价、论坛讨论答疑、学生优秀作业赏析等。

3 国际商法网络学堂应用实效的保障措施

3.1 公示热点案例，汇集疑难问题

网络学堂是教学的辅助手段，过去囿于教学条件所限，案例讨论往往是在课堂上随堂公布，这样一是不利于教师发布最新的热点案例供教学讨论，二是不利于学生利用课外时间充分思考准备，课堂上的讨论往往流于形式。现代教育技术的发展弥补了上述不足，教师可以充分利用网络学堂的动态性、开放性特点，提前公布热点案例，或者从学生中收集感兴趣的案例，师生可在网络学堂共同探讨，汇集疑难问题，利用上课时间进行面对面的观点交锋，能够收到更好的教学效果。从国际商法网络学堂建设使用两个月的反馈情况来看，学习内容在线浏览和学习资源下载点击率最高，说明随着课程的讲授，学生课外学习的主动性比较强。随着课程的不断深入，关于讨论版的热点案例，学生发言日益踊跃，而这部分的内容是引导学生从法律角度思考问题、培养法律意识的一个主要途径。发帖量的逐步上升说明通过对国际商法基础知识的学习，学生

对国际商事领域法律问题的思考逐渐深入。

3.2 讲授方法思路，解惑重点难点

过去以教师为中心的课堂教学中，教师关注知识体系的完整性，在建构主义理论指导下的双主模式中，这个问题已经由网络学堂中“课程体系”、“每模块的知识体系”解决。因此，课堂讲授应坚持两点论，教师根据网络学堂反馈的重点难点可以针对性地备课，有效利用课堂时间详细讲授，讲清分析问题的方法和思路。此外，法学课程由于其相对严密的逻辑体系以及专业性强的特点，非法学专业学生对该课程的学习如果仅限于对于法律文本的理解，可能导致就事论事机械记忆的后果。因此，对于重点法律条文背后的立法意旨、立法过程教师应做详细的讲解，有利于学生理解法律背后所蕴含的基本法理和基本精神，领会立法意图，有助于掌握分析法律文本的方法，完成事实认定与法律规定的结合过程，提高运用法律知识分析现实问题的能力，进一步建立国际商法知识的基本框架，从而强化法律意识。

3.3 创设学习情境，强化实践技能

现代学习理论中的建构主义理论特别强调情景创设，提倡合作学习，教师的教学应是助学和帮学。具体到国际商法网络课堂的建设，是在学生已经具备经济学、国际贸易学和法律基础知识的基础上，根据我校学生的特点，创设学生学习活动的情境，如模拟组建一个企业，要求完成从企业筹备到注册的全部过程，在这个过程中，限定一些条件：如投资人的出资形式必须至少有一种为现物出资，该企业的成立须履行前置审批程序等，分析报告指出法律依据、难点问题、法律意见等进行归纳总结。针对这一作业的模拟实训开设讨版，供大家讨论。最后优秀作业赏析，教会大家企业注册的全部文件和方法。值得强调的是，国际商法网络学堂的建设一般在大三学期，进入大四模拟实训课程和实习阶段，是对专业核心课程技能的综合模拟训练，可要求学生对实习企业的注册进行实际考察，特别是对企业的章程（合伙协议等）对照分析，使学生对企业注册的理论和实践有更深刻的理解，从而强化法律意识。

4 结论

国际商法网络学堂的建设，必须注重发挥国际贸易专业学生的优势，运用建构主义的思想来组织安排教学资源，充分发挥讨论版和作品赏析的交流互动平台，辅之以形成性评价来督促。在内容体系上与专业核心课程接轨，引导学生自主安排自己的学习活动，建构合理的知识结构，并在具体应用中根据学生的实际情况进行适时调整，以保障网络学堂的建设收到实效。

应用型本科《国际经济学》双语教学方法探讨

王晓芳❶

摘要：我国高等教育发展已进入大众化教育阶段，应用型经管类本科院校近些年得到快速发展。应用型本科院校在人才的培养目标、培养模式、师生来源等方面与研究型高校存在很大的区别，应用型经管类本科学生学习的突出特点是务实。针对应用型经管类本科学生的学习特点，《国际经济学》课程教学方法要以双语教学为基础、以案例教学为引导、以专题教学为补充，不断优化教师资源、积极开展实验教学。

关键词：应用型；国际经济学；双语教学方法

1 应用型经管类本科专业教学特殊性

我国高等教育发展已进入大众化教育阶段，高等教育在类型、层次、结构上呈现日益复杂的趋势。与之前的精英化教育不同，大众化教育使接受高等教育的学生具有不同的类型和不同的特点。因此需要设置不同类型和不同定位的高等学校以适应不同类型的学生需求。我国的应用型本科院校多为 20 世纪末和 21 世纪初期合并而成的地方高等院校和专升本院校。经管类本科专业相对理工专业而言，进入门槛低，培养学生适用面广，因此应用型经管类本科院校

---

❶ 作者简介：王晓芳（1978-），女，中国社会科学院财贸所博士生，北京联合大学管理学院副教授。研究方向为国际服务贸易、经济学。

近些年得到快速发展。

1.1 应用型经管类本科院校的特征

根据教育部的目标定位，应用型本科院校在人才的培养目标、培养模式、师生来源等方面与研究型高校存在很大的区别。应用型经管类本科院校的特征为：第一，以本科教育为主，招收少量专业硕士（非研究硕士），同时招收专科层次的学生；第二，根据产业设置经管类专业，为当地经济（主要是第三产业）服务；第三，培养学生的应用能力，教师能承担一定的应用型科研任务；第四，是以教学为主的教学型院校。

1.2 应用型经管类本科学生的学习特征

与研究型大学的学生相比，应用型经管类本科学生学习的突出特点是务实。学生希望所学知识能够直接在实习、工作中应用，希望获得岗位和职业知识，利用新知识分析和解决个人、社会或工作中的问题，对重大时事、经济动态感兴趣，注重对即拿即用知识的学习解决实际问题。学生的学习独立性较差，依赖教师、教材、教室，注重知识传授又需要教师引导，注重感知、认知、理解，课堂上直接体验知识的功效最深刻，因此对教学手段要求较高。根据对北京联合大学管理学院开展双语教学的班级进行的学生调查问卷发现，学生认为决定课程教学质量和效果的最主要因素是教学方法和手段。

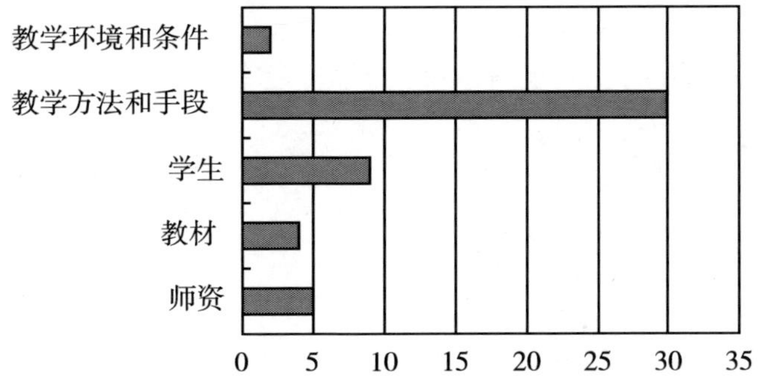

图1　决定教学质量和效果的最主要因素

2 应用型经管类本科专业课双语教学现状——以《国际经济学》为例

双语教学兴起于20世纪20年代，是指用两种语言作为教学语言的教育系统。双语是要求学生能运用两种语言来表达、交流以及互译科研与生产中概念的准确含义。我国于2001年教育部提出双语教学，至今已经有超过十年的历史。《国际经济学》是经济管理类专业的一门以理论教学为主的核心主干课程，主要运用现代经济学的研究方法，分析开放条件下国际范围内的经济过程和经济现象及其发展变化的规律性，为学习《国际贸易实务》、《国际金融管理》等课程提供理论基础。由于该门课程研究国际经济问题，因此非常适合双语教学，以培养适应全球化竞争的财经人才。

2.1 双语教学名不副实

应用型经管类本科学生英语水平参差不齐，学习双语专业课程的积极性不高。尤其是许多学校开始全国招生之后，学生的地区差异明显，来自东部、城市学生的英语水平明显高于来自西部、农村的学生。国际经济学是《微观经济学》和《宏观经济学》的延续和应用，学习国际经济学要求较好地掌握英语阅读技能，探讨世界范围内的资源配置和利用问题。但至今在应用型经管类本科院校双语教学大多处于初级阶段，即教学模式以翻译式教学模式为主。翻译式教学使得学生被动听老师翻译，无法互动。即使在课堂使用英文教学、英文多媒体辅助设施、使用英文版或者双语教材，但学生仍依赖中文教材来理解记忆，导致双语教学没有达到应有的作用。

2.2 教学难度大

《国际经济学》课程的教学任务主要是，让学生系统了解国际经济学中的基本概念、基本知识和基本理论；让学生熟练掌握国际经济学中的主要分析方法和基本模型；在掌握基本原理的基础上，让学生能够对国际经济中的一些主要现象、历史演变和发展趋势有一个总体的认识和理解。但由于应用型经管类本科学生在大一、大二阶段仅仅学习的初级经济学，对经济学工具掌握得不够扎实，导致不能很好地将其应用到国际经济领域。而且应用型高校学生非常务实，这些学生对双语课的认知是提高外语知识和水平，以便对国家英语四六级通过率有所促进，拿到毕业证书。因此，学生学习双语课程的首要目的并不是为了提高专业知识和能力，而是为了提升外语知识和能力。如下图所示。

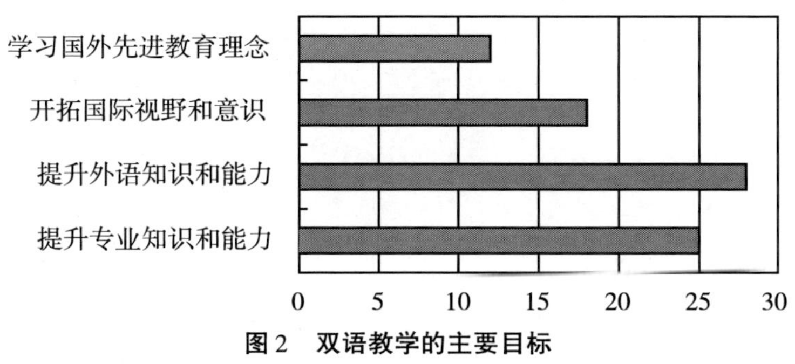

图 2　双语教学的主要目标

3　应用型经管类本科《国际经济学》双语教学改进措施

《国际经济学》课程建设涉及教学内容、教学方法、教学条件、教学管理、师资队伍等方面，是一个需要不断完善的系统工程，最终目标是培养适应国际经济发展需要的高质量、适用性人才。针对应用性经管类本科学生的学习特点和当前双语教学存在的问题，《国际经济学》课程可以从以下几个方面做出改进。

3.1　专业知识是双语教学的基础

未来的人才竞争、国际竞争需要熟练运用外语的专业人才。双语教学中最重要的是处理好英语学习与专业内容的关系。在双语教学中，学生都能认识到双语教学的重要性。实施双语教学要以牺牲专业知识的学习效果为代价，就会本末倒置。双语教学核心目的仍然是专业课程的思想、内容与能力的学习和培养。在双语课堂教学中，有许多具体的教学方法，如提示法、解说法、综合法、情景法和示范法等，这些方法需要根据教学内容特点和教学目标，针对学生课程的需求特点进行恰当地选择和组合使用。因此对一些教师资源和学生条件并不十分优越的应用型财经类本科院校而言，目前推动双语教学的关键是积极创造条件逐步推进。教学过程中教师可以综合各种方法，拟定实施步骤，使学习目标顺利完成。根据《国际经济学》课程双语教学的目标设计分析教学内容、选择教学方法或方法组合、结合课堂情感控制方法：发挥学生优点、给予展示机会并充分肯定，尽可能避免否定和命令；营造交流沟通氛围，吸收利用学生经验，协作互动；介绍新知识，点评探讨重大事件；营造通过努力获得成功的气氛，开展团队竞赛、项目合作、集体活动；理论联系实际。

3.2 探讨积极有效的双语教学形式

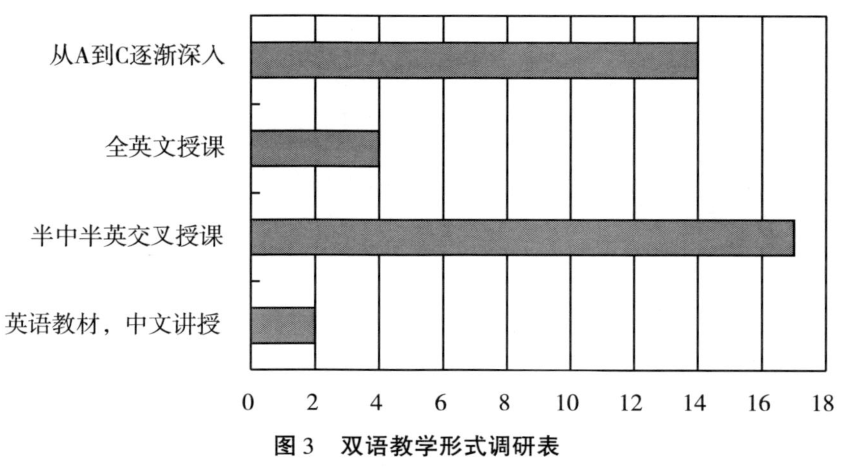

图 3 双语教学形式调研表

任何教学形式的采用，必须考虑到施教对象的接受程度。从问卷调查结果看大多数学生接受目前这种中文讲授英文板书的双语教学形式，但也有同学希望全英文授课。由此可见学生的需求层次差别较大。从现实的教学管理看，按照大类招生大学二年级再分班的前提下，很难再按学生需求提供不同层次的双语教学。从学生掌握专业知识的角度看，用母语教学无疑要优于双语教学。用原版教材中文授课，存在着英语阅读上的障碍，这种阅读障碍是老师无法直接解决的，需要学生课外下苦功夫，教师所能做的只是尽量利用课堂时间把基本内容传授给学生，降低学生在英语理解上的难度，所以在双语教学推行的初期，不应把双语教学的目标和形式定位太高，要根据不同课程的特点分步到位，可考虑先在部分课程实行中文教材，中英文讲授或考核，然后过渡到原版教材，中英文授课与考核，逐步加大双语比例。

3.3 专题教学为双语教学的补充

《国际经济学》是一门理论性较强的课程，应用型经管类学生对理论知识不感兴趣，偏好能够直接应用的技能培养。如果完全采用传统的双语教学方法教学的话，教学效果不会太好，教师也容易产生挫败感。为了改善教学效果，除了采用案例教学结合传统的教学方法以外，还可以借助于多媒体等现代教学技术和手段，辅之以专题教学法。国际经济动态每天变化，《国际经济学》可以增加与当前经济形势紧密相连的专题教学。而且专题教学可以由学生通过头脑风暴、提问、模拟、角色扮演甚至游戏的方法分组完成。让学生直接运用所学的知识解决生活中接触到国际经济问题，教师做点评。这样师生互动，学生参与感增强，也可以增强学生对理论知识的兴趣。专题教学还有利于更新教材内容，介绍前沿知识，弥补教材落后于现实之不足。

3.4 优化双语教师资源

课程建设质量的高低和课程教学效果的好坏，第一责任人是教师。要推行双语教学，最重要的一点，是要有英语水平较高、教学经验丰富的教师，能够在中外两个平台上自由转换的教师是进行双语教学的关键。一支职业素养高而且结构合理的教学队伍是提高教学质量和课程建设质量的根本保证。《国际经济学》课程的建设，需要有一支教师队伍或教学梯队，发挥群体的优势，教师之间的相互学习可以取长补短，相互促进，还有利于保证教学秩序的稳定性和课程建设的稳定性和连续性。长期以来，我国高校教师大都直接来自于高校毕业生，对社会现实缺乏直观的认识，对国际经济的理解和认识也往往来自于书本，对企业的实际情况也往往知之甚少，来自于企事业单位的“双师”型教师较少，缺少相关的实际管理经验，因此在教学中他们采用的方法往往注重理论，涉及案例较少，难以适应应用型大学教学的要求。而对于应用型本科院校而言，这种现象更加明显。应用型高校在本科评估时期快速扩张，这时期引进的教师基本上都是重点高校的硕士、博士。从校门进校门的年轻教师导致教师所教内容与社会实践脱节，教师的教学效果也会打折扣。双语教学教师还要顺利地完成角色的转变。为了弥补这个固有的缺陷，可以考虑采取校内校外相结合的方式，优化应用型财经院校《国际经济学》课程的教师资源。比如引进归国留学人员，使其成为双语教学骨干；加强现有骨干教师培训，提高英语口语能力，改进双语教学方法；通过聘请资深的国际经贸专家、对外贸易主管部门的专家或外贸企业的负责人或聘请高等职业技术学院的对实务和企业比较熟悉的“双师型教师”作为外聘教师，以专题讲座的形式或其他形式参与到课程教学中来，以更好地实现理论与现实的结合。

参考文献：

[1] 何坪华. 微观经济学双语教学的实践与探索［J］. 华中农业大学学报（社会科学版）. 2005（5）：177-180.

[2] 龚锋. 我国高校《国际贸易》课程建设应注意的问题［J］. 高教论坛，2010（4）：46-50.

[3] 杨志椿. 浅谈高职学院办学中的特色策略与实践［J］. 教育与职业，2003（3）：66-68.

[4] 谢岚平. 高校国际贸易专业课程教学实践平台的建设和管理［J］. 中国水运，2008（1）：28-31.

[5] 季琼. 以现代教学论的观点看经贸类课程双语多媒体教学［J］. 长沙铁道学院学报（社会科学版），2003（6）：120-121.

[6] 王晓芳，赵亚平. 对“社会需求、学生特点与课程有效对接”的探讨——以应用型经管类本科《国际服务贸易》为例［D］. 北京联合大学科研论文集，2012：245-250.

《国际投资学》教学改革的思考

张　璐[1]　高成亮[2]

摘要：《国际投资学》是我国高校自20世纪80年代中后期开设的一门课程，全球国际贸易和国际金融的不断发展确立并强化了其在国际经济学中的关键位置。随着我国加入世贸组织及全球经济一体化的加剧，跨国公司国际投资的步伐加快，我国对外经济交往与合作不断扩大，引进外资和对外投资都取得了长足的发展。在这种形势下，相对滞后的《国际投资学》教学模式已不能适应经济发展的要求。《国际投资学》课程教学应如何适应国际贸易和国际金融新形势的发展要求，实现新型课堂教学，培养基础好、能力强、素质高的学生是亟待解决的问题。

关键词：国际投资；探究型教学

1　问题的提出

国际投资的不断发展对高等学校《国际投资学》课程教学提出更高的要求。高等学校国际贸易、国际商务、国际金融等专业通过《国际投资学》课程的学习，掌握国际投资的基本理论与实务，为以后从事对外贸易、商务活动、国际投资管理等相关工作奠定基础。笔者近几年从事本科《国际投资学》教学，在教学中感受到该课程的课堂教学仍旧是以教师主导的理论灌输教学为

[1] 作者简介：张璐（1962-），女，经济学硕士，北京联合大学商务学院副教授，《国际投资学》课程负责人，研究方向为国际投资学。

[2] 作者简介：高成亮（1967-）男，经济学博士，北京联合大学商务学院副教授，研究方向为经济学。

主，没有将学生作为课堂教学的中心，学生主动参与性较差，使得国际投资课程的教学质量与教学的预期目标仍有一定差距。

1.1 《国际投资学》的教学内容

《国际投资学》是我国从西方高校引进的“舶来品”，西方学界的《国际投资学》已经基本形成了一套具有专业特色的基本理论和基本方法，它的部分内容在国际经济学、世界经济、国际金融、跨国公司财务管理等课程中有所反映。我国自20世纪80年中后期开设这门新课，各院校《国际投资学》的教学内容框架不尽相同。

总体上看，我国《国际投资学》教学偏重国际直接投资（FDI），而国外偏重国际间接投资。国内院校《国际投资学》教学内容一般包括国际投资概论、国际投资理论、国际投资政策法规、国际投资管理和国际投资实践几个部分。

国际投资课程最基础的知识主要：包括投资主客体、特点，国际投资的产生和发展，《国际投资学》的研究对象，《国际投资学》与相关学科的比较等。国际投资主体方面的研究，需要掌握跨国公司和国际金融机构两大主体的基本知识及它们在国际投资中的主要运行机制。跨国公司的具体内容有：跨国公司的特征与发展趋势，跨国公司对外投资的方式及跨国并购分析，跨国公司的战略管理、财务管理、人力资源管理、技术管理，跨国公司的转移定价研究。跨国银行一般以能反映跨国银行与跨国公司紧密联系和跨国银行在国际投资中作用的知识点为教学重点内容。国际投资理论由国际直接投资理论和国际间接投资理论共同组成。

国际投资政策法规包括对投资过程中法律、风险方面的研究，国际投资活动中不可避免地面临以法律和风险为主的各种问题，主要包括投资国对外投资的法律管理、东道国吸引外资法律、双边与多边投资框架制度及其发展。应该如何应对并解决这些问题是主要学习内容。国际投资环境对国际投资的成败至关重要，综合分析影响国际投资的各种有利不利因素，趋利除弊，减少国际投资的风险，提高国际投资成功率。

国际投资课程中对国际投资国情的研究是最能够体现理论联系实际并学以致用的部分，应积极鼓励学生进行国际投资的国情研究，培养其把国际投资课堂学习与对我国的“引进来”和“走出去”的实际发展现状的思考结合起来的能力。

西方《国际投资学》的教学内容主要是国际间接投资，其全部教学内容紧紧围绕“以国际投资组合管理过程中所需要的分析”展开学习。教学知识点包括：有关外汇（汇率）的知识；可供国际投资选择的各类资产分析，投资组合理论、资本资产定价理论、期权定价理论等证券投资理论；国际投资组合管理的技术和方法。

1.2 国际投资学课堂教学遇到的问题

1.2.1 课堂仍以老师为主导

由于本校《国际投资学》课程只安排30课时，要在有限的时间完成大纲要求的教学内容，老师只能多占用课堂讲授知识，与学生互动的时间往往被压缩，教师依然在教学中占主导地位，学生的主体作用被忽视，这种方式虽然有信息传递量大、顺利实施教学计划、教师教学可控性强等特点，但通常教师对学生的学习意愿和兴趣缺乏了解，教学过程中与学生的互动存在不足，学生难以发挥学习的主观能动性。学生在这种形势下只能是“要我学”，很难做到“我要学”。

1.2.2 教学内容偏重理论

从目前我国高校国际投资教学内容可以看出，国际直接投资理论和间接投资理论部分占有较大比例，国际投资实践部分所占比重有限，学生会感觉比较枯燥，对于强调学校的办学定位是“发展应用性教育、培养应用型人才、建设应用型大学”的北京联合大学的学生而言，这种教学内容的安排很难引发学生的兴趣，教学效果难以达到预期目标。

1.2.3 教学内容与相关课程重叠

国内高校金融专业同时开设国际投资学、证券投资学、投资银行学、金融市场学等几门课程教学内容中有关股票、债券、期权、期货、投资基金的概念、特征及分类等部分章节大同小异，存在很多重复；而国际投资学和投资银行学教材中对风险投资业务的介绍都包含风险投资的含义、特点、风险投资的运作流程、风险投资发展的制约因素、中国风险投资发展等内容，没有实质性区别。

1.2.4 教材内容比较陈旧

目前国际投资学教材内容陈旧，一些数据和案例没有及时更新。以上海财经大学出版社出版的《国际投资学》（第三版）教材为例，教材内容是国家“十五”时期规划教材，而进入“十一五”时期以后，各国的国际投资政策、国际投资的方式、国际投资的领域及国际投资所涉及的地域范围均已有很大的改变，目前我国已经入“十二五”，该教材2010年虽再版印刷，但没有增加国际直接投资和国际间接投资最近几年的变化内容以及跨国公司最新的发展动态，大量数据和案例更没有随之更新，许多内容数据时间停留在2003年以前，有的国际投资案例目前已经是失败的投资案例，但教材没有相应更改，与现实的政策和热点问题脱节严重，这样的教材很难激发学生的学习兴趣，势必影响教学效果。

2 《国际投资学》教学改革的几点尝试

2.1 探究性教学模式的尝试

如何提高学生研究分析能力、增强学生自主学习的主动性，笔者尝试了探究性教学模式。该模式是指在教学过程中，学生在教师指导下，通过以“自主、探究、合作”为特征的学习方式对当前教学内容中的主要知识点进行自主学习、深入探究并进行小组合作交流。探究性教学模式包含五个教学环节，即创设情境 、启发思考 、自主（或小组）探究、协作交流、总结提高。

首先，创设情境。探究性模式的教学总是围绕课程中的某个知识点而展开，这个知识点是由教师根据教学目标的要求和教学的进度来确定。一旦确定了这个教学出发点或者说学习对象后，教师就要通过问题、任务等多种形式，使用适宜的教学手段来创设与此学习对象相关的学习情境，引导学生进入目标知识点的学习。以《国际投资学》课程“国际投资环境”一章的讲授为例，本章涉及影响国际投资的经济因素、法律因素、政治因素、自然地理因素、社会文化因素等，教师在课堂上完成对每个影响因素讲解后，学习并未停止，此时学生对课堂知识只有初步认识，为促使其更加深入理解，便要求学生通过课后作业进入自主学习阶段。

第二，启发思考。学习对象确定后，为了使探究式学习切实取得成效，需要在探究之前向全班学生提出若干个富有启发性、能引起学生深入思考并与当前学习对象密切相关的问题，以便全班学生带着这些问题去探究。这一环节至关重要，所提出的问题是否具有启发性、是否能引起学生的深入思考，这是探究性学习是否能取得效果乃至成败的关键。这类问题要由教师提出。如在国际投资环境因素内容讲完后，学生将按班级人数被均分成 5 人一组，要求每组学生选择一项环境影响因素，分头查阅搜集资料，以真实案例研究该因素对某企业进行国际投资过程产生的影响。

第三，小组探究 。按照“自主、探究、合作”的学习方式，在教学过程中特别强调学生的自主学习和自主探究，以及在此基础上实施的小组合作学习活动。在此环节笔者会起到引导、支持的作用，学生要充分发挥学习的主动性与积极性，通过上网查找资料来达到促进学生自主探究的目的。此时，教师会布置学生查阅相关网站，启发学生研究的思路和角度，要求每组学生按分工开展深入研究。小组成员各有分工，每人有具体的研究内容，要各司其职，共同配合，协作完成作业。

第四，协作交流。学生只有在经过了认真的自主探究、积极思考后，才可能进入高质量的协作交流阶段。笔者在此过程中起到组织、协调、引导的作用。仍以“国际投资环境”一章的讲授为例，教师在下次上课前会利用 10—15 分钟时间，安排各小组代表将自己研究的投资环境影响因素的案例与全班分享，开展协作交流。由于每小组各负责分析研究一项影响因素，各组研究成果集中在一起就完成了国际投资环境影响因素的整体分析。

最后，总结提高。教师引导学生对问题进行回答与总结，对学习成果进行分析归纳，并可联系实际，对当前知识点进行深化、迁移与提高。仍以“国际投资环境”一章的讲授为例，教师将每组学生研究的某项影响因素案例进行点评，肯定成绩，提出不足，使学生真正有所收获。

在跨国公司管理、跨国金融机构、我国的对外投资、我国吸引外资、国际投资政策等诸章节中，笔者逐一安排这种探究型的教学模式，让学生完成案例分析作业。由于教师在布置作业时，设定每个小组研究的侧重点不同，还避免了互相抄袭。结果证明，学生对每一章节通过搜集资料，进行共同研究，不仅增强团队合作意识，集思广益，发挥个人所长，而且激发了学习兴趣，培养了学习能力，对各章内容都有较深入的认识和理解。

诚然，这种教学改革的尝试，作为教师，不仅要课前认真准备和筹划，确定分析题目，设计评价标准，而且每一次案例分析要记录成绩，大大增加了教师工作量，但是看到取得良好的教学效果，还是会感到付出终于得到回报。

2.2 偏重实务的教学内容定位

《国际投资学》是一门重实务、轻理论的课程。应用型高等院校更应将本课程教学内容的重点放在国际投资政策与措施、跨国公司组织结构、投资环境分析方法及各国国际投资实践方面，通过具体的国际投资实践活动，培养学生善于关注国际投资的现象和思考国际投资相关问题。针对我校应用型学生培养目标，在教学过程中，教师应对国际直接投资基础理论和国际间接投资理论、国际投资产生发展、基本概念等内容只做概要介绍，而对国际投资环境、跨国公司、国际投资政策、国际投资的国情研究则多放篇幅。引导学生关注国际投资热点问题，让学生从身边的经济活动入手了解国际投资实际，重点落实兴趣培养，拉进学科与学生的距离，增强了学生的学习主动性，让学生感觉到国际投资不只是在书本里，国际投资更是每天发生在我们身边，这样学生能很快了解国际投资。

2.3 紧跟发展变化的形势，教学内容与时俱进

教材是“死”的，课程是“活”的；教材是“静态”的，课程是“动态”。针对教材的陈旧与滞后，教师在《国际投资学》教学内容上及时增加国内外国际投资最新的发展状况、各国国际投资最新政策变化、国际投资最新流向的地区、行业及各国政府引资政策的调整等信息，引导学生将所学知识密切联系实际，使学生所学跟上国际投资发展的新形势。教学过程中，教师还安排学生对课本上相关案例进行跟踪研究，完成教材出版到讲课时期课本案例后续变化情况的补充。如某跨国公司2004年进行跨国并购，书中只写到当年的数据，教师要求学生搜集整理最近阶段该跨国公司最新的生产经营、收益变化的数据等，引导学生深入分析并购给企业带来的影响，使教材内容“动态化”，这样做既丰富教学了内容，也增强了学生的自主学习能力。

2.4 精选专题片，扩大信息量

现代化的信息技术无疑带给我们更丰富的知识传播方式。除了使用PPT教

学手段授课外，教师还在日常生活中关注与国际投资相关的各种信息。看到中央电视台大型纪录片《华尔街》，笔者在讲到国际风险投资一章时精心选择与课程内容紧密联系的第五集“硅谷方程”适时播放，将课本知识与生动形象的立体影像有机结合，收到绝佳的教学效果。中央电视台2套财经频道重磅推出的“卧底老板”节目可作为教学片不错的选材。“卧底老板”是美国CBS电视台的一个真人秀节目，讲述的是多位美国大公司执行官到公司基层卧底，了解公司一线的真实运营情况，倾听一线员工的声音，发现问题后，系统性地解决问题的故事。《国际投资学》中跨国公司管理和跨国金融机构两章内容，均以介绍跨国公司先进的组织形式为主，这是《国际投资学》的重点内容，但作为老师，多数只是从课本上学到跨国公司的管理内容，并未亲眼见到现实的跨国公司。每次讲到这两章，教师多讲得空泛。看到中央2套的节目，笔者马上想到要在讲授跨国公司管理一章的内容后放给学生，让学生直观地了解跨国公司严密的组织、高效的管理，颇受学生欢迎。不仅放专题片，笔者还在播放专题片前精心设计问题，让学生带着问题观看，引发学生更多思考。

2.5 实训基地建设的想法

北京作为我国政治、文化、经济发展的中心，吸引了众多知名的跨国公司来此投资，而且还有众多合资企业，但这些资源并没有被我们有效利用。目前学生学习的国际投资课程，涉及许多内容与跨国公司及跨国金融机构有关，让学生能亲身经历和感受跨国公司的生产经营和严密组织，到实地参观考察应该对提高教学效果起到重要作用。如果学校能与北京的跨国公司联系建立实训基地，在课程讲到跨国公司及跨国金融机构等章节时，带领学生到跨国公司和跨国银行实地参观，无疑会丰富教学内容，使理论联系，对国际投资教学起到良好的促进作用。

参考文献：

［1］张璐．国际投资学教学内容与教学方法的改革研究［M］//杨宜．地方高校金融学特色专业建设与改革．北京：北京邮电大学出版社，2012.

［2］胡启兵．基于素质教育的国际投资教学改革［J］．各界科技与教育，2007（11）.

对《跨国公司经营与管理》双语课教学的几点思考

赵绍全[❶]

摘要：英语对于国际贸易专业学生的重要性不言而喻，由此也带来一连串的双语教学模式。《跨国公司经营与管理》这门课程以双语形式讲授也是顺应专业建设和课程建设要求的举措之一。但是这门课的实际课堂效果却发生了一些预想不到的问题，值得我们认真思考和研究。

关键词：课堂教学；双语教学；思考

1　教学重点和难点与课堂兴趣点存在矛盾

对于多年来一直主讲某门课程的老师而言，对该门课程本身的内容非常熟悉，其重点和难点把握也非常到位，但是这些难点和重点可能在最初能与学生的兴趣点发生重合，但是随着时间的推移，现在的学生信息量普遍较大，以前学生很难接触到的信息现在触手可得，所以以前需要教师反复讲的问题，现在可能都不用教师讲学生就早知晓了。尤其是在经济领域，学生更关心更感兴趣的往往是和现实生活结合的问题，或者最前沿的经济时事问题。如果教师把所谓的难点和重点结合不到实际问题上，那么学生就会觉得索然乏味，毫无兴趣。

就《跨国公司经营与管理》这门课而言，教学大纲规定的重点和难点应在经营与管理上，所以该门课程的大部分篇幅都侧重在公司的经营与管理方

---

❶ 作者简介：赵绍全（1976-），男，讲师，博士，北京联合大学商务学院国际经济系教师，研究方向为跨国经营、国际贸易理论。

面。根据本专业课程设置来看，这样就造成了一个无法回避的困境：学生的前期管理学知识十分匮乏，甚至还未学过管理类课程。所以当授课教师将80%—90%的重难点集中于管理学层面知识，就难以在课堂上面对严重匮乏背景知识的学生创造出兴趣点。再加上管理学方面的英语专业词汇难度，导致在课堂教学中要提高学生的兴趣会显得倍加困难。

所以，为了减轻学生课堂压力，增加课堂兴趣点，应适当降低管理学层面知识点的比重，而增加跨国公司层面的知识介绍，这对于国际贸易专业的学生而言，更能切中其已有的背景知识点；其二，为了和国际贸易核心专业课程产生联系，就经营管理方面的内容而言，应紧密联系国际贸易类型的企业内部控制和外部管理问题，比如合同管理、物流管理、客户管理、市场管理等等。这样的好处是很容易让学生产生共鸣，让他们因为喜欢而学也就容易很多。

2　传统的课堂教学形式已经显得不适应

2.1　课件的运用误区

教师认真备课，兢兢业业非常辛苦却得不到学生的认可，自己觉得委屈又毫无办法。殊不知，其症结就可能出在授课方式上。比如有的教师喜欢用多媒体教学，把很多信息通过 PPT 投影出来。其原意本是扩大信息量，让学生接触更多，但实际上呢，一方面信息量过大，导致学生需要耗费很大精力来阅读和理解，最后很容易导致厌烦情绪；另一方面，学生对于有价值的东西无法完整的记录。教师一页页地翻 PPT，学生需要高度集中看 PPT 的内容还要抽出精力做笔记，其难度可想而知，这种授课方式很容易让学生干脆放弃。有的学生也采取拍照、课后拷贝 PPT 的办法来保留老师上课内容。但这样做也只是为了方便考试时复习，下课后鲜有重新整理笔记认真学习上课内容的。

有的教师恰恰相反，不喜欢用多媒体，也不愿意板书，对很多重要的内容喜欢口述，要求学生做笔记的地方就跟“听写”一样，老师念，学生记。这种授课方式被很多学生排斥。只靠听觉冲击没有视觉冲击的配合，很难加深学生理解，同时这种方式很容易让学生认为课后或者期末补补笔记就行了，平时学不学无所谓，所以玩玩游戏睡睡觉也就正常了。

对于双语课程来讲，PPT 的内容都是以英文形式展现的，学生对英文内容的快速阅读能力在一定程度上决定了学生对 PPT 的接受程度。一页又一页的密密麻麻的英文解释和案例展示很难激发起学生的阅读欲望和思考热情，这一点是显而易见的。所以，在实际的课堂教学中，特别是双语教学，PPT 展示的内容应该是纲领性的文句。有的教师喜欢将书上的原句照抄在 PPT 上，殊不知很多原版教材语言是比较生涩的，这样不便于学生理解。所以教师在陈列文句的时候是可以根据实际情况对很多文句予以变通的。

2.2 课堂教学组织不科学，不紧凑

让学生站起来读教材中的某段文字，这只不过是中小学的做法，大学生比较排斥，当然英语课除外；还比如，有的教师喜欢动不动叫同学站起来回答问题，有的同学站起来之后支支吾吾半天不能回答，或者回答的内容洋洋洒洒却丝毫不着边际，但教师并没有及时制止或者加以引导，任由时间一分一秒地流逝，这样坐着的同学就会显得烦躁无聊。更有甚者，有的教师从上课一开始就让学生看书或者讨论，直到快下课了才找同学起来发言，其实有些讨论的话题学生们也只需要三五分钟就能搞定，但是老师却差不多安排了整整一节课的时间，这样学生在完成任务后就会觉得无所事事，无聊情绪便不可避免。

就本门课而言，其对象为三年级学生，教学方式应侧重于激发学生独立思考，鼓励团队协作完成某项任务。由于是双语教学，课本和课堂再现的内容均是英语，所以需要将课堂考察的部分区别对待，有些内容需要学生即兴回答或者解决；而有些内容需要学生事前准备然后在课堂演示。总之，对稍微复杂或者难度稍大的问题不适合于即兴提问解决。需要提问解答的问题，在抽取学生的方法上也应科学合理。比如如果老师提问的规律是可循的，如果有的学生估计自己不会被提问，那么其努力思考问题的动力就小很多了。

3 师生交流不足，相互了解和支持程度降低

3.1 教师期望过高容易产生失望懈怠情绪

很多教师在走进一个班级之前，往往怀着很多期望。之前的备课也非常充

分，踌躇满志地要把自己的很多思想传递给学生。但是没想到当他一走进教室却发现教室里面乱成一团，甚至上课铃声响了许久大家还是没有安静下来，很多同学对站在讲台上的老师视而不见。这个时候的教师心里可能很窝火，有的教师甚至就要开始教训个别同学。在这种情况下下面的课能上出什么效果来也就可想而知了。

除了课堂纪律以外，还容易让老师失望的情况就是无论老师怎么样提问，却很少有人主动回答问题，常常导致尴尬局面，时间长了，老师也就泄气了；另外的情况是，老师自认为很简单和很容易的问题很多学生却答错了或者甚至什么也答不上来，在这种情况下，教师可能就会认为这个班的学生素质差，底子不好，教起来很吃力，失望之余也就懈怠了。

3.2 教师未能达到学生的预期，导致学生失望情绪严重

在接触一个新老师之前，很多学生都有一个期望能碰到一个好老师想法。他们所谓的好老师，除了知识渊博，授课科学之外还有很多无形的东西。比如老师是否时尚，是否幽默，外形打扮是否吸引人，是否具有较强的人格魅力等等。有的老师一肚子墨水却表达不出来；有的老师只喜欢当着学生吹嘘自己的成长经历，夸夸其谈没有实质内容，讲的笑话甚至也空乏其味；有的老师不注意个人形象，邋遢不整；有的老师上课说话声音很小，大部分同学根本听不见他讲什么；有的老师虽然说话声音洪亮，但是音调枯燥，跟诵读经书一样；有的教师虽然能说会道，语言表述也不错，但是抓不住重点，学生往往一脸茫然；等等。这些情况产生的结果当然是慢慢地让学生失去耐心，从心里开始否认老师，否认了老师，那么这门课也就被否认了。

所以教师就像活动主持人，既要把主题思想传递给每一个人，又要让整个活动有条不紊井井有条。课堂中间还应预备一些节点，以供学生疲倦时活跃课堂气氛所用。

4 提升双语课堂教学效果的几点建议

4.1 遵循大纲，但不拘泥于大纲，授课内容以学生需求为导向

教师授课严格遵循大纲，严格按照教材的内容授课往往容易出问题。教学

大纲和教材的编写只是站在教育者的立场上形成的，学生究竟喜欢什么需要什么并没有完全体现出来。从市场营销的观点来看，这就是典型的产品导向或者生产导向而不是需求导向。遵循大纲但不拘泥于大纲，灵活地安排授课内容，着重讲解学生可能会感兴趣的问题，侧重分析跟现实生活联系比较密切的问题，既实现了大纲规定的教学目的，也提高了课堂效率。其实很多教师并不太知道学生究竟需要什么，即使有所知晓，但局限于大纲要求，也不愿意有太多的灵活变通。这就往往导致死板无味。

4.2 提高授课的灵活性，可以尝试采取小品式的授课方法

很多人一直认为大学课堂就是教师站在黑板前面一板一眼地讲解，学生在下面认真做笔记。大学教师给人的印象是很有学识，很严肃，一副学究的样子。但是随着时代的变迁，现在的大学生的对教师的要求已经不是这样了。学究气十足的教师并不会得到同学的喜欢，他们只会被认为是老古董。相反，说话做事灵活、幽默、不拘一格的教师往往容易得到年轻人的认可。当然教师上课不是以博笑为目的，而是让学生从笑声中领悟到问题的实质，还要能长久地记住，并激发他们的思考。教师在授课的过程中可以适当采用夸张的言辞和动作，诙谐地把自己的观点表述出来。这样既能激发学生兴趣，不会导致睡倒一片，反而能极大地提高师生亲和力，增加学生对这门课程的认可度。

4.3 事先了解班级风格，针对性地制定授课策略，切勿对同学失望，但可以降低期望

在进入到一个新的班级之前应该对该班级的总体情况有所了解。不同的班级学习风气和整体风格有所不同。有的班整体比较活跃，学生喜欢和老师互动，有的班级则不然，比较死气沉沉或者纪律非常散漫。对于学习气氛比较好、比较活跃的班级，教师应该抓住这种优点，较多地利用师生互动提高课堂教学效率。在授课过程中，老师的表现也要活泼有趣，尽量做到和学生的风格一致；相反，遇到纪律散漫学习风格较差的班级，教师应适时采用比较严厉的态度、比较认真较真的做法对待每一个学生的答问和作业，及时阻止捣乱学生的违纪行为，有效地维持课堂秩序，这样才能有效地驾驭课堂，提高课堂教学效果。

4.4 课堂组织形式灵活，考核方式新颖，新鲜，有一定的趣味性

教师的上课组织形式应该灵活多变。讲授、讲演、讨论、辩论等各种方式应当灵活选用，枯燥单一的方式被证明是行不通的。除此之外，对学生学习效果的考核方式也要新颖多变。比如有的教师喜欢留书面的课后作业，如写小论文等。但是这种办法的弊端是如果班级人数较大，会增加教师工作量，而学生的作业以相互抄袭或者从其他地方抄袭的居多，真正认真做作业的同学并不多，所以这是费力不讨好的办法。有的老师喜欢布置作业，但是检查作业的形式不是批改作业而是让学生在课堂上现场回答。这种方法比较可取，一方面既能考查学生对实际问题的解决能力，有效避免抄袭问题，另一方面又能减轻教师批改作业的负担。在最后成绩的决定上，应较多地体现学生平时参与课堂的分量，提高平时成绩占总成绩的比重会激发学生平时学习的热情，减少考前突击背诵的现象。

4.5 双语课堂语言的多样性要求适度的语言讲解和练习

由于是涉及三年级的学生，语言难度稍小。但是用英语教学存在的问题仍然不容忽视。具体说来可以从以下几个方面入手提升双语教学的效果：首先，由易到难。对于比较容易理解的部分可以尽量用英语讲解，也可以让学生用英语回答问题，这样上课过程会比较流畅。其次，对于难以理解的部分首先用中文讲明白，学生都理解了再用英语重复讲解两次。最后，对于语言本身不应完全忽视，很多老师认为语言问题是英语老师的问题，其实则不然。双语教师在上课的过程中利用适当的时间讲解一些语言本身的问题对于学生提高语言应用能力是很有帮助的，这样也会增加课程本身的吸引力。就这门课程而言，双语教学的部分应侧重在基本知识框架的理解部分，而对于案例的深层次多角度的讨论则应侧重选择中文讲授。

5 结语

高年级的专业课程采用双语教学形式也会遇到很多问题，这些问题一方面来自教师自身，另一方面也可能来自学生。作为教师应多花精力解决自身存在的种种问题，提高综合课堂教学水平。其中，突破传统教学模式的束缚，逐渐探索新的教学模式会是执教能力提升的重点。

实务类课程“教”与“学”的思辨

张宇馨 ❶

摘要：“教”与“学”的关系一直是教育改革中探讨的热点问题。本文比较了中外教学方法的特点，无论哪种教学方法，都认可了教与学的不可分割性和相互促进性，结合国际贸易实务类课程的特点，分析了实务类课程的“教”与“学”的相互促进关系，认为“教”是“学”的基础，学生的“学”是在教师引导下主动学习获取知识和能力的过程，总结了实务类课程中“教”与“学”过程的基本设计原则。

关键词：实务类课程；教学；学习

近年来，众多教学方法的研究集中于中国传统教学方法与国外教学方法的区别和优劣，许多作者认为我国传统教学方式约束了学生的学习主观能动性，课程教学中应该更多发挥学生的“学习能力”，而不是教师的集中授课，但仔细分析，可以发现无论是中国的传统教学方法，还是国外的新兴教学方法，都认为教与学是一个过程的两个方面，是一个不可分割的过程，亦是一个相互促进的过程。

1 中外教学方法对比

1.1 我国传统教学方法

我国传统教学方法，尤其是课堂教学，基本上是以教师为主的课堂教学，

---

❶ 作者简介：张宇馨（1972-），女，博士，北京联合大学商务学院副教授，研究方向为国际贸易、FDI与跨国公司。

教师对课程内容的讲授占据了大部分课堂时间，学生在课堂上以听课记笔记为主，属于被动接受知识。

这种教学方法的成功需要一系列前提假设：首先，授教者具有完善的知识体系，能在有限的课堂时间内为学生提供更多更好的信息量，搭建良好的学科体系和知识框架，为学生对知识的学习和领悟指明研究方向和探索途径，更为学生对知识的融会贯通、灵活应用起到画龙点睛作用。授教者讲述的内容不再是课本知识，而是其人生历练和对真理的再思考，听者得到的亦不是戒律教条，而是浓缩的精华。课堂的精彩程度取决于授课者的才华和学识。遥想孔子授课，高僧布道，北大教授颇具个性的课堂，每一个都是智者的精彩讲演，授教者淋漓尽致地讲述其研究成果，听者如痴如醉地尽享学者的真知灼见。其次，传统课堂教学的成功取决于听者态度，课堂上授教者集中精力于学识精华，对学生的关注度自然少一些，而学生是否能够听懂、领略课堂内容，则主要取决于学生的学习能力和学习热情，如果学生没有学习动力，授教者再精彩的演讲也只能换来听者的漠然。最后，学生对知识的理解和掌握不仅仅局限于课堂学习，学生的课后学习和教学管理体系都会影响学生对知识的获取，教学目的和管理体系的不同亦会极大影响课堂讲授内容和讲授效果。

传统教学方式下，教师为学生提供的完整的知识体系和知识轮廓、要点和难点的释疑，都会帮助学生更好地理解应用知识。但相对国外教学方式来说，这种体制下的学生缺少创新意识，这一点是不可否认的。就我国目前实际情况而言，在某种程度上，不是教师的授课内容限制了学生创造性思维的发展，而是以应试为目的的教学目标限制了教师授课内容和学生创造性思维的发展。

1.2 国外教学方法

建构主义是近年来国外流行的教学指导理念之一。“建构主义”者认为：知识并不能准确地概括世界法则，需要学习主体针对情况进行再创造，科学知识包含真理性，但不是绝对唯一答案，随着人类进步新的假设将不断产生，学习过程不是简单的信息输入、存储和提取，而是新旧经验之间双向相互作用过程，这个过程是别人无法替代的。学生需要在以往学习中形成广泛而丰富的经验和背景知识，有能力基于经验和自身的认知能力形成对新问题的某种解释。

学习活动是学生根据外在信息，结合自身背景知识，建构自身知识的过程，这一教学观倡导以学生为中心，教育者在教学中应努力创造一个适宜学习环境，帮助学生主动获取知识，通过分析、判断、内化、吸收等一系列内在环节形成自己对问题的看法，建构自己的知识结构，以进入更高层次的思维和探究领域，促进学生创造性思维的发展。

国外的教学方法基本体现了这一原则，它的教学以学生为主，教师在教学中不再提倡给予学生知识的完整性和系统性，而要求学生对某特定知识点有精彻理解和批判性思维，着重培养学生的学习能力和创造力。其灵活多样的教学办法为学生提供了多种学习渠道。教师的授课内容只包括学术重点难点，课堂教学中的理论点评更多地引导学生批判性思维和创造性思维，学生对知识的理解能力和应用能力由此提升。习题课为教师和学生提供了学习交流的时间和场所，学生课堂 PPT 演示为学生提供公开演讲机会……国外一学期只是四到五门课，教师授课时间并不多，但学生课后的阅读量和作业量却非常大，学生需要在课后查阅大量书籍和资料，通过实地访问、调查问卷等方式，获取数据和案例以完成作业。

1.3 中外教学方法并无优劣之分

大部分讨论教学方法的文章只是简单地认为，灌输式教学限制了学生学习的积极性和主动性，而国外教学方法才充分发挥了学生的能动性。这是一个很武断的判断。笔者曾作为学生在英国听了许多大学课程，发现大多数教师仍是采用灌输式教学，教师在课堂有限的时间内为学生提供大量学术精华，学生学习的主动性和积极性主要体现在课后的自主式学习、资料查阅和文章写作上。与其他国家的学生交流后也发现，他们的课堂教学方法主要是依课程内容和特点而定，理论课程仍然是灌输式教学，只是部分实践性课程才会给学生更多实践机会。

依笔者看来，灌输式教学是一种教学方式，它并不存在对错之分。对它的诟病，主要是其优点被我国以考试成绩为目标的教育理念无奈利用的结果。仔细研读“建构主义”的精髓就会发现，即使是以学生为主体，以开发学生潜质为目标的“建构主义”也没有否定教师的教学职能，作为组织者、指导者、帮助者和促进者的教师，在学生的学习过程中起着不可替代的作用，学生的创新是以旧经验为基础的，没有教师对已取得的科学成果的讲解，没有学生对旧经验的理解，学生对新信息的加工、新知识结构的重组只能是空中楼阁。

2 实务类课程的“教”与“学”

国际贸易学科中的实务类课程较多，包括《国际贸易实务》、《国际结算》、《报关实务》等课程，这些课程包含的内容是各种实务操作流程，实务操作涉及法律、惯例和注意事项等。对学生来讲，学习内容既是枯燥的又是鲜活的。

2.1 实务类课程的特点

2.1.1 惯例规则繁杂

初学实务课程，认为其必然是满纸的案例和实践，但认真研读，却发现国际贸易的实务类课程并不是人们想象地那般鲜活，实务操作者必须确保其所有行为都在规则内运行，了解规则成为实务操作的第一步。以《国际贸易实务》为例，从贸易术语、信用证到提单、保险、索赔，每一个环节都要受到多个国际惯例和国内外多个相关法律的约束，业务人员必须熟悉相关贸易规则，否则无知行为、甚至是稍有不慎的行为都会导致业务失败。

2.1.2 环节相扣联系紧密

虽然教材内容是多个相互独立的章节，但对于经验丰富的从业人员来讲，合同执行过程环环相扣，牵一发而动全身，知识点之间存在着密切联系。如果学生只是片面掌握某个方面知识，根本无法应对真正的实务操作。

2.1.3 业务成败取决于细节

国际贸易业务涉及大量规则和条款，许多贸易术语、条款规则之间的差异似乎不是很大，但恰恰是那个稍许差异导致合同执行结果截然不同。业务成败取决于细节，对细节的理解和使用需要大量案例和实践经验积累，初学者无法通过自学获取。

2.2 实务类课程的“教”

一般而言，教学过程可以分为三个子过程，施教过程、培养过程和学习过程。施教过程强调教师与知识的关系，培养过程突出教师与学生的关系，学习过程强调学生与知识的关系。教学过程不仅仅包括课堂教学，还包括学生课后的自学、复习、完成作业等其他内容，这一系列不可分割的环节组成完整的教学过程。

教师是施教过程的主体，学生是学习过程的主体，而培养过程是师生互动的结果，学生“学习能力”和“学习兴趣”的培养应该建立在教师的施教过程和培养过程基础上，否则，学生能力的培养将是“无根之木”、“无源之水”。教师讲得太多可能会束缚学生的创新能力，教师讲得太少则根本起不到“传道、授业、解惑”功能，丧失了教师的基本职能。因此，教师应该“教什么，教多少”，学生应该“学什么，学多少”成为课程教学设计关键。这个设计过程取决于教师对课程内容的理解、对学生能力的了解和对学习结果的预期。课程设计要保证在老师的适当引导和监督下，学生的“学”成为其主动学习获取知识和能力的过程。

针对实务类课程特点，教师的“教”应该关注下列事宜。

2.2.1 建立清晰的学习引导思路

实务内容十分繁杂，没有任何基础知识和实践经验的学生往往是一头雾水，无法系统梳理知识。因此，教师的“教”应该为学生的“学”建立合理的知识框架和体系，提供好的课程设计方案和案例，引导学生学习方向并保证学习质量。

首先，教师应充分熟悉教材，了解国际贸易实务操作过程和各环节之间的联系，最好是聘请有业务实践经验的教师从事实务类教学工作，丰富的实践经验可以帮助其更好地总结积累实务知识。其次，教师要帮助学生建立一个较为清晰的知识体系和轮廓，一个清楚的知识框架和业务主线可以保证学习过程不会偏离主线。最后，教师要确定哪些知识需要进行讲解，哪些知识学生可以通过自学获取，为学生留下充足的学习空间。

2.2.2 帮助学生理清业务主线、关联点和关键点

粗读课本，学生可能无法分清主次和重点，更无从谈起掌握知识关联点。

教师无须讲授全部知识，但贯穿整个课程的业务主线和各章、各业务环节关联点，是教师必须着重强调的重点，要帮助学生理解知识的核心内容。

学生在整体业务框架建立后，可以通过自学对框架内容进行相应的知识填充。但实务涉及的许多法律规则，一字之差会导致法律意义和实际运行结果的天壤别，这些细微差别正是知识的关键点和重点，但没有任何实践经验的学生无法通过自学掌握，教师要在适当时候对学生进行点拨，讲清关键点，起到解惑作用。

2.2.3 采取多种手段引导学生学习，保证学习质量

教师在学生学习过程中，要适时提供案例、充足的背景资料、充足的网站、实践地点、实践方式等多种手段，提高学生学习兴趣，引导学生学习。并通过适时的监督检测，作业提交、案例报告等多种形式保证学生的学习质量，确保学生对基础知识和关键点的掌握以及知识的灵活应用能力。

2.2.4 紧跟实务操作领域的最新发展

实务领域涉及大量规则惯例，且这些规则惯例随着业务实践在不断更新修订。近年来，《UCP600》的问世，《贸易术语2010》的生效、《鹿特丹规则》的生效和《ICC》条款的修订都会改变实务操作流程，新贸易规则均为晦涩法律条文，且课本知识相对滞后，无法为学生提供最新变化，因此，需要教师及时关注实务领域的最新发展并及时传授给学生。对于有能力、有兴趣的学生，可以提供更多内容供其深入学习。

2.3 实务类课程的“学”

作为学习主体，学生的“学”最终决定其学习的内容和质量，如何提升学生的学习积极性和学习质量，既是学生要考虑的问题，亦是教师课程设计的关键。

2.3.1 课后学习是教学重要组成部分

许多学者认为，“填鸭式”教学造成学生只会接受灌输式学习，知识面窄，缺乏接受、理解新知识的知识结构和钻研精神，遇到问题不善于自己解决。其实，这是一个很片面甚至是很错误的理解，无论是国内和国外的教学方

法，都无法保证学生在课堂上完全消化和吸收知识。有限的课堂时间是为了让教师帮助学生更好地理解知识难点、重点和精华，帮助学生进行启迪式思考。而知识的理解、吸收和应用是学生课后自己应该完成的任务，这不是课堂教学所能替代的，学生知识应用能力和创造力的培养不可能依靠有限的课堂教学内容。国外教学中学生课后负担很重，需要查阅大量的资料和数据才能完成作业，这个过程才是学生对知识的掌握和应用的过程。

2.3.2 为学生留下充足学习空间

教师的课程设计要根据课程内容和学习的学习理解能力，为学生留下充足的学习空间。有些内容教师无须详解，只需强调重点和关键点即可。学生通过自学可以掌握的内容包括：第一，比较简单易懂的内容，例如实务中关于数量、包装的描述部分。第二，较简单的交易规则，学生通过仔细阅读可以完全吸收掌握。第三，需要学生重点掌握的知识。许多重点知识点，教师讲解后学生似乎明白，但真正应用时无法掌握其精髓，因此，这部分内容一定要通过学生自己的阅读、讨论和分析，再加上教师的点拨和强调，才能真正掌握。第四，要帮助学生建立一个完善的知识体系和思维方式。

2.3.3 多渠道多方式地实践互动教学

实务性课程的学习不仅体现在课堂和书本中，更重要的是在业务实践中。课堂教学中，学生可以通过模拟仿真软件、案例分析、小组汇报、实践操作等方式进行知识讨论和学习。课后学习中，学生可以通过实地观察、业务参观、问卷调研、参与老师课题、参与公司业务、方案设计、参与各类专业大赛等方式，提高学生学习兴趣，培养学生对知识的灵活应用能力。对于学生在实践过程中遇到的问题和新想法，教师要给予鼓励和认可，以使他们坚持探索以收获更多。

参考文献：

[1] 谭立群，邓丽娜．基于国际商务技能的创新实验教学模式研究——以国际经济与贸易专业为例［J］．河北经贸大学学报（综合版），2011（6）：86-89.

[2] 成蓉．浅谈《国际贸易实务》课程中情景模拟教学方案的设计与实施［J］．中国校外教育界，2011（7）：115-116.

[3] 曲建忠，邢丽荣，张扬，网络环境下大学生自主学习能力培养［J］. 中国成人教育，2011（12）：178–180.
[4] 顾明远. 把学习的选择权还给学生［J］. 河北师范大学学报（教育科学版），2012（1）：5–7.

“任务驱动”在《海关实务》课程中的运用

郑春芳❶　崔　玮❷

摘要：国际经济与贸易专业是一个实践性和操作性都很强的专业。北京市现有33所开设该专业本科的高校，但大部分高校的专业课程体系还不能很好地实现其对人才实践能力培养的目标。本文通过在《海关实务》课程中运用“任务驱动型”教学模式，将课程设计为具体的工作任务和实训环节，并给出各环节的考核标准和技能要求，实现了《海关实务》课堂教学的四个转变，有效地提高了学生的实践能力。

关键词：任务驱动；海关实务；国际经济与贸易；北京市

1　北京市国际经济与贸易专业本科课程体系现状

我国高校的国际经济与贸易专业源于1986年原国家教委正式批准的工业外贸专业。1998年，教育部本着淡化专业意识、拓宽专业口径的原则，设立国际经济与贸易专业，将原工业外贸与国际经济、国际贸易、国际商务等专业一并归入[1]。

目前，北京市已有33所高校设有国际经济与贸易专业本科专业，居全国各省市首位。这33所大学大致可分为综合类、财经类、工科类、语言类、行业类和政法类等六类（见表1）。表1中以北京大学为代表的几所研究型大学培养目标偏重于理论知识，不太注重综合业务能力的培养；其他高校培养目标

❶ 作者简介：郑春芳（1974-），女，经济学博士，副教授，北京联合大学商务学院国际经济与贸易教研室主任，从事国际贸易理论与政策、文化与教育服务贸易方面的研究。

❷ 作者简介：崔玮（1970-），女，教授，博士，研究方向为国际贸易理论与政策、国际服务贸易。

非常相似，即培养具有扎实的经济理论、熟练的外语和专业技能，既能从事理论研究，又能从事涉外经济与贸易工作的人才。

表 1　2008 年北京市设有国际经济与贸易本科专业的高校及分类

<table>
<tr><th>学校类型</th><th>院校</th><th>教研类型❶</th><th>学校类型</th><th>院校</th><th>教研类型</th></tr>
<tr><td>综合类</td><td>北京大学
中国人民大学
国际关系学院
中央民族大学
北京联合大学
石油大学</td><td>研究型
研究 2 型
教学研究型
研究教学型
教学型
教学研究型</td><td>财经类</td><td>中央财经大学
对外经济贸易大学
首都经济贸易大学
北京物资学院</td><td>教学研究
教学研究
教学研究
教学型</td></tr>
<tr><td rowspan="3">工科类</td><td rowspan="3">北京航空航天大学
华北电力大学（北京）
北京理工大学
北京科技大学
北京工业大学
北京化工大学
北京邮电大学
北京工商大学
北方工业大学
北京石油化工学院
北京服装学院
首钢工学院
北京交通大学</td><td rowspan="3">研究 2 型
研究教学型
研究 2 型
研究 2 型
研究教学型
研究教学型
研究教学型
教学研究型
教学型
教学型
教学型
教学型
教学研究型</td><td>语言类</td><td>中国传媒大学
北京外国语大学
北京第二外国语学院</td><td>研究教学型
研究教学型
教学型</td></tr>
<tr><td>行业类</td><td>北京师范大学
首都师范大学
中国农业大学
北京林业大学
北京农学院</td><td>研究 1 型
研究教学型
研究 2 型
研究教学型
教学型</td></tr>
<tr><td>政法类</td><td>外交学院
中国青年政治学院</td><td>教学研究型
教学型</td></tr>
</table>

虽然表 1 中的每所大学都制定了该专业的本科生专业课程设置方案。但是，大多数专业课程设置方案还不能充分突出该专业人才培养的实践性、操作性及综合性很强的特点。尽管国际经济与贸易本科教学改革一直在进行，但现

❶ 注：研究型大学分为研究 1 型、研究 2 型两类：研究生创新环境高于研究型大学平均水平，且每年授予博士学位不少于 100 人的研究型大学属于研究 1 型；不符合研究 1 型标准的是研究 2 型。

有的课程体系仍存在着较为突出的问题，主要体现在以下几个方面：

首先，实践教学形式以教师课堂讲授为主，不能充分发挥学生的实践动手能力。大多数高校的课程体系中，实务课的授课形式一般为“传统教材+教师讲授为主”的课堂教学，仍是“教师讲授+学生记笔记”，不能充分发挥学生主动参与的积极性。虽然有些学校增设了实践环节，一般包括毕业实习、专业实习等，但由于缺乏具体业务，其教学形式仍不能充分地发挥学生的积极性和主动性。学生对于如何将书本及课堂上所学的理论知识应用于实际工作仍缺乏感性的认识，实际操作能力仍有待进一步培养。[2]

其次，实务课程之间互相割裂使学生不能全面认识进出口业务。某个实际具体业务常常被分为多个方面，分在不同的课程中讲解。比如，交易磋商中涉及询盘、发盘、还盘和接受等环节，是放在《国际贸易实务》课中讲解，而在磋商中大多采用的英文信函则放在《商务函电》课中讲解。这样，各种实务课程各自独立进行，缺乏具体的进出口业务流程这条主线的贯穿和依托，学生在分别学习这些专业课程后，却仍然对国际贸易流程缺乏全面的认识，无法独立完成实际进出口业务操作任务。

此外，专业实践课和学生专业实践操作环节学时较少，不能很好地实现其专业培养目标中的实践操作技能。

目前，面对传统课程模式不能很好地达到人才培养实践技能目标的状况，北京市市属高校中，针对提高学生业务实践操作技能，北京石油化工学院、北京联合大学商务学院和北京农学院都做了有益的课程建设探索。

总之，北京目前的国际经济与贸易本科专业课程体系不能很好地培养学生的实际业务操作技能，必须打破原有的专业实践课程之间的界限，以完成进出口业务操作任务为主线，以创新思维对现有专业实践课程进行重组、整合与开发，构建具有综合性、开放性与灵活性的新型课程模式，激发学生的创造性及学习的主动性，突出对学生综合职业技能的培养。

2　“任务驱动”在《海关实务》课程建设中的运用

“任务驱动”是一种在建构主义学习理论指导下的教学法，是基于探究性学习和协作学习的一种模式。“任务驱动”型教学模式特别适用于实践性强的专业。

根据培养目标，国际经济与贸易本科生的专业技能培养目标可细化为：国内外市场调查与分析、进出口交易磋商与国际商务谈判、合同签订、跟单履行合同、外贸审证、制单和结汇以及解决外贸业务纠纷等方面的综合职业技能，并能综合运用所学知识。

根据细化的专业技能培养目标，并突出课程的全面性和实操性，打破各门专业课之间的界限和以教师讲授为主的授课方式，将“任务驱动”型教学模式引入国际贸易业务综合课程，按进出口贸易实际的工作任务、工作过程和工作情景，可以将原本分散于《国际商务函电》、《国际商务谈判》、《国际货物运输与保险》、《海关实务》、《国际结算》等专业课，以及《国际贸易实务实训》、《国际结算实训》、《国际贸易流程模拟》等专业实践课程的与完成进出口实际业务操作任务密切相关的内容，初步设定为 13 个具体的工作任务：组建公司、国际市场调研、寻找国外客户并建交、交易磋商（通过函电与电话）、国际商务谈判、合同拟定与签订、催证/审证与改证（卖方）/开证（买方）、备货及商检、办理货物运输、货物进出口报关、货物投保、货款结算、业务善后。这 13 个具体的工作任务是连续进行的业务流程。设定交易货物，将学生分为两组，分别为进口方和出口方。在完成上述 13 个具体的工作任务后，进出口双方交换角色，重新设定交易货物，从交易前准备开始直到业务善后，再进行一遍全部业务流程的模拟，以使学生对买卖双方的业务都得到训练。[3]

本文以第 10 个工作任务——货物进出口报关为例，贯彻“任务驱动”理念，对《海关实务》课程做新的设计。

货物进出口报关环节涉及很多知识点，包括报关单位、报关员和海关管理、报关与对外贸易管制、海关监管货物及其报关程序、进出口商品归类、进出口税费、进出口货物报关单的填制、与报关工作相关的海关法律制度等等。根据《报关员资格全国统一考试教材》和历年报关员考试题集，本课程内容可初步分为报关与海关管理、报关专业技能和报关相关制度三大内容。其中，报关专业技能部分要求学生熟悉各种监管货物的报关程序、掌握进出口商品归类、掌握进出口税费的计算与缴纳以及报关单证填制等，是本课程的重点。具体课程内容和教学目标见图 1。

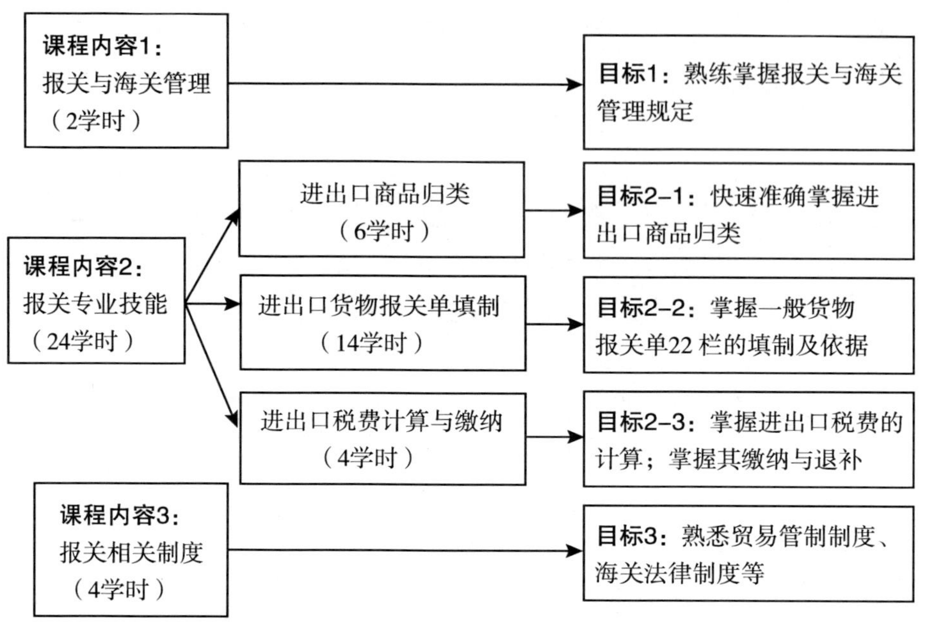

图 1　《报关实务》课程内容和教学目标

为完成上述教学目标，教师要根据课程内容提炼出具体的、可执行的工作任务。为实现图 1 中的目标 1 和目标 3，教师要在深入研究历年报关员考题中单项选择题、多项选择题和判断题的基础上，总结出具有代表性的、历年试题中出现频率较高的知识点。在具体授课过程中，以让学生掌握这些知识点为目标，让学生先根据教材独立完成这些题目、解决这些问题，需要的时候，教师加以讲解。这部分对教师的要求很高。完成知识点的总结需要深入研究总结历年报关员资格考试试题，课前工作量较大。

为实现图 1 中目标 2，使学生掌握各项报关专业技能，依据是否具有可操作性，将课程内容 2——报关专业技能细化为 4 个具体工作任务，见表 2。在这个过程中，教师的主要作用是指导，教师的主要工作是提供报关需要的上个环节的单证，并提出具体的报关要求和报关提示。必要时，教师对操作中多数同学不能掌握的环节加以讲解。

表 2　货物进出口报关环节的工作任务细化

任务名称	具体任务一 查找、确定进出口商品的编码	具体任务二 填制、备妥进出口报关所需的各种单证	具体任务三 计算关税税额	具体任务四 买卖双方根据贸易方式分别填制进、出口货物报关单，办理报关相关事宜
主要实训环节	查找商品编码练习	装箱单、发票、订舱单、配仓回单、商检证明等的熟悉与填制	计算进出口关税税额，以进口关税税额和出口退税额为主	了解各种货物的报关流程及相关规定；练习填制 5 种出口货物报关单和 4 种进口货物报关单
主要知识点	商品的 H. S. 编码的分类概况	装箱单、发票、订舱单、配仓回单、商检证明等进出口报关所需各种单据的缮制练习	根据 H. S. 编码准确查到该商品的进出口关税税率；进出口关税税额的计算基准	各种贸易方式进出口报关单的缮制要点，包括一般贸易货物进出口报关单、进料加工贸易进出口报关单；来料加工、补偿贸易进出口报关单；外商投资企业进出口货物报关单；出口产品退还国内产品税的出口报关单；各种货物的通关知识及海关的各项管理制度，国家对违规事件的处罚条例
技能要求	能快速、准确地查找商品的 H. S. 编码	能准确无遗漏地填制和备妥进出口报关所需的各种单证	能快速、准确的计算进出口关税税额	掌握各种货物的通关知识及海关的各项管理制度，国家对违规事件的处罚条例；掌握 5 种出口货物报关单和 4 种进口货物报关单的填制要点，并能快速准确地填制
考核标准	在 10 分钟内准确地找到 20 个商品的 H. S. 编码	能否准确填制和备妥进出口报关所需的各种单证	能否快速、准确的计算进出口关税税额	能否快速、准确的填制 5 种出口货物报关单和 4 种进口货物报关单；能否掌握各种货物的通关知识及海关的各项管理制度，国家对违规事件的处罚条例

在课堂具体执行过程中，进出口报关环节把学生分为进口方和出口方两组，每组依次完成上述4个环节以后，两组交换角色，再依次做上述4个环节，使学生对进出口报关流程、报关单据的缮制及相关知识都能了解并熟练掌握。

本环节的任务在课堂上和实验室里展开和完成。具体任务一和三在课堂上完成，具体任务二和四在实验室里完成。目前，北京联合大学商务学院依托国际经济与贸易专业实验室（安装有对外经济贸易大学的世格外贸实习平台、上海对外贸易学院的TMT系统和世华的外汇交易模拟系统等）及其国际商务综合实验室（包括国际商务谈判实训平台、商业银行综合模拟系统等），可以在硬件上保证"任务驱动"型教学的开展。

本环节采用海关总署报关员资格考试教材编写委员会编写的最新版《报关员资格全国统一考试教材》和最新版《进出口商品名称与编码》（中国海关出版社出版）作参考教材。这样选择是基于两点考虑：一是保证授课内容新且权威，增强课程的实用性；二是将授课与报关员职业资格证书的考取相结合，鼓励学生考取报关员职业资格证书。

3 "任务驱动"带给《海关实务》课程的四个转变

《海关实务》课程针对2007—2011级共5届10个国贸专升本班级采取"任务驱动"授课方式试点，10个班共有学生340人，是大学四年级的毕业班。与传统的以教师课堂教授为主的教学方法和封闭独立式的单一《海关实务》课程相比，"任务驱动"带给《海关实务》课程以下四个主要的改变：

首先，"任务驱动"型授课变学生在课堂上被动听课为主动完成任务，并凸显了学生在学习中的主体作用。"任务驱动"型授课使每名学生都感受到一定的压力，在努力完成每节课给定任务的同时，充分发挥了学生的主动性。以查找商品名称及8位编码内容为例，第一节课，教师简单讲述了商品归类的六个大的原则后，要求学生在两节课90分钟内查找40种商品（历年报关员考试真题）的8位编码。学生们感到很大的压力，面对各类商品感到无从下手，于是问题就不断地被提出来。这时教师再详细地、有针对性地讲解。第二节课，同样给出查找40种商品编码的任务，但是要求学生在45分钟内完成。这对于已经初步掌握方法的同学们来说是比较适量的任务。学生们充分紧张地利用着课堂上的每一分钟，每查对一个编码，他们都会感到收获大、记忆很深刻。尤其是对于15名左右已经报名准备参加2008年报关员考试的同学❶，感受到的压力更大，学习的主动性更强，更能认真细致地对待每一个问题，提出的问题相对也较多。学生们在课堂上的主动性极大提高，有利于培养学生的自学能力和实践能力，并增强学生的独立意识。

其次，"任务驱动"型授课变教师在课堂上以讲解为主为以答疑为主，凸现了教师在整个过程中的组织、引导、促进和咨询的作用。在进出口货物报关环节，教师的任务是分四次依次下达具体的工作任务，给出每一步的操作要求和操作提示。针对学生在完成具体任务遇到困难时提出的问题，教师有针对性地加以解答。不同的学生会遇到不同的困难，提出不同的问题，教师作具体回答，从而转变了教师传统的"一言堂"的教学模式。必须指出的是，"任务驱动"型授课中，教师角色和作用的转变，对教师的专业业务素质要求提高了。

再次，"任务驱动"型授课变《海关实务》课程相对独立割裂为更全面连贯。从教师的角度看，教师通过对《海关实务》教学内容的重新整合，将其纳入到整个国际贸易业务综合课程中，纳入到整个货物进出口业务链条中，使得课程之间衔接更为连贯；从学生的角度看，学生不再是独立地学习海关业务、国际结算、国际运输、保险、商务谈判及函电撰写等知识和技能，而是通过给定的进出口货物任务，展开相关的业务操作任务，将这些相关专业知识穿成一个"知识链条"。参加"任务驱动"课程的学生了解其所进行的具体任务环节处于进出口业务流程的哪个阶段，知道前一个环节是办理货物运输，后一个环节是货物投保，通过虚拟公司、模拟业务身临其境地感受从事国际贸易业务开展的氛围，体验国际贸易活动的全过程，对整个业务流程有一个整体的把握。

最后，"任务驱动"型授课变卷面考试考核为各具体任务完成情况考核。传统的专业课程大多采用卷面考试为主的评价方式，任务就是卷面的答题，答案往往较固定，造成学生们往往临考突击复习通过的局面。而"任务驱动"

❶ 注：中华人民共和国海关总署规定，只有具有专科以上学位的人才有报考报关员考试资格，对于在校大学生，只有大四学生持学校开具的毕业班学生的证明才可报名。

型授课探索以完成工作任务的效果为主要评价标准的考核方式，解决问题的过程和效果是考核的主要标准，答案往往也不固定，能激起学生参与的热情和对过程的重视，对学生更具挑战性。

参考文献：

[1] 刘媛媛，郝晓燕．我区高校国际经济与贸易专业本科人才培养方案的比较研究［J］．内蒙古工业大学学报（社会科学版），2007（2）：96–100.

[2] 周渝霞．高职《海关报关实务》课程教学模式创新思考［J］．现代商贸工业，2011（24）：294–295.

[3] 郑金花．基于工作过程的《海关实务》教学研究与实践探索［J］．科技创业月刊，2012（4）：101–102.

《报关与商检实务》网络学堂教学模式研究

邓晓虹[1]

摘要：本文从微观层面上，分析了北京联合大学商务学院《报关与商检实务》课程网络学堂授课模式的现状，分析网络教学质量方面的优点和存在的问题，并针对相关问题，提出采取分层次教学方法、加强教学中的互动、加强教师教育技术培训和学生网络学堂计算机技能培训以及建立合适的评价指标体系的建议。

关键词：网络教育；网络学堂；交互式学习

网络教育，也称远程教育，是指在信息化技术的支持下，结合通讯技术与计算机技术而形成的一种新的教育形式，是在教育大众化、终身化和行业化思想理论指导下形成的教师、学生与技术媒体之间的新型教学模式。这种教育形式将计算机网络技术应用到教学之中，以多媒体、计算机网络和国际互联网为基础，以现代教育思想和教学理论为指导，将信息网络作为传递教育信息的平台，把教学活动扩展到校园网、互联网上，从而达到教育资源的共享和师生的互动。

与传统教育模式相比，网络教育主要具有以下三个方面的特征：一是教学内容共享化与学习者的异质性。网络的时空自由度和高覆盖性为教学内容的大容量和共享化提供了可能，人们可以利用网络有选择性地进行适时性或延时性学习。二是学习情境的虚拟化与学习者的交互性。学生从封闭的教室走进广阔

---

[1] 作者简介：邓晓虹（1977-），女，博士，北京联合大学商务学院国际经济系讲师，研究方向为国际贸易理论、金融服务贸易。

的学习空间，可以在任何有网络设备的场地与教师进行交流，打破了传统教育受到时空和固定资源限制的局面。三是学习方式的个性化与学习者的中心性。通过网络，学生可以自主地选择教师、选择学习内容和交流对象，由自主性学习替代了被动灌输式教育。

以《报关与商检实务》课程为例，它是国际贸易专业限选课程，共48学时。从内容来说，包含海关报关和商检两部分的内容，内容繁琐，仅仅依靠课堂的学时是远远不够的。从应用性来说，有的学生要报考报关员、报检员，希望能从课堂上多学习些知识，更好地为备考做准备。在这种情况下，网络学堂突破了传统课堂教学的空间和时间的限制，更有利于知识的广度和深度以便进一步拓展。

1 《报关与商检实务》网络学堂教学情况的现状分析

利用网络学堂教学情况的数据，从学生点击率、点击时间、点击板块三个角度分析学生学习《报关与商检实务》课程的现状。

第一，学生使用网络学堂的程度相差较大。此课程共有53名学生，从2012年2月至6月，学生共点击该网络课堂7004次，学生点击网络学堂的百分比是100%，人均点击132次。其中点击0—50次有15人，点击51—100次有14人，点击100—199次有18人，点击200—400次有6人。最高472次，最低3次。❶

该数据表明，有的学生充分利用网络学堂进行学习，而个别学生登录网络学堂的目的仅仅是完成教师的作业要求。对于部分点击时间集中于期末的学生来说，听课与课外的网络学习都显得多余，点击只是考前临时突击。

第二，学生登录网络学堂的时间相对集中。由于周二上课，一般周一上传教学课件，从数据上看，周一、周二的点击数最高，合占总点击数的42.98%，学生点击网络学堂的目的是为了预习教学内容；由于作业要求周日前提交，周五到周日的点击数的百分比为37.14%，周日的点击数仅次于周一、周二，学生此时点击是为了提交作业。

❶ 所有《报关与商检实务》课程数据来源于网络学堂统计表。

表 1　学生点击时间统计

时间	点击数	百分比
星期日	1384	16. 50%
星期一	1986	23. 68%
星期二	1619	19. 31%
星期三	548	6. 53%
星期四	1119	13. 34%
星期五	1159	13. 82%
星期六	572	6. 82%

资料来源：联大网络学堂统计表。

第三，学生学习的板块集中。从数据上看，学生点击最多的分别是报关教学课件、练习作业、商检授课教案，这些内容完全是课堂授课内容。另一方面，为学生提供更加丰富的阅读资料、拓宽学生的知识面和准备相关资格考试的内容，如参考资料、网站链接、资格考试真题等板块点击较少。

表 2　学生点击内容统计

文件夹	点击数	百分比
教师信息	139	1. 98%
课程概况	489	6. 98%
练习作业	1446	20. 65%
实践教学	187	2. 67%
参考资料	420	6. 01%
商检授课教案	857	12. 24%
报关教学课件	1882	26. 87%
辅导答疑	312	4. 45%
教学大纲	147	2. 1%

续表

文件夹	点击数	百分比
教学日历	143	2.04%
网站链接	349	4.98%
资格考试真题	204	2.91%
平时成绩	171	2.44%
问卷调查	258	3.68%
总数	7004	100%

资料来源：联大网络学堂统计表。

2　《报关与商检实务》网络学堂教学情况的问题分析

通过统计调查，发现网络学堂教学存在以下问题。第一，网络学堂在一定程度上帮助了学生的学习，但没有实现其全面的功能。通过问卷调查，51.351%和40.541%的学生分别认为学习过程中，网络学堂中提供的资料对理解课程内容有很大、较大帮助。78.378%的学生上网络学堂是为了供考试、作业使用，59.459%的学生是为了课堂辅助，仅有5.405%的学生是因为课外兴趣才登录网络学堂。

从内容板块上看，“课程中的哪个栏目对你的学习和考试最有帮助”，89.189%的学生选择“练习作业”，86.486%的学生选择“授课教案”，59.459%的学生选择“辅导答疑”，29.73%的学生选择“参考资料”。

问卷调查的结果和网络学堂的统计数据基本是一致的，都表明学生通过网络学堂下载学习资料，完成相关作业。网络学堂是有一定的辅助教学的作用，但目的仅为课堂辅助、供考试和作业使用。大多学生使用网络学堂，是为了完成课程，没有将课程拓展的意愿。

第二，学生对网络教育的不合理的认识和期望在一定程度上影响了教学质量的提高。要客观认识网络教育的优势，数据说明网络教学活动缺乏有效的交互，从根本上导致网络学堂教学有效性的降低，没有达到最大限度地发挥学习者的主动性、积极性，进行交互式学习、探究式学习。

从学生开放式的建议中，学生的建议也反映了这一点："我认为现在的学习环境基本上可以靠网络代替，主要的学科内容可以完全放到网络学堂上，这样不仅方便大家查阅，甚至省去找老师的时间。基本通过网络反馈，教师答疑，考试重点，来帮助学生更好地进行网络上的报关学习。也可以放些课上没有时间讲的拓展内容，视频之类的。""我认为网络课堂已经在学习上给予了我很大的帮助，如果可以的话，可以充分利用讨论版的功能，有问题的同学可以主动在上面提出问题，授课老师对学生提出的问题做定期解答，或者由其他感兴趣的同学给予跟帖，由此可以让所有人都分享老师与学生或是学生之间的讨论过程，达到共同讨论、共同学习的效果。"等等。

第三，网络学堂存在一些其他缺陷。考虑到环境条件（例如，方便地接入网络、网速条件、计算机设备要求等），网络教学平台的稳定性和交互性问题，有校外网络课堂登录不上去、作业无法提交或资源无法下载等异常情况。学期初，有些学生不太会使用网络学堂，不知道网络学堂信息设置、变更等情况，个别同学甚至不知道如何提交作业。

第四，由于学生的学习习惯、自律程度各不相同等原因，网络教育并非适合任何人在任何时间和地点学习。单从对学生的素质要求来讲，计算机操作能力较差的学生、自主学习能力不强和缺乏自我监控能力的学生都不适合网络教学。

3 对提高网络学堂有效教学模式建议

第一，根据学生的需求，授课内容采取分层次教学方法。

以《报关与商检实务》课程为例，课程设置可分为三个层次：基础知识层次、资格证书层次、综合应用层次。

基础知识层次，教师在完成教学大纲的基础上，内容主要包含基础知识、相关作业、案例分析等具体内容，从基本理论、基本操作学起，重点突出，可扩展教学内容、深化教学内容。在教学过程中，重在启发学生学习积极性，发挥主观创造性。教学方法以课堂教学为主，同时引导学生充分利用网络学堂辅助学习。

资格证书层次，多增加报关员、报检员考试的相关信息，扩充题库，并建立一个专门的讨论板块，邀请已经参加过相关考试的学生介绍考试心得和经验。

综合应用层次，与《国际贸易实务》、《国际结算》、《国际贸易实训》等课程衔接，通过网络学堂模拟，弥补学生大都没有工作经验、具体业务对于学生来说有些抽象的不足，使学生能在直观理解相关知识的基础上，争取把所学的国际贸易理论、国际贸易实务知识贯通起来。

层次设定的具体做法是在开课之前，学生通过校园网填写计算机基础知识掌握程度调查表、该学生学习目标（是否要考报关员、报检员等）、学习要求。学生回答后，根据学生填写结果，制定授课方案。

第二，加强教学中的互动，使教学行为在教、学并重交互结构中重新整合。

师生、生生之间的有效互动是教学行为重新整合的重要途径。一方面，学生在网络环境中围绕“教学内容”，以教师所提出的问题或布置任务为引导，根据教师提供的资源或自己动手收集的相关资源进行自主探究、解决问题。另一方面，通过讨论版、BBS 板块等途径，多设计让学生参与讨论、学生亲自主持讨论、撰写学习反思等培养学生高阶思维的学习任务，帮助学生从表面学习到深层学习的转化。最终达到学生在网络环境中通过教师的引导，利用网络资源丰富等特点协作交流，并在分析综合、评价的基础上最终提出自己的解决问题策略并践行策略、获得知识的目的。

第三，加强教师教育技术培训和学生网络学堂计算机技能培训。

在网络教育中，教师的角色虽然发生了转变，从教学中的主导者转变为教学的指导者、组织者、协调者等，但教师在教学中的地位仍然重要，并且需要教师除了具备完善的专业知识和授课艺术外，还必须具有熟练使用网络、驾驭网络的技能；善于利用多媒体网络技术制作有利于学生学习的学习资源；具备通过网络进行视频直播的教学技能。

从学生角度，可以通过短期培训或把培训课程挂在网络学堂，使学生具备计算机操作能力、网络学堂使用技能。

第四，建立合适的评价指标体系。

从教师授课效果评价角度，思考“一种网络教学模式在什么条件下实施比较好”“什么条件下不好，不好的原因是什么，以及应用这种模式能否有效地促进学生学习”等问题。通过会谈法、调查问卷法、跟踪调查法等，搜集相关信息，实施和评价方面的应用研究，最终建立合适的评价指标体系。

网络化、数字化、开放式教学平台网络学堂的创立势在必行，是教育发展的必然。网络学堂为学生提供了一个变被动接受知识为主动获取知识，开展自主学习、协同学习、探究学习的学习环境，有利于开展个性化教育。

网络学堂为教师提供了一个超越时间与空间的教学平台，通过它可以随时重组教学内容，实现网络环境下的教学管理与教学设计，使学习结构从封闭到开放。

而网络教学的开展必然伴随着对以往教学模式的调整与改革，要找到一套真正适应网络教学要求的教学模式，将是一个长期实践和不断总结的过程。

参考文献：

[1] 陈荣武等．网络教育环境下教师的角色重塑与功能转换［J］．中国成人教育，2011（12）：66-68.

[2] 司晓宏，张立国．“交互”研究的现状及启示［J］．开放教育研究，2007（03）：71-75.

[3] 张立国，刘晓琳．我国高校网络教学模式研究的现状及反思［J］．现代远距离教育，2010（03）：46-49.

[4] 黄勇，牟艳娜．以师生个别交互式学习活动为中心的网络教学模式［J］．中国电化教育，2009（11）：54-57.

对《西方经济学》教学中研究性教学的探讨

李宝柱[1]

摘要：西方经济学具有理论的复杂性和发展性、表述方法的多样性和实践多变性等特点。西方经济学的教学目的不是仅向学生传授理论知识，更重要的是培养学生认识问题、分析问题和解决问题的能力，而能力的提高依赖于创造性思维的培养。研究性教学需以一定的创造性思维为基础，同时也培养学生的创造性思维能力。要使西方经济学研究性教学达到目标，需以厚实的理论知识和丰富的数据资料为基础，以教学团队形式来推动实施，要重视指导学生掌握研究经济问题的方法，引导学生学会观察问题并改变错误的认识，要关心学生学习并为之提供必要的认知条件。

关键词：研究性教学；认知条件；创造性思维

西方经济学是我国高等院校经济类和管理类专业的专业基础课，是技术类、工程类、人文社科类及有关学科的专业选修课，也是国内大多数学校经济类和管理类研究生入学考试的必考课程。它具有理论的复杂性和发展性、表述方法的多样性、实践的多变性、与经济现实的联系性等特点。国内高校在开设该课程时，一般以西方经济学中的理论为主要教学内容，再结合我国经济实践加以分析讲解。但是，西方经济理论是在西方市场经济发达国家发展起来，并用来分析这些国家经济问题的。西方国家以私有制为基础，经济结构相对完整，企业有充分的活力，对宏观经济政策反应较为敏感；商品市场、货币市

[1] 作者简介：李宝柱（1974–），男，讲师，硕士，北京联合大学商务学院国际经济系，研究方向为国际服务贸易。

场、劳动力市场等发展充分，为政策在各类市场的传导和协调提供了较好的条件。这样，无论是以需求为导向，还是以供给为导向的政策工具均具有重要的理论意义和实践意义。而由于机制惯性，处于转型时期的我国企业尤其是国有企业，要真正成为具有经济性、营利性和独立性的主体，还需要继续改革。诸多方面因素的制约会使西方宏观经济政策工具在我国的运用效应大打折扣。同时，在课序上多数专业西方经济学课程是在低年级开设的，由于学生缺乏对西方经济社会的了解，导致在学习过程中往往结合我国经济发展状况来理解西方宏观经济理论，经常会得出错误的结论。因此，实际上西方经济学教学的目的不再是仅向学生传授理论知识，更重要的是培养学生的认识问题、分析问题和解决问题的能力，而能力的提高依赖于创造性思维的培养。通过研究性教学，可帮助学生科学地理解西方宏观经济理论和我国宏观经济的发展，具有重要的理论意义和现实意义。

研究性教学作为一种教学模式或教学理念，体现在教与学的全过程之中。它要求我们根据不同课程的特点，有效利用教学资源和环境，充分发挥学生的主体作用，最终实现教学的目标。在西方经济学中开展研究性教学，应从以下方面着手。

1　要以教学团队形式来推动实施

在大多数院校，西方经济学的教学都是由若干教师同时承担的，这样就可以形成教学团队。研究性教学涉及的范围相当广泛，如果单凭个别教师的专业知识，在指导学生的时候可能会感到捉襟见肘，因而充分利用不同教师的兴趣爱好、专业特长等资源至关重要。如有的教师对西方理论与中国经济的结合颇有研究，有的教师对西方经济学的多媒体教学倍感兴趣，有的教师偏好于西方经济数据的分析，有的教师热衷于对社会经济问题的认识，有的教师对计量经济模型较为精通等，这些都是西方经济学研究性教学所必需的资源，因此，西方经济学研究性教学要尽可能采用团队形式。因为，无论理论探讨、数据调查，还是结构分析等，都是由团队一起来完成的。

2　要以厚实的理论知识和丰富的数据资料为基础

研究性教学要求学生有一定的观察力，善于观察各种事物之间的联系，从而提出问题。但对于刚接触专业基础课，缺乏理论知识基础和经济的感性认识，又习惯于“教师教、学生学”的被动教学模式的大学低年级学生来说，这种能力是不够的。因此，在教学中，教师既要帮助学生奠定扎实的理论知识基础，又要给学生提供一定的数据资料。

首先，开展研究性教学要为学生奠定扎实的理论知识基础。经济学学派很多，不同的学派假设条件、理论基础、分析方法、政策主张存在着较大的差异，同一种经济现象可以用不同学派的理论来解释，而同一种理论可以用来解释不同的经济现象。从理论体系上来看，如果不能让学生涉及更多学派的理论，学生即使对现实经济进行了调查，也无法选择适当的理论给予合理的解释，从而也就难以达到教学的目标。在开展研究性教学之前，要对西方经济学的基本概念、基本原理和主要学派理论的形成与发展、主要结论、政策主张作详细的讲解。比如，什么是价格机制？为什么现在用 GDP 而不用 GNP 作为最基本的经济总量？根据消费函数，消费决定于收入，是什么含义的收入？凯恩斯理论反对用削减工资的方式增加就业，但克林顿担任美国总统期间却采用了低工资政策，实现了高就业，带来了美国经济的增长，对此应如何理解？等等。笔者认为，在教学中团队应该遵循“理论—问题—政策”的思路，首先强化理论模型的讲解，让学生奠定良好的知识基础。在理论与实践的结合上，我们的团队还设计了“走近经济学”等经济学基础知识竞赛活动，通过竞赛，让低年级学生认识经济学的基本要求和学习中存在的问题，激发他们的学习兴趣；也让高年级的学生看到他们在经济学基础上存在的差距，特别是给准备进行社会经济调查和考研的学生指引方向。

其次，要给学生提供我国和西方国家经济的背景资料。社会实践、原型启发、问题意识和丰富的资料等，都是创造性思维不可缺少的条件。考虑到该课程理论性强，分析方法独特，与现实生活密切相关，流派林立，并且随经济现实的发展而发展，是一门发展变化最大的课程。对此，笔者所在教学团队研究与借鉴相结合，为学生学习西方经济学提供丰富的理论与实践资料。

3 要重视指导学生掌握经济问题研究的方法

西方经济学有很多独特的研究方法，实证分析则是最主要的方法之一。如何让学生用这种方法去研究现实经济问题呢？第一，在课堂讲授中，要教会学生对经济变量进行科学的界定（即定义）。比如什么是经济学？经济学是研究一定制度下稀缺资源配置和利用的科学。简单的一句话，却有多层意思：①经济问题是由于资源的稀缺性引起的，没有资源的稀缺也就不需要经济学了；②由于资源的稀缺带来了两大经济问题，即资源配置和资源利用问题，由此引导学生去了解和掌握这两个基本问题；③解决经济问题与基本经济制度有关，不同的制度之下，解决资源配置和资源利用的方式是不同的，这样引导学生去了解有哪些类型的制度及具特点；④经济学是一门科学，以此可以激起学生了解经济学发展历史及其演变的欲望。第二，注意假设条件。假设是一种理论所适用的条件，任何理论离开了假设可能就不成立或不完全成立了。学生在以往的学习中往往习惯于现成的答案，满足于对结果的记忆，他们并没有认识到假设的重要性。教师在讲授之前可以让学生回答一个问题：三角形的三个内角和是多少度？小学生都知道的，大学老师问出了这么简单的问题，学生很少有直接回答的，他们在思考！如此，教师的目的也就达到了（事实上，180 度是有条件的，即平面上）。与过去知识的联系可以让学生意识到，学经济学不是单纯地背概念、原理或结论。第三，关注理论的表述方法。一般来说，经济理论可以用文字、表格、图形或函数关系来表述。在既往的学习中，数学与经济等理论是分离的，也许一个学生数学学得很好，但在经济生活中究竟有什么意义，他可能不太清楚。比如，曲线的斜率表示什么？它表示不同变量变化之间的关系，正斜率越大，表明横坐标的变化比纵坐标的变化速率要慢，即横坐标的变化对纵坐标的变化不够敏感，或者说是缺乏弹性。教师可让学生回忆自己所学的数学知识，并对日常生活中所遇到的诸多变量之间的关系产生联想，从而创造性地用几何方法分析更多的经济问题。

4 要引导学生观察问题，改变错误的认识

培养学生强烈的问题意识非常重要。“非这样不可”、“非理解不可”、“非

搞出个新方案不可”、“人家能干我也能干”，这些心理情绪使得人们爱动脑筋，这样就能克服困难和挫折，从而找到问题的答案，达到创造发明的目的。怎么去找问题呢？方法是很多的。可以引导学生参与教师的课题，或进行资料数据的检索，或进行社会调查，让学生更多地了解与所设想的事物（现象）的相似之处，从而引起联想。比如，可以组织低年级学生去应届毕业生招聘会调查，这样他们不仅能了解一个层面劳动力市场状况，还能了解社会对当代大学生的要求，从而在理论和实践上做好就业的准备。

在研究性教学过程中，教师还要引导学生改变以往错误的认识。如总量是反映了整个经济运行情况的经济变量，较多的经济总量之间是相互联系、相互作用的，由于缺乏对实际的了解，学生学习时往往凭感觉理解理论，容易形成错误的观点。比如：A=B，能否得出A+C=B+C？这在数学中是没有问题的，但以此来解释经济现象时，就要考虑各变量之间的关系了。如果等式两边是独立变量，不受其他因素影响，上述结论是成立的。当等式两边是非独立变量时，如在左边增加C时A会增加，右边增加C时B会减少，上述结论就不成立了。由此可以让学生更好地理解和掌握财政政策的“挤出效应”和三种国民收入决定模型之间的关系了。再如，从现实经济运行来看，究竟是欠发达地区还是发达地区资金短缺？学生的感觉上是欠发达地区穷，缺乏资金；而发达地区富，资金充裕。事实上，资金在发达地区投资收益更高、机会更多，从而发达地区更容易出现资金短缺；考虑到投资收益和投资风险，欠发达地区的经济系统中反而资金过剩。

5　要关心学生并为之提供必要的条件

低年级学生对研究性教学有热情，但往往把握不住重点和难点。教师在进行教学设计时，要与学生一起对主题研究的重点进行分析，并充分估计到研究过程中可能出现的困难。采用SWOT法，根据参与学生的知识基础、性格特征等，对以往学生活动中出现的共性问题进行剖析，帮助学生做好知识和心理的准备；同时，要对主题研究的外部环境利弊进行分析，提高研究活动的针对性，减少学生在方案实施过程中的不确定性。比如，在调查过程中涉及个人隐私或企业秘密时，如何打消被调查者的思想顾虑获得可靠的数据，这既要辅导学生学习有关心理学等方面的知识，又要指导与被调查者接近和交谈的方式等。此外，建立可供学生进行调查的渠道，对研究性教学活动也是很重要的。在教学设计时，要尽可能征询与主题有关的政府部门、企业和社会专家的意见，收集相关的资料信息，建立调查访谈渠道，为学生开展调查研究提供参考资料和便利条件。

参考文献：

[1] 李福华．高等学校研究性教学初探［J］．当代教育论坛，2004（6）：66-67.

[2] 刘智运．论高校研究性教学与研究性学习的关系［J］．中国大学教育，2006（2）：24-25.

[3] 张丽华，沈德立．论创造性思维产生的有利条件［J］．教育科学，2006（1）：88-89.

以跨文化教育为导向的《商务谈判》全英语教学研究

张翠波[1]

摘要：随着经济全球化的迅猛发展，我国对外贸易活动日益频繁，意味着中西文化的相融与碰撞，因此跨文化国际商务沟通必然对国际商务人才有更高要求。而商务谈判正是为了顺应日益增多的国际商务往来活动以及对各种商务谈判人才的急剧需求而开设的一门课程。鉴于此，培养能够用英语进行跨文化商务谈判的人才，对于商务谈判课程具有必要性和紧迫性，在实际教学中以跨文化教育为导向具有指导性意义。

关键词：跨文化教育；国际商务；商务谈判；跨文化商务交际

在经济全球化背景下，不同文化背景的人们之间的商务交流活动日益频繁，势必导致异族文化的相融与碰撞，跨文化交际与跨文化冲突已然成为国际商务活动中不可回避的内容。然而，由于各国的政治、经济环境以及传统习俗不同，人们的价值观念、思维方式、信仰等存在差异，能否跨越文化障碍是涉外商务活动能否顺利展开的关键。因此，我国众多应用型高校正不断致力于培养具有一定理论水平和专业技能并具备跨文化沟通能力的高素质应用型人才。商务谈判课程正是为了顺应日益增多的国际商务往来活动以及对各种商务谈判人才的急剧需求而开设的一门课程。该课程是一门融合了国际贸易知识、谈判

[1] 作者简介：张翠波（1975-），女，语言学硕士，北京联合大学商务学院讲师，《商务英语》课程负责人，研究方向为英语语言学及应用语言学、跨文化交际学。

技巧知识、跨文化知识及英语运用能力的课程，强调在理论教学基础上，以培养职业能力为核心，以工作实践为主线，以工作过程为导向，使学生掌握进出口业务谈判应具备的商务知识、谈判知识、跨文化知识和英语语言知识，为其日后从事对外贸易业务奠定扎实的基础。

1　跨文化教育与跨文化商务交际能力培养

跨文化教育的思想源于1992年联合国教科文组织在其组织主办的国际教育大会上颁布的《教育对文化发展的贡献》。此国际文件明确了跨文化教育的基本内涵与目标是“通过教育活动，引导受教育者获得丰富的跨文化知识，培养其跨文化意识，并形成有效的跨文化沟通，从而通过教育的形式，促进对文化多样性的尊重、相互理解与丰富，提高跨文化交际能力，最终促进世界各种文化相互交融并健康发展。跨文化教育的核心价值是接受并欣赏文化差异；尊重人的尊严和人的权利；各文化均有其特性，应相互尊重、相互学习；非主流文化也应受到应有的重视”。

跨文化教育是一项很庞大、复杂的工程，需要教育界乃至整个社会群策群力、协同努力完成。而学校是跨文化教育的主要实施者，尤其是高校外语教学及商科专业课的双语或全英语教学更是对实现此目标起着举足轻重的作用。无论是英语教学或是专业课程的全英语教学，均离不开英语语言，更是摆脱不掉英语国家的文化。文化深深植根于语言，而不同语言又是不同民族深厚文化底蕴的表达。可见，语言与文化密不可分。而语言是交际的工具，交际是语言的外在形式，因此正如Hall（1977：14）所说，“交际即文化，文化即交际”。文化发生变化时，交际行为也随之发生变化。

随着我国国际贸易业务的不断发展，商务活动越来越频繁，语言成为交流中重要的一个环节。基于跨文化的语言背景，商务沟通中的文化差异因素不容忽视。跨文化商务交际（Intercultural Business Communication，简称IBC）是指商务活动中来自不同文化背景的人们之间的信息、思想、知识和情感的相互传递、交流和理解的过程（庄恩平，2006）。其研究是随着跨文化交际学（Intercultural Communication，简称IC）的发展而形成的，与跨文化交际学有着密不可分的关系。

跨文化交际实质上是指任何在语言和文化背景方面有差异的人们之间的交际；而跨文化商务交际是跨文化交际应用的一个方面，可以说是跨文化交际学的一个重要应用领域（窦卫霖，2012）。本质上，跨文化商务交际是跨学科的，涉及语言学、经济学、管理学、社会学、人类学、传播学等多个学科，文化、商务和交际是其三个基本要素（窦卫霖，2012）。Iris I. Varner（2000）指出，跨文化商务交际"不仅仅是发生在商务环境下，而且是在交际过程中融入了商务策略、目标和实际情况，而且是通过文化、交际和商务三个要素相互作用所创造出的新环境"。

简而言之，跨文化商务交际实际上就是指在国际商务活动中，来自不同文化背景的人们之间在彼此接受不同的思想、情感、信息的基础上进行的商务内容的沟通与商务问题的解决的过程。因此，跨文化商务交际能力对于成功进行涉外商务活动具有特别的意义。有效的沟通是达成交易的前提。

由此可见，外语教学或是商科专业课程全英语教学中，只有以跨文化教育为导向，才能培养学习者的跨文化商务交际意识与能力，方可使得学习者成为我国经济贸易领域所需要的国际商务人才。

2　商务谈判实质与教学中跨文化教育现状

2.1　商务谈判实质

商务谈判是指不同的经济实体为了自身的经济利益并同时满足对方的需要，通过沟通、协商、妥协、合作等方式，把可能的商机确定下来的活动过程。其正是为了顺应日益增多的国际商务往来活动以及对各种商务谈判人才的急剧需求而开设的一门课程。商务谈判课程可以说是众多大学课程中最能体现素质教育的一门课程之一，是一门实践性和应用型很强的课程，它融合了多门理论性的课程，比如经济学、市场学、管理学等，也充实进了多门实践性课程，如社交礼仪、心理学、行为学、语言艺术、跨文化交际学等等。

2.2　商务谈判教学中跨文化教育现状

该课程是一门融合了国际贸易知识、谈判技巧知识、跨文化知识及英语运用能力的课程，强调理论教学基础上，使学生掌握进出口业务谈判应具备的商务知识、谈判知识、跨文化知识和英语语言知识，为其日后从事对外贸易业务奠定扎实的基础。然而目前，我国高校的商务谈判课程教学中跨文化教育明显匮乏，导致学习者缺乏跨文化交际意识，故较难实现该门课程的实际教学目标。

2.2.1 教材与课程设置方面

目前，我国跨文化教育还处于混沌无序的状态（鲁子问，2002）。而纵观国内现有的商务谈判教材、双语教材大多雷同，均侧重谈判理论、谈判技巧、谈判过程，偶有涉及商务礼仪。真正嵌入文化知识，包括本土文化与目的语国文化知识及文化差异比较的谈判教材甚少，涵盖因文化差异导致谈判失败的实际案例解析、影像案例介入尤其匮乏。

此外，在课程结构上，商务谈判与其他各课程要素之间相互封闭，缺乏连贯性。一方面，学生相对封闭地学习每一门课程，对于如何综合运用各门课程所学国际贸易理论知识缺乏训练，从而对业务流程缺乏全面了解；另一方面，讲授各门课程的教师也是相对封闭地传授知识，缺乏相互之间的沟通与合作。由于各门课程之间的衔接与沟通不足，缺乏进出口业务流程这条主线的贯穿，导致商务谈判课堂的讲授与实训缺乏实际业务的依托，而国际贸易实务又缺乏其他相关课程知识的支持。故此，在实际教学中，教学内容也是以谈判理论、贸易实务知识和单纯的英汉互译为主，而又受限于学时要求，很难渗透跨文化知识，几乎无法实现跨文化教育。

2.2.2 学生方面

合理的跨文化意识（intercultural awareness）是跨文化教育的核心（鲁子问，2002）。跨文化意识是指对异国文化与本国文化的异同的敏感度，以及在使用外语时根据目标语（如英语）文化调整自己的语言理解和语言产出的自觉性。我国高校学生的跨文化意识普遍淡薄，既对我国传统文化传承知之甚微，又对西方的外来文化知之甚少。因此，在模拟谈判时，经常受母语思维习惯的影响，语用错误频发，导致模拟演练的收效甚微。例如，一位学生曾在模拟谈判时说：“You think about what I said.” 这种措辞给对方一种目中无人、高傲自大的感觉，令对方无法接受。再如，一位学生曾问对方：“You didn’t know that the appointment was cancelled, did you?” 对方同学本应回答，“No, I didn’t

(是的，我不知道)”，但是却由于汉语的语言习惯，说成：“Yes, I didn't.”

2.2.3 教师方面

首先，从事商务谈判全英语教学的教师（以下称“教师”）的跨文化教育意识较弱。商务谈判教学要求教师具备跨学科知识。目前，从事商务谈判全英语教学的教师中，英语专业出身的教师缺乏系统的外贸知识，对外贸业务流程了解甚少；而国际贸易专业出身的教师虽然商务专业知识丰富，但不精通英语语言，对语言教学规律把握欠缺，难以应付全英语的课程教学。因此，课堂教学效果参差不齐，致使专业英语课流于形式。而大多数教师，无论英语专业或是国际贸易专业背景，均对于跨文化教育这一方面的重视不够，部分教师缺乏有关交际文化方面的系统知识和对目的语文化的敏感性。

其次，教师自身跨文化知识储备不足。虽然，近几年随着新的教学法（如交际教学法）的引入，一些教师意识到传统教学中存在弊端，开始重新审视自己的教学方法。他们也意识到跨文化教育的重要性，并努力地在教学中加以实践。在没有纲领性文件指导的情况下，很多一线教师往往只是凭借自己的有限理解，在课堂时间允许的情况下向学生介绍文化知识，讲述个人体验。这种缺乏指导、不成体系、肤浅片面的跨文化教育活动或许可以在一定程度上满足学生提高跨文化交际能力的需要，但是大多时候恰恰适得其反，导致对文化狭隘、僵化的理解。

第三，绝大多数教师均是从院校毕业直接走上讲堂，缺乏国际贸易实践机会，缺少与西方人接触交流的机会，因此导致跨文化体验缺失，对于国际商务中的文化元素缺乏更新认识，很难跟踪了解国际社会趋势的变化。

3 多方着手培养跨文化意识，实现商务谈判课程教学目标

商务谈判是国际贸易中不可或缺的一个环节。具备相应条件的院校在开设该课程时，采用全英语教学模式，其目的显而易见，即训练学生国际贸易谈判技能、解决国际贸易问题能力，同时提高其运用国际性语言（英语）进行跨文化商务沟通的能力。鉴于此，跨文化意识的培养在商务谈判中至关重要，也是商务谈判教学的终极目标。

3.1 改革教学大纲

传统的教学大纲中注重商务谈判理论、技巧、过程的学习，而未从跨文化层面上考虑教学内容和教学方法，因此，课程的安排、教材的选用以及教学内容和教学重点方面，都忽视了跨文化差异知识的传授与渗透，使学生易因跨文化差异敏感性和跨文化交际能力的欠缺，在实际的商务交往中与对方产生不必要的碰撞和摩擦。因此，商务谈判教学应该改变旧的教学观念，需明确商务谈判教学的目的是培养能够在国际商务环境中具备跨文化沟通能力及具备解决国际贸易问题能力的谈判人才。强调文化因素在涉外商务活动中的重要作用，把目的语文化意识培养作为教师教学和学生学习的目标之一。

此外，现有的国际贸易专业课程设置在跨文化交际方面比较薄弱。因此，在条件允许的情况下，学校应该增设一些有关跨文化交际的文化系列课程，如，“国际商务文化”、“国际商务礼仪”、“国际商务沟通”、“国际经济贸易地理”等，以便为商务谈判全英语教学奠定良好的基础。

3.2 丰富教学内容

成功的商务谈判全英语教学不仅应该传授必要的语言知识、专业技能，更要在整个课堂教学中注入跨文化元素，丰富课堂教学内容，不断提高文化意识，培养学生的社会文化能力。

在实际教学中，除了讲解国际贸易专业知识、英语语言知识外，还应适时地融入称呼、问候、访问、交友等文化因素的讲解，潜移默化地帮助学生注意语言形式的正确性，而且重视语言运用的恰当性，使学生逐步获得“社会语言学方面的敏感性”（socio-linguistic awareness）。在谈判中，要关注包括对外商务交往的礼节、礼仪、英语国家的习俗和禁忌、外国的商业习惯、谈判技巧等内容，注意这些文化差异在不同语域中的表现。例如，在拒绝对方或表达不同意时，一般不要直截了当：No, I don't agree with you. 而是按照欧美人的表达习惯，委婉地说：That sounds reasonable, but I'm afraid I am not able to agree with you. 再如，中国人习惯将某人的姓氏与其职务连用表示称呼，诸如“王经理”、“李科长”。而欧美国家的人在交流中或称对方为“Mr. +姓氏”或直呼其名。

而且，跨文化交际方面的内容也不能仅限于传统文化方面，要尽量与国际商业文化中有关的跨文化交际知识结合起来，通过引入真实案例，分析其中的跨文化元素，使教学内容具有时代感，能够跟上时代的节拍，这无疑给教师提出了更大的挑战。

3.3 改革教学模式

商务谈判全英语课堂教学模式应打破教师一言堂的沉闷局面，借鉴建构主义学习理论（constructivism learning theory）的思想，大胆尝试创新教学模式，变传统的以教师为中心的教学方法为以学生和学习为中心的新的教学方法，并将跨文化知识渗透其中。具体地说，通过小组合作的形式，采用案例分析法、模拟谈判法、任务教学法等多种教学形式；鼓励学生对反映商务文化冲突的典型案例进行分析、解释，并以小组形式开展讨论，以了解外国文化与本国文化的差异。通过布置某项任务，将学生分成若干小组进行讨论并汇报或者模拟现场谈判等等，以激发学生的学习兴趣，开发他们的创造性思维，使他们养成独立思考、独立解决问题的能力，并逐渐积累跨文化知识与经验来提高其处理实际商务环境中的跨文化交际问题。

此外，随着网络技术的普及，利用多媒体网络式教学模式则可以使教学内容更加直观、更加生动。多媒体的运用可使课堂教学容量相对增大，以文字、语音、图像和视频为媒介，刺激学生的各种感官和大脑，促进学生对所接受的信息进行再加工，在脑中重新构建相应的知识结构。例如，在谈判教学中，论及谈判技巧，学生只能对抽象、深奥的理论生记硬背、被动地去理解。而引入多媒体网络式教学模式，学生通过实景化的谈判现场观察谈判者的仪表、举止、眼神、表情、语言等，对所学的谈判技巧加以直观化的理解和分析，并借助多媒体把谈判现场带入课堂教学，实现真实的情景再现。

总之，丰富教学内容、使用较灵活多样的教学模式，可以有效地激发学生主动参与、主动探索、主动思考、主动实践的积极性。这样的教学方式比较接近西方文化氛围，因此能更有效地提高学生的跨文化交际能力。

3.4 加大师资培训力度

首先，笔者呼吁各高校应为教师有计划地提供学习跨文化商务交际理论和实践机会，以提升教师自身的文化素养，用较强的文化知识和技能武装自己。鼓励教师积极参与各种跨文化商务沟通培训活动，例如，组织教师参加相关院校或权威教育机构组织开办的文化培训班或文化研究专题讲座，通过交流学习提高自身文化素养，以促进其对于跨文化理论知识的掌握，使其逐步认识到跨文化交际能力的强弱对于国际商务活动的顺利开展之意义重大，使其增加对于西方文化的理解、接纳、包容，直至运用在教学中。

其次，教师应积极到外贸企业进行实践。通过参与或承担涉外业务，实现理论联系实践，同时可以切身体验跨文化商务交际实践，提升跨文化商务交际意识与沟通能力，进而促进商务谈判课堂的有效教学。

4 结语

商务谈判既是一门科学，又是一门艺术，优秀的谈判手不仅要求精通英语和外经贸专业知识，还必须具备跨文化商务交际意识，唯有如此才能在高手如林的谈判桌上进退自如、得心应手。商务谈判课程教学过程中注入跨文化元素、以跨文化教育为导向具有指导性意义。

参考文献：

[1] 黄志成，魏晓明．跨文化教育——国际教育新思潮［J］．全球教育展望，2007（11）：58-64.

[2] 庄恩平．对经济全球化背景下跨文化交际学研究的思考［J］．中国外语，2006（1）．

[3] 窦卫霖．基于语料库的跨文化商务交际研究［A］．商务英语跨学科研究新进展［C］．王立非，徐珺．北京：对外经济贸易大学出版社，2012.

[4] 鲁子问．试论跨文化教育的实践思路［J］．教育理论与实践，2002（4）：1-7.

[5] 皇冠．在对外贸易谈判过程中商务英语的应用与技巧［J］．中国商贸，2010（16）．

[6] 杨晶．商务谈判［M］．北京：清华大学出版社，2010.

[7] Iris I. Varner, The Theoretical Foundation for Intercultural Business Communication：A Conceptual Model, the Journal of Business Communication, Vol. 37, 2000/1：24-68.

《大学生心理素质教育》通识课程教学实践探讨

李　斌[1]

摘要：随着高校心理素质教育工作的深入开展，《大学生心理素质教育》课程作为学生思想政治教育领域的一门通识必修课程，逐步在部分高校开设。本文论述了课程的性质和定位，结合对学生特点和需求的分析，提出了具有课程特色的积极取向的教学内容和体验式的教学方法，朋辈团体辅导作为实践教学内容，简述了在教学管理中遇到的问题和对策，以期更好地开展课程建设。

关键词：《大学生心理素质教育》；通识课程；教学

随着高校思想政治教育功能细分愈发凸显，大学生心理素质教育工作日益深化。为贯彻落实《中共中央国务院关于进一步加强和改进大学生思想政治教育的意见》（中发［2004］16 号）和《教育部、卫生部、共青团中央关于进一步加强和改进大学生心理健康教育的意见》（教社政［2005］1 号）文件精神，2005 年北京市出台了《北京高校学生心理素质教育教学大纲》，并将《大学生心理素质教育》学时、学分要求制定在高校心理素质教育评估标准之中，以便督促实施。北京联合大学、中国人民大学等高校已将此门课程设置为通识必修课程。从 2006 年起，笔者从事本门课程的课程建设和教育教学工作，经历了课程从人文类公共选修课、限定性选修课、通识必修课的变化，本文结合课堂调研等方面的结果，从课程性质、学生需求、教学内容、教学方法、实践

[1] 作者简介：李斌（1980–），女，讲师，博士研究生在读，北京联合大学商务学院国际经济系团总支书记兼学生处学生成长辅导中心副主任，研究方向为大学生心理健康教育。

教学、教学管理中出现的问题等角度，就课程建设做阐述，以期推动此课程教学工作的发展。

1 课程的性质和功能定位

《北京高校学生心理素质教育教学大纲》指出，北京高校心理素质教育工作要全面贯彻党的教育方针，适应未来社会对人才素质的要求，维护和增进大学生的心理健康水平，提高大学生的心理素质，发挥其在培养身心健康、具有创新精神和实践能力的高素质合格人才中的积极作用。北京高校心理素质教育工作的目标是帮助大学生“了解心理知识，培养健康心理，增进心理能力”。心理素质教育教学是高校心理素质教育的重要途径与方法。

2011 年，北京联合大学将《大学生心理素质教育》列入本科生培养计划中，纳入人才培养体系，课程性质为通识必修课，课程面向本科一年级学生，在第一学期授课，16 学时，1 学分。按照北京市教学大纲要求及本校学生特点，笔者选择 8 个主题内容在课内进行讲授。课程教育教学工作旨在帮助学生增强自我管理的能力，适应大学生活；认识学习规律，发展创造思维能力；学会正确认识自己，悦纳和发展自我；掌握管理情绪，应对压力等心理调节方法，化解心理困扰；学会与人合作，增强人际交往能力；深入了解家庭背景，增进建立亲密关系的能力；正确看待心理困扰，提升心理危机处理能力。

2 授课学生特点和需求分析

我院自 2005 年起，应用 SCL-90 及 16PF 量表对本科新生进行心理健康状况普查，普查结果发现学生面临的主要心理困扰为“人际关系敏感”，而在学生性格特点上，呈现出本科新生总体上偏外向，灵活性较高，自信心、责任心、合作性较偏低的特点。在进行教学设计时，应充分考虑学生特点。

为了进一步明晰学生实际需求，笔者分别在 2005—2006 学年第二学期、2006—2007 学年第一学期、2007—2008 学年第二学期、2008—2009 学年第二学期对授课班级进行开放式问题，题目为“你期望在课程中设置哪些内容？采取什么样的方式？”收到 331 名学生反馈，并对反馈进行了访谈编码统计。结果发现：在教学内容上，学生最感兴趣的领域是如何缓解压力、增强心理素质，占 24.2%；人际交往，占 18.7%；如何应对就业压力，占 13.1%；电影（34.1%）、心理测试（29.7%）、案例及分析（24.5%）等方式是学生最易接受的方法。

3 积极心理学导向的发展性教学内容

在教学内容方面，通识课程坚持积极心理学导向，目前《大学生心理素质教育》课程主要由校心理咨询中心开设，负责课程建设相关工作，作为学生思想政治教育的一部分，面向学生开设。党的十七届五中全会已经将"要让每一个中国人活得幸福而有尊严"确立为中国社会经济未来五年甚至更长时期发展的落脚点。党的十七大报告中也出现了"人文关怀"和"心理疏导"的新名词，这标志着思想政治工作已开始注重关心人内心的感受，体现了执政党对人的关怀、社会对人的关爱，透露了党在思想政治工作领域出现的由"教育人"到"理解人"的新变化，体现出心理和谐对建设和谐社会的重要作用。消极取向的心理健康概念常常使学生将心理与"精神疾病"相联系，从而有一定的抗拒，但是积极取向的心理健康教育概念将积极心理品质的塑造作为基本的出发点，符合大学生对自身成长的期望和要求，从而更能为学生接受。根据学生的基本特点和需求，我们从积极心理品质提升出发，列出 10 个主题品质，在 16 学时的课程中，如表 1 所示，集中体现了北京市教学大纲要求的整体性、发展性、科学性、针对性、预防性的教学基本原则。

表 1　基于积极心理品质提升的《大学生心理素质教育》课程设计

积极品质	对应能力	解决问题域
适应	适应能力	独立生活、资源利用、学习能力、职业目标等困扰
自律	自我管理能力	缺乏对时间的管理、生活的管理及消费的管理等
自省	自我探索能力	自负、自卑、自私、自恋、从众等
学习	学习能力	学习动机不足、学习独立性不强、畏惧学习
创造	创新能力	习惯性思维、直线型思维、权威型思维等问题思维模式
合作	人际交往能力	人际关系理想化、过分苛求自己和他人、自我中心倾向等

续表

积极品质	对应能力	解决问题域
爱	恋爱能力	恋爱动机不纯、恋爱行为不当、恋爱道德不足等
积极	情绪管理能力	焦虑、抑郁、愤怒、孤独感、嫉妒等
乐观	挫折应对能力	学习型挫折、适应型挫折、经济型挫折和就业型挫折等
感恩	生命价值提升能力	缺乏对生命尊严的认识、不珍爱生命等

4 以体验式为主的教学方法

适当的教学方法能够使学生更有效地吸收和应用教学内容，从而达到教学目的，体验式为主的教学方法是本门课程的基本教学方法。在教学理念上，这种教学方法一切以学生为核心，从学生发展的视角，对学生社会性发展的需求、自我成长的要求、正确处理人际关系的要求都有深入细致的教育和训练。学生主体得到了创造更新和表现自我的机会，体现了学生的个性特征，发挥了学生应有的作用，体现了学生的个人价值，从而增强了学生自主学习、自我教育、自求发展的信心，使他们内心产生了实现个人价值的满足感，并由此产生了价值追求的新目标。它使教学培养目标不再是偏执于某一种极端的价值取向，而是构建以学生为价值取向的积极实践，它对未来教育的走向必将产生深远的影响。

在课程设计思路上，体验式教学方法采取以案例引入理论，回答“是什么”的问题，用体验式的方法呈现理论应用，回答“为什么”和“怎么办”的问题，用开放式的考核内容检验教学效果。

表 2　体验式心理教学与传统教学的区别

表现内容	体验式心理教学	传统式心理教学
学生角色	投入、参与、学习的主体者	听、记、被动接受者
教师角色	提供者、协助者、引导者、设计者	老师、指导者、评估者
组织方式	小组为主	个人为主

续表

表现内容	体验式心理教学	传统式心理教学
学习重点	内容及过程	内容为本
学习本质	认知及情感	认知
学习环境	轻松的、具有鼓励性的、不重身份的	限制的、枯燥的、重身份的
学习责任	学生对自己的学习和行为负责	教师负责，学生不懂则怪罪老师
实践机会	全体或绝大多数	少数人
教师职责	创设问题情境，引导学生参与体验	传道授业解惑

由于采用了体验式教学法，改变了过去只注重分析知识之间的关系及直接呈现知识的做法，强调知识与问题、任务与活动的紧密结合，让学生通过参与教学而获得知识和情感体验。学生在参与教学时，独立思维，已经将知识与其产生和应用的情境融合到了一起，知识不再是与学生的生活无关的东西，这样的知识习得变得格外有意义。

全面促进全体学生心理健康成长是学校心理健康体验式教学的主要任务。在以教师为中心的课堂上学生参与程度有限，而通过心理健康体验式教学，则可以使学生在平等、愉快、真诚的气氛中调节与控制自己的行为和情绪，发现自我、了解自我、增进互相了解；让学生通过对活动情况的感知、体验，进而解决心理上的困惑，进而影响自身行为的改进。

体验式的心理素质训练课程安排了大量的合作学习。这些多种形式的合作、交往为学生提供了不同的观点和思路，促进了学生对学习结果的反思性的认识和多视角的思考，展示了学生的各自特长，彰显了集体合作的智慧。这样的教学形式，营造出了以心的交流、爱的呼唤和生命的感动为主旋律的充满人文阳光的气氛，实现了教育“为了每一位学生的发展”的核心理念，最终培养了学生合作、宽容、开放的健全人格和品格。在体验教学中，学生可以在教师的指导下，学会教师提供的各种完成任务和活动的技巧，教师也可以在学生自主创新的思维影响下拓展自己，形成共同成长的局面。

体验式教学是以结果为导向的，“学”“做”是过程，“悟”是结果，过程很重要，结果更重要。学生感悟了什么，收获了什么，还有什么意见和建议，我们的课程非常注意课堂意见反馈，每个专题结束后或期末考试，我们以“心理感悟”或“个人成长报告”等形式，既完成了对学生的考核，也从中全面收集到了学生的对课堂效果评价的心声。

从障碍性解决模式转变为发展性价值体验指导模式，一切以学生为核心，为学生主体创造了更新和表现自我的机会，增强了学生自主学习、自我教育、自求发展的信心，并由此产生了价值追求的新目标。从教师为主体转变为师生全程参与互动的情境体验教学形式，突出体验式教学，师生共同成长提高，使教学由教师为中心向学生为中心转移，从传统单一的知识考核评价方法转变为感悟体验考核方法，采取个人成长报告、角色扮演、调研报告等形式综合考察，使学生学习效果评价体系更为深入。

5　以朋辈团体辅导为主的实践教学

实践教学过程鼓励学生采用朋辈团体辅导的方式，在课程初期给学生布置实践作业，以团队方式设计活动方案，指导修改 2—3 次，2 个实践课时中请学生实施。自 2005 年以来，我院先后进行了“选择与责任”、“和谐校园微笑交往”、“通过他人认识自己”等团体心理辅导活动多次，均取得了较好的效果。参加的学生表示“体会到了合作与集思广益的成功与喜悦”，取得了较好的效果。北京联合大学的第四期和第五期辅导员培训班均以团体心理辅导为主要内容。因此，在我院的大学生思想政治教育工作中，掌握工作新方法，有意识地开展团体心理辅导活动，将有利于更好地开展工作。本文仅从团体心理辅导的主要应用领域、与个别辅导的差异、方案的设计、效果评估等方面论述团体心理辅导的基本内容，以期推动其在我院学生思想政治教育工作中的普及化。对于大学生思想政治教育工作而言，团体心理辅导的方式能够较好地促进学生对自身的了解和体悟。团体心理辅导与个别咨询相比更加经济，具有可操作性，对于班级授课更有针对性，因此，符合当今大学生思想政治教育工作的要求。

6　教学管理中出现的问题与对策

在教学管理的过程中，也出现了一些问题：第一，课程考核重视过程，但不能轻结果。在课程考核方面，有的教师过分关注了学生的主体作用，学生对一些基本理念掌握不足，重视不够。第二，教师队伍参差不齐。本门课程的主讲教师以心理素质教育专职教师为主，学生思想政治教师和辅导员为补充，在驾驭课堂能力、课程方案设计、学生体验方法设计、朋辈辅导效果等方面，不同背景的教师各有特长，于是教师心理辅导能力不足导致课程效果偏弱，学生“玩”的多、“悟”的少。面对这两方面的情况，一方面我们需要在教学管理的过程中，加强对教学过程的管理，同时，严把考试关，对基本理念、观点、方法的掌握考试标准一致。另一方面，加强对教师队伍的培训，尤其是心理辅导能力提升的培训，提供个体辅导的机会，使教师能够更多地领悟积极心理学和团体心理辅导为主的基本知识，能更好地发挥课堂引领作用。

参考资料：

［1］李斌，孔繁潮．经管类院校新生心理健康状况及其教育对策研究［J］．中国健康心理学杂志，2008（3）．

下篇

学生学术研究论文

北京国际技术贸易现状分析及发展策略

索　斌❶

摘要：随着全球化趋势的不断加强，经济水平与科技水平的同步上升，国际技术贸易也呈现出了新的发展趋势：竞争愈加强烈，技术引进与出口方式多种多样。北京国际技术贸易发展迅速，规模不断扩大，是我国技术进出口的主要地区，其中技术出口额占全国的2/3，对我国国际技术贸易发展具有促进作用。除此以外，北京的国际技术贸易发展还存在一些问题，如进出口不平衡、技术引进吸收能力差、专利技术转移受限等问题。本文着重分析北京国际技术贸易的发展现状，通过数据比对分析得出问题及成因，并最终从政府、行业协会、企业这三大主体分别提出了其应采取的解决措施，以增强北京在国际技术贸易市场上的国际竞争力。

关键词：北京；技术贸易；发展策略

1　北京国际技术贸易基本概况

国际技术贸易是国际技术转让形式的一种。国际技术贸易是指一个国家的公司、企业、经济组织或个人按照一般商业条件接受另一个国家的公司、企业、经济组织或个人将技术进行转让或许可的行为。国际技术贸易的标的物通常是无形的知识，这与货物贸易有很大的差别。技术贸易的转让方也称卖方，是以开发技术自己使用为前提和目的，在某种特定情况下将技术知识、经验和技艺的复杂过程传授给买方。此外，国际技术贸易涉及的问题比较特殊，繁琐

❶ 作者简介：索斌（1991－），女，北京联合大学商务学院国际经济与贸易专业0902班学生。指导教师赵绍全。

而复杂。例如工业产权保护、技术风险与定价、技术限制与反限制、权利和技术保证、支持办法等问题。同时，国际技术贸易涉及的国内外法律、政府对技术出口和引进的干预程度都要多于货物贸易。

1.1　北京国际技术贸易增长速度快，但市场波动大

2007 年北京国际技术贸易同比上一年增长 77.63%，是近 10 年来的增长最高峰，但到了 2008 年却大幅度下跌，同比下降 4.48%，是近 5 年中的首次负增长。直到 2009 年才加快了国际技术贸易前进的步伐，同比上涨 23.84%，随后 2010 年增长率又有所下降，增长率为 18.60%，2011 年同比增长 35%[2]。北京国际技术贸易合同总额一直处于不稳定的环境下，受国际环境、国家政策等影响而不能维持一个较稳定的增率。如图 1。

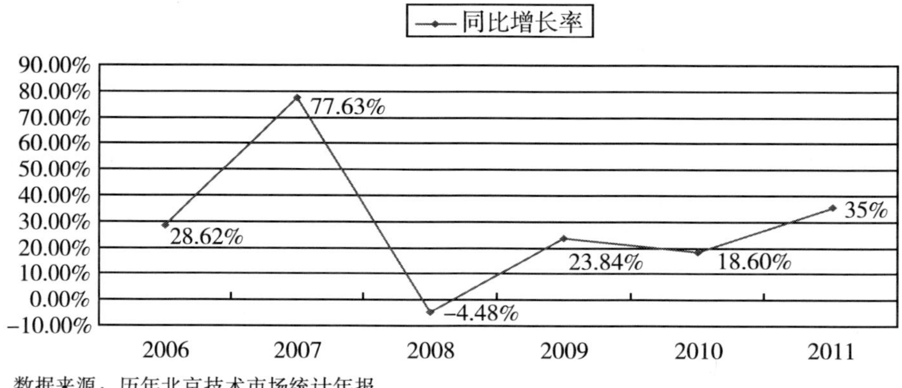

数据来源：历年北京技术市场统计年报.

图 1　北京国际技术贸易合同成交额同比增长率

1.2　北京国际技术贸易逆差增大趋势明显

2001 年至 2011 年，除 2009 年北京技术出口成交额第一次超过了技术进口，北京技术进口成交额一直大于技术出口成交额，并长期处于贸易逆差。其中，2001 年贸易逆差相对最小，仅有 20.03 亿元，随后贸易差额逐渐拉大，到 2005 年贸易逆差差额相对最大，为 246.71 亿元。2006 年稍有缩减趋势，直至 2009 年北京国际技术贸易市场首次出现顺差，差额为 85.38 亿元[2]。2010 年后又开始了贸易逆差的势头，并逐渐扩大。如图 2。

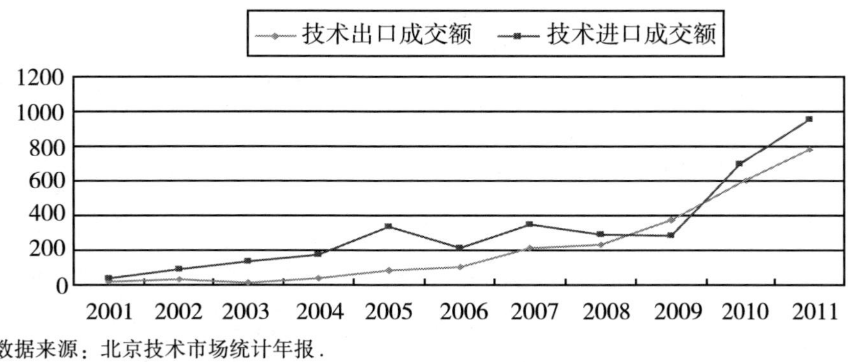

数据来源：北京技术市场统计年报.

图2　2001—2011年北京国际技术贸易差额　单位：亿元

1.3　北京国际技术性贸易日趋活跃、日趋重要

随着对北京技术市场科技研发投入的不断加大，北京国民经济发展保持了较高的增长速度。图3显示，2011年北京实现技术交易增加值1468.5亿，技术合同成交总额为1890.3亿元，占地区生产总值的9.2%，是2003年交易增加值的8.4倍，所占比重的2.6倍。由此可见，北京的国际技术贸易在不断发展，对北京的经济增长有着不可代替的重要作用。此外，从图3中我们可以清楚看出北京对于国民经济发展的重要性趋势，2003年至2011年由于实现交易价值产生的技术性收入占北京生产总值的比重由3.5%增长为9.2%[2]，这进一步凸是首都经济对社会发展的贡献。

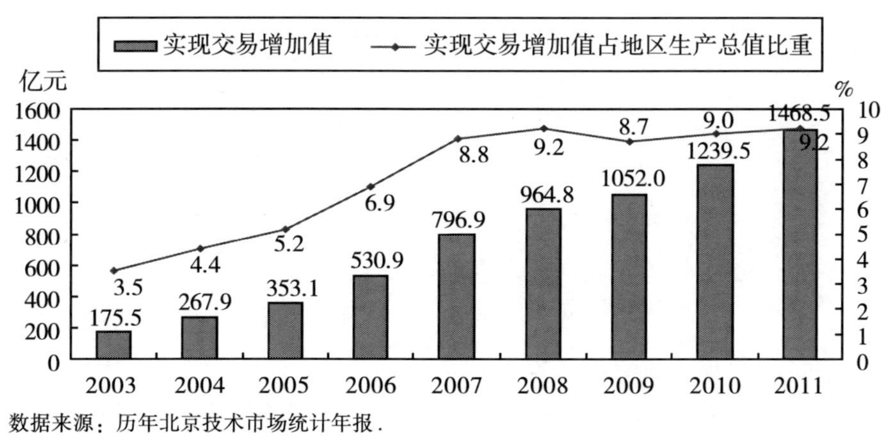

数据来源：历年北京技术市场统计年报.

图3　2003—2011年技术性收入占GDP的比重　单位：亿元、百分比

1.4 北京国际技术贸易进出口规模

1.4.1 进口规模逐年上升

近11年来，北京技术市场技术进口合同数呈现阶段性大幅度变化，由2001年369项增加到2011年1501项，增长4倍多；技术合同成交额持续稳定增长，平均每单位合同成交额也同样连续走高，由36.67亿元转为952.5亿元，增长近25倍。其中，在2001—2005年，合同数呈现大幅度上升，2006年初开始大幅度下滑，2009年趋势又转为上升；技术进口成交额在2006年也呈现下滑现象，同比下降33.68%[2]。如图4。

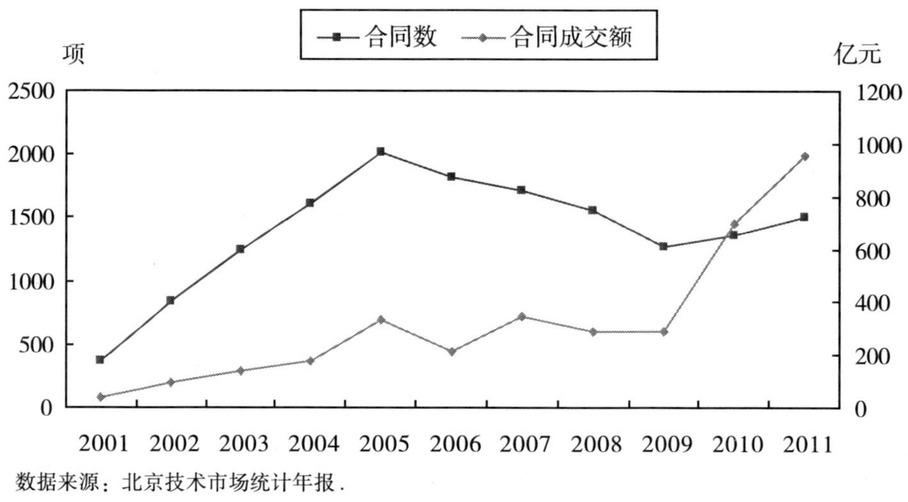

数据来源：北京技术市场统计年报.

图4 北京技术进口合同数及合同成交额

1.4.2 出口规模上升趋势尤为明显

自2001—2011年起，北京技术市场上技术出口合同数量与成交额大体呈现趋势上升，从2001年出口技术合同382项、成交额16.64亿元到2011年出口技术合同1103项、成交额782.2亿元，虽然在合同数量上仅有近3倍的变化，但是在成交额上却有47倍的逐年飙升，也就是说每单位合同的成交额提高了16倍，这代表着北京逐渐以出口重大项目为主，技术水平和研发、制造能力都在不断地提高。其中，合同数在2004—2007年呈现大幅度增长，由370项增长到1215项，增长了845项，成交额由39.66到210.92，增长了171.26亿元。2008—2011年合同数减少了84项，成交额反而上升了546.92亿元[2]。如图5。

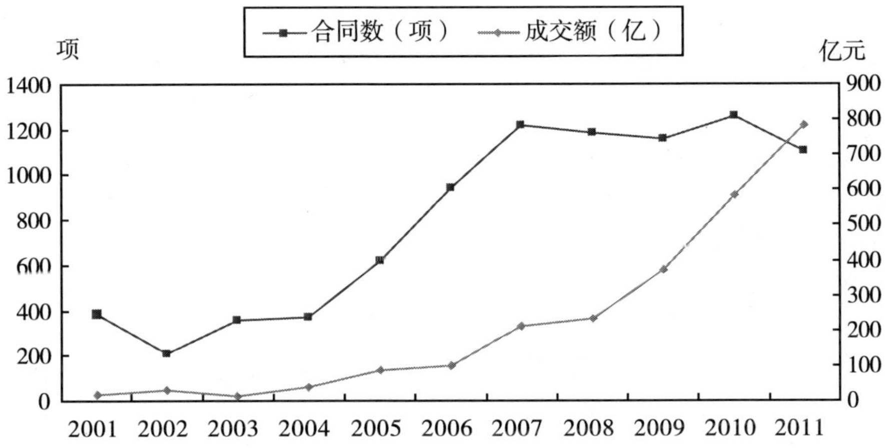

数据来源：历年北京技术市场统计年报.

图5　北京技术市场技术出口合同数及合同成交额

1.5　技术进出口方式变化多样

1.5.1　产品进口方式逐渐以技术咨询与技术服务为主

2006年，北京主要以随成套设备、关键设备、生产线引进技术，专有技术的许可或转让，专利技术的许可或转让为技术引进方式，分别占技术进口总额的29.26%、23.81%、21.17%，由于2006年是“十一五”的开局之年，大型技术引进项目处于酝酿筹备阶段，因此技术咨询与技术服务仅占14.20%。从2007年起，北京技术引进的方式有了明显的变化。2007—2011年，技术咨询、技术服务成为了技术进口的主要方式，并且所占技术进口总额比重呈现逐年下降趋势，分别为55.70%、45.30%、43.83%、33.60%、25.30%[2]。如图6。

此外，2007—2009年，北京还以为实施A至G项内容而进口的成套设备、关键设备、生产线等作为主要技术引进方式之一，逐年递减并分别占技术进口总额的29.77%、20.80%、19.92%。从2010年起，北京技术进口方式不再以为实施A至G项内容而进口的成套设备、关键设备、生产线等为主，而是变为以技术咨询与技术服务、专有技术的许可或转让、专利技术的许可和转让（包括专利申请权的转让）为主。2010年该三种方式分别占技术进口总额的33.6%、20.9%、23.6%；2011年分别占25.3%、30.9%、和20.8%[2]。

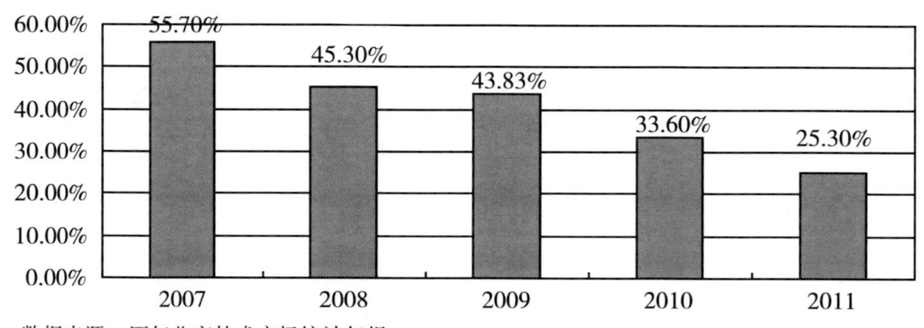

数据来源：历年北京技术市场统计年报.

图6　技术咨询与技术服务占北京技术进口总额比重

1.5.2　技术出口方式主要有四种类型

随着科学技术的发展，技术出口合同成交额大幅增长主要源于北京不断大量出口重大技术的合同，技术水平上升让每个单位的技术出口合同成交额有所提高。2007—2011年，北京技术出口市场呈现严重的不平衡现象，主要以出口技术开发与技术服务为主，而技术转让与技术咨询可以说是微乎其微，尤其是技术咨询几乎为零。具体来说，2007年技术服务同比增长近4倍，占出口总额的62.00%，技术开发合同紧随其后，占出口总额的32.93%；2008年，技术服务合同、技术开发合同分别占有49.36%、48.35%；2009年技术服务和技术开发合同分别占68.25%、30.55%。2010技术服务合同更是顺势上升，占出口总额的76.1%，几乎构成了技术出口的主体，而技术开发合同大幅下降到23.4%；2011年技术服务合同达到了近年来引进此方式的高潮，占

84.6%，技术开发仅占15.2%[2]。见图7。

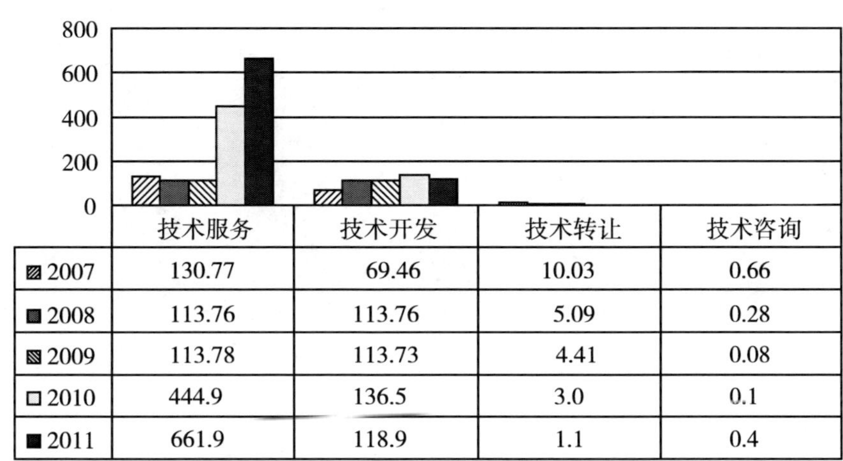

	技术服务	技术开发	技术转让	技术咨询
2007	130.77	69.46	10.03	0.66
2008	113.76	113.76	5.09	0.28
2009	113.78	113.73	4.41	0.08
2010	444.9	136.5	3.0	0.1
2011	661.9	118.9	1.1	0.4

数据来源：历年北京技术市场统计年报.

图7　技术出口类型构成　单位：亿元

1.6　知识产权逐渐成为技术出口的主要产品

在出口技术合同中，主要知识产权的保护形式是技术秘密。在一定程度上，技术秘密可以反映知识产权的出口情况。图8显示，2007—2011年技术秘密的成交额逐年递增。2009年技术秘密成交额同比上涨27.57%，在2010年突然剧增，比上一年增长187.9%，占技术出口成交额的53.9%；2011年，增长速度下降极快，仅上涨6.1%，占技术出口成交额的42.7%[2]。可见，在知识产权的出口方面，北京具有一定的竞争优势。技术秘密的成交额占出口合同成交额的比重具有很强的波动性，不能长期稳定地构成出口技术合同的主要内容。

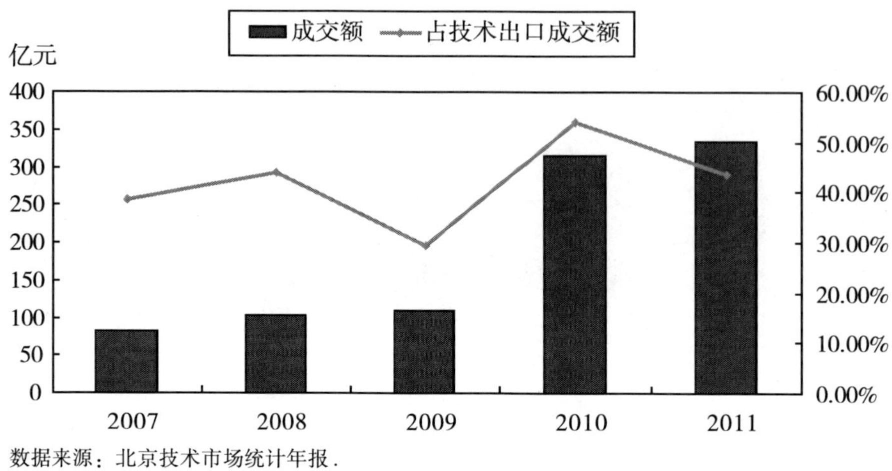

数据来源：北京技术市场统计年报.

图8　2007—2011 年技术秘密出口情况

1.7　技术进出口国分布

技术引进领域，2006—2011 年北京引进技术主要来自美国、芬兰、德国、韩国、日本和中国香港等发达国家和地区，因为这些发达国家和地区主要出口科技含量高且附加值较高的高端产品，而一些发展中国家如中国还处于国际分工中的底端，以加工、承包为主，需要大量引进技术提高本国的生产水平。

出口领域方面，2008 年技术主要出口到美国、埃塞俄比亚、阿拉伯联合酋长国、阿塞拜疆、芬兰、韩国等；2009 年技术主要出口到印度、美国、委内瑞拉、尼日利亚、伊朗、瑞士、韩国、芬兰、日本等；2010 年技术主要出口到印度、菲律宾、伊朗、美国、赤道几内亚、马来西亚、芬兰、新加坡、瑞典等；2011 年技术主要出口到伊朗、委内瑞拉、巴基斯坦、老挝、美国和芬兰等。

1.8　技术出口主体

在北京的国际技术贸易市场中有两大技术出口主体，分别为内资机构和外商投资企业。从近 4 年的北京技术出口主体趋势来看，内资机构出口技术逐渐扩大，从 2008 年的 54.72% 上升至 2011 年的 84.60%，进一步奠定了内资机构在北京技术出口市场上的地位，也说明了北京内资企业的技术水平在不断提高。此外，我们也不能忽视外商投资企业对于北京技术出口的贡献，2009 年外商投资企业出口占 69.44%[2]，如图 9。

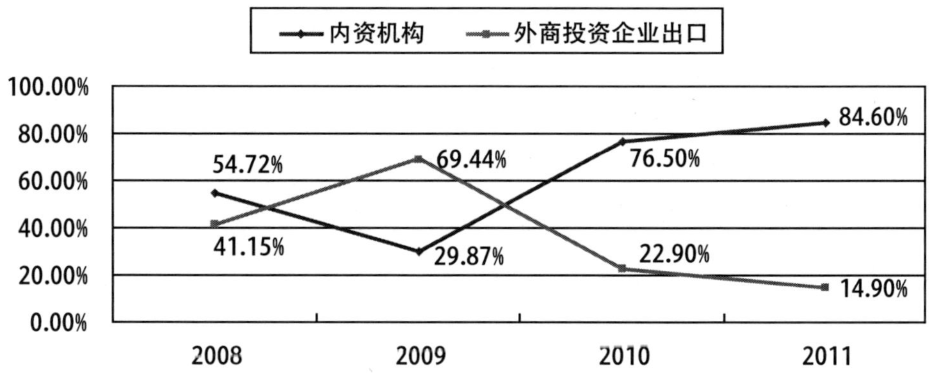

数据来源：北京技术市场统计年报.

图 9　2008—2011 年技术出口合同主体占技术出口总额比重

2　北京国际技术贸易进出口存在的问题及原因分析

2.1　北京国际技术贸易进出口存在的问题

2.1.1　进出口规模不平衡

除 2009 年以外，北京国际技术贸易自 2001 年至 2011 年一直处于贸易逆差，无论是从合同数方面还是合同成交额方面，技术进口都一直常年领先于出口。北京进口的技术产品趋于高端、价格昂贵，而技术出口虽逐年加大了技术开发与技术服务的出口，但总体技术产品的科技含量、每单位技术出口合同的成交额都要低于其他一些发达国家，这是导致北京国际技术贸易常年保持贸易逆差的根本原因。尽管这样，通过上文贸易差额的图表显示，在 2009 年后北京的技术出口还是给人们带来一丝曙光，技术贸易差额在不断减小，可发展空间较大。

2.1.2 技术引进、出口方式不协调

1. 技术引进方式不协调

2009年以前，国有企业带头进口以随成套设备、关键设备、生产线引进技术为主，主要用于交通运输、仓储及邮电通信业和制造业。2007年后，技术咨询与技术服务突然飙升，直到2011年以前一直以其为引进技术的主要方式之一，而专有技术的许可或转让、专利技术的许可和转让则一如既往地保持着技术进口的主体方式。这样技术咨询与技术服务加上专有技术的许可或转让、专利技术的许可和转让自2005年以后占到技术进口总额的近7成。这就代表减少了其他引进技术的方式，例如合资生产、合作生产、商标许可等。

2. 技术出口方式不协调

2004年以后，技术服务与技术开发共同成为技术出口的主要方式。2007年，这两种方式相加竟占技术出口总额的94%，随后逐年扩增，到2011年已占99.8%。同时也就意味着技术转让与技术咨询仅占0.2%，可以忽略不计。此外，还要强调的是2011年技术服务合同比重猛增至84.6%，而技术开发仅占15.2%。因此技术服务合同成了绝对的出口主要方式，具有强劲的竞争力。这严重影响了其他方式的出口，同时也间接影响了其他技术的不断开拓、创新与发展。

2.2 北京国际技术贸易进出口存在问题的原因

2.2.1 技术欠发达

北京常年出现进出口不平衡，主要归结于北京的技术不够发达，产品附加值不大。

在北京的技术出口中，虽逐渐以出口重大技术为主，但是这种重大技术是依托于外资企业，对外依存度高，因而这种量和成交额的提高并不能代表北京的技术水平有质的提高。北京出口技术中技术服务一直占有主体地位，最高达到技术出口总额的七成。这是源于北京技术市场经常包揽其他发达国家重大科技项目的常规性计算、设计、测量、分析、安装、调试，以及提供技术信息、初级编程等。这些都是基础的技术性工作，发达国家为了节约人力资本投入而采用工程外包的方式。

2.2.2 引进技术消化吸收不足

北京引进技术在规模上虽有波动但始终保持一定的数量和金额，原因是在技术上经常出现重复进口，对于引进技术缺乏吸收能力。据不完全统计，如果我国引进技术每花一元钱，消化吸收和技术创新仅占 0.07 元，然而日本、韩国在工业化成长时期要花 5 到 8 元对其进行消化吸收和技术创新。其原因可以归为：一方面，企业技术人员能力较差，资金不足，不能将技术引进与技术研发良好的结合，造成了企业不能有效地吸收引进技术。另一当面，企业在引进技术时没有充分考虑引进技术与企业生产能力、所需配套原材料和设配在中国市场的匹配性。缺乏生产中的配件和原材料使企业生产和研发遭遇限制，最终无法吸收引进技术。

2.2.3 高级专业人才投入低

造成北京出口竞争力差、出口方式单一还有一个最根本的原因，就是技术领域内缺少高级专业人才。2010 年至 2011 年，北京技术市场协会拟题为“北京技术转移机构年度经营状况”，并向 130 家技术转移机构进行了调研。其中落实 87 家。这 87 家机构中，技术转移机构的工作人员有 2971 人，从事技术转移的人员有 1672 人，占全部工作人员的 56.28%。其中，专职人员 1292 人，其余为兼职人员共 380 人。截至 2011 年底，技术经纪人 1335 人，高级科技咨询师仅有 11 人，占从事技术转移人员的 0.66%，占全部工作人员的 0.37%。通过这样数据的对比，可以清楚地看出从事技术进出口转移工作的专业人士寥寥无几，这从根本上决定了北京技术转移的专业性以及工作效率、权利维护等。

2.2.4 高校专利商业化受限

科研成果在市场上的转化率可以对北京技术贸易的经济发展起决定作用。好的科研技术是前提、基础，如果不能经过市场的验证将变得毫无意义。一方面是源于学校的研发成果与市场不匹配。高校一般是以科研为主导方向，主要培养学生的逻辑性与知识的严谨性，并没有深入考虑到市场生产环境、生产要素等等，因而造成市场贴合率低。另一方面缺少与之配套的技术转移体系，学校没有专门负责技术转移的部门。市场中诚信体系、政策体系不够健全、完整，缺乏市场导向等都会造成科研成果转化受限制。

2.2.5 技术贸易法律法规不够完善

20世纪90年代后，中国与欧美一些发达国家频频发生一些关于知识产权的纠纷和贸易摩擦，一方面源于一些国际法规、条例是由发达国家控制话语权。另一方面就要归因于中国的技术贸易法律法规不够健全和完善。到目前为止，中国已经颁布了《商标法》、《专利法》、《著作权法》等。然而对于像专有技术这样的无形资产并不受法律保护，这种权利是非法定权利。它的存在主要基于秘密，靠合同中的保密条款得到维护，所以明显不如专利技术得到的法律保护强度大，这就造成一些企业在国际技术贸易中经常受到不公平的待遇。此外，我国对技术出口十分看重，是由于技术出口是一种可以代表我国生产水平、发展潜能的技术水平指标，因而我国对技术出口项目和技术出口合同实行双重审批制度。但是对于技术引进的法律法规仍处于空白。例如我国经常是挂牌生产的世界工厂，对于这种商标的引用我国应出台一些规定或条例以保护我国其他自主品牌经营和技术开发的本土化。

3 北京国际技术贸易发展策略

3.1 政府方面

3.1.1 建立专项科技研发基金，培养国际技术贸易人才

通过上述问题分析得知国际技术贸易人才是技术进出口快速发展的源泉，不仅可以帮助有效消化吸收引进技术，而且还能不断研发出新的技术应用到新的领域。此外。不要忽略的是法律人才也是国际技术贸易必不可少的人才，目的是在国际技术贸易纠纷中维护我国的知识产权、经济利益等等。

为促进北京高校、科研院所能够积极参与技术创新热潮，不断提高北京总体技术水平，政府应为北京技术从研究到投入生产提供专项资金，以确保高校专利等技术研发顺利为北京技术贸易创收。资金的最大化使用需要政府贯彻落实规章制度。从项目的选拔、专项资金的分配使用，到最终科技成果的展示和实际运用都要设置追踪式的严格控制和监控。这不仅关系到能否保护每一个技

术研发者享有应得的权益，甚至影响到他们研发的信心，而且也关系到能否确保每一份资金都能转化为经济效益。此外，我们可以借鉴美国技术转移管理机制（例如权益分配机制，学生、院系、学校各得到1/3的收益）、竞争机制（各大高等学府通过激烈竞争拿到项目，从而获得投资等）和约束机制（指大学老师可以参加创办公司得到股权，但不可以参与公司管理）。

3.1.2 建立健全知识产权保护组织体系

在制度上，政府应出台并不断改善相关政策或法规，如《北京市属高等学校科学研究项目管理办法》等科研项目管理制度受国际技术贸易国际形势影响不断地在改善，随后又出台《北京市与中央在京高校共建项目管理办法》、《关于进一步加强北京市与中央在京高校共建项目管理的若干意见》等。这样制度的不断改善可以促进技术上的不断创新。

搭建国内各省市之间的合作有助于改善北京的技术贸易环境，提高国际技术贸易发展。如北京市技术市场管理办公室提出的《环渤海技术转移战略联盟实施方案（讨论稿）》，最终以环渤海经济圈内的北京、天津、河北、山西、内蒙古、辽宁和山东两市五省组建成为环渤海技术转移战略联盟。各省市利用区位优势和科技资源加强技术、资本及相关资源整合，提高科技成果转化率，为促进区域经济社会的协调发展创造了条件。诸如此类，北京市政府可以扩大建立合作范围，利用各自优势，互通有无，提高整体技术水平与技术环境。

3.1.3 拓展中小企业融资平台

在培养国际技术贸易人才的同时，也要帮助我国中小企业甚至是个人提供自主创业的渠道，使我国的品牌逐步走向世界，从企业引进迈向出口的一个过程。国家可以为一些资金实力较弱的企业提供创业风险基金或帮助有前景的企业直接在国外投资设厂，便于接近市场、增加品牌效应。此外，利用互联网平台帮助企业获得国内外客户信息不失为一种简单快捷的方式。例如，欧盟创新接力中心网络专门支持欧盟的一些中小企业技术创新和跨国合作。在这个网站上，企业可以得到技术创新来源、寻求跨国公司合作，提供跨国公司技术转移的相关服务等。这样就缩短了企业与研发者、企业与企业之间的距离，也提高了技术服务对象的匹配度。

3.2　行业协会方面

行业协会是介于政府与企业之间的协调沟通者，起桥梁、纽带作用。国际技术贸易行业协会的基础目标要起到在我国技术进出口时保护本土技术的安全性和本国贸易利益，通过不同方式来支持国内企业增强国际竞争力。一方面，通过规章制度来规范我国技术行业企业的行为，如建立监管制度，确保各企业的技术产品质量、竞争方式合法化，以免被其他国家控诉。另一方面，利用WTO争端解决机制等法律手段帮助企业应诉，维护我国企业应享有的权益，同时也增强我国企业在国际技术贸易中的自信心。

3.3　企业方面

3.3.1　搭建与高等学府、科研机构技术合作的平台，提高自主创新品牌

近年来，我国经济虽然保持快速增长，但大量引进技术、缺乏吸收研发致使我国仍陷于低端加工环节，同时减少了很多企业自主发展的机会，因此调整技术进出口结构关键在于增加我国企业的技术创新和“走出去”的能力。提高自主创新品牌，减少贴牌生产是企业走出去的前提，为此企业应积极搭建与研发机构的合作。企业可以在高等学府开办技术研发比赛并颁发奖金等，这样不仅可以促进学生创新研发的积极性，而且还能更好地与高等学府搭建平台，直接吸收研发成果。此外，更重要的是企业要加强技术吸收的能力，需要投入更多的人力、物力、财力对高等院校及研发机构的科技成果进行加工、拓展、包装、生产等，使其具有商业价值。

3.3.2　加强企业联合，提高自身技术实力

企业要想在国际技术贸易市场中立足，首先要增强企业核心技术竞争力，从而提升企业产品在世界市场中的影响力。对于北京而言，有着鲜明的技术区位优势。在北京有着几大科技园，如中关村科技园、清华科技园等以高校命名的科技园、亦庄开发区等。我们可以以美国硅谷为例建造一个专属北京的北京科技园，这样可以促进企业合作，同时正面的竞争也促使企业不断研发最新产品。高科技公司与高等学府的云集将使北京技术贸易发展迅速，名扬海外。

3.3.3 提高商标注册、专利申请，加强知识产权保护意识

商标注册、专利申请对于企业来说是一个战略上的管理。许多企业也因为缺少知识产权保护意识而造成企业长期在海外市场上遭遇经济损失。例如同仁堂未能进入日本市场就是由于商标早已被日本某食品饮料公司注册，这样就造成了该公司在日本市场上无法获利。同样，我国企业在研发技术的同时还要学会如何保护技术，申请专利就是保护技术成果的最佳合法手段。要注意的是我国企业还应重视在国外市场上申请专利，以避免像入世以来由于知识产权问题而带来的经济纠纷。

4 结语

北京国际技术贸易尽管进出口规模逐年增长，但北京在技术引进上存在着很大的问题。这也是贸易逆差的一个隐含问题。引进技术的目的应是弥补技术欠发达的现状，提高技术水平，提高生产率，最终改善我国技术落后的现象，而在北京的技术引进市场上技术引进合同数与成交额常年居高不下，重复引进或引进吸收不足的问题如果不改善将会继续拉大贸易逆差。

北京在技术出口上的问题同样不可忽视。技术出口常年小于技术进口主要是由于技术欠发达，国内的技术开发与生产市场不匹配，高校、科研机构与企业不能形成很好的合作，专利商业化受限等。后者则明显是可以通过有效的方法解决或避免的。

参考文献：

[1] Roshana Takim, Roshartini Omar, Abdul Hadi Nawawi. International Technology Transfer (ITT) Projects and Development of Technological Capabilities in Malaysian Construction Industry: A Conceptual Framework [J]. Asian social science, 2008 (8): 38-46.

[2] 傅正华，李明亮，刘军等. 北京国际技术贸易发展现状及对策研究 [J]. 科技进步与对策，2012 (7) 1-5.

[3] 温怀德. 技术贸易在中国 [J]. 对外经贸实务，2010 (5): 50-52.

[4] 李洁，石林芬. R&D 投入与国际技术贸易关系的实证分析 [J]. 科技管理研究，2009 (12): 03-04.

[5] 熊佑良. 把握知识经济特点促进国际技术贸易的发展 [J]. 武汉商务, 2010 (6): 34-37.

[6] 张耘, 毕娟, 吴向阳. 跨国公司技术转移研究: 北京案例 [M]. 北京: 开明出版社, 2008 (10): 78.

[7] 孙颖. 北京地区国际技术转移发展现状 [J]. 科技潮, 2012 (11): 68-70.

[8] 王崇敏, 张丽娜. 促进我国技术进出口贸易发展的策略 [J]. 经济纵横, 2011 (11): 54-61.

[9] 盛洪昌. 国际技术贸易的法律保护 [J]. 经济导刊, 2011 (7): 22-23.

北京专有权使用和特许服务贸易的现状及竞争力分析

刘　莉[1]

摘要：近年来北京专有权使用和特许服务贸易发展迅速，然而贸易总额较小，国际收支逆差巨大并且逐年增加，总体来说对服务贸易的发展贡献不大。目前该项服务贸易的国际竞争力低，国际市场占有率也非常小，发展水平非常低。在发展该项服务贸易的过程中，存在政府不重视、缺乏相关法律法规、缺乏相关人才、企业与个人缺乏创新能力以及专有意识低等问题。为了更好地发展专有权使用和特许服务贸易，带动整个服务贸易的发展，政府需要重视该项目服务贸易，制定相应政策，完善相关法律法规，重视相关人才培养。人们需要提高知识产权意识，企业需要提高高新技术创造能力，整个行业需要资源共享，互相帮助。

关键词：专有权使用和特许服务贸易；国际竞争力；措施与建议

1　北京专有权利使用和特许服务贸易的现状

中国加入 WTO 后，服务贸易自由化与市场开放度的不断增大使北京服务贸易有了较快发展，但贸易总额仍旧不高，逆差巨大，且服务贸易结构性差异较大。专有权利使用和特许服务贸易的比较优势较弱。

---

[1] 作者简介：刘莉（1990–），女，北京联合大学商务学院国际经济系 09 级国际经济与贸易专业学生，指导教师邓晓虹。

1.1 进出口总量分析

根据表1中的数据我们可以分析出北京专有权利使用和特许服务贸易具有贸易总额较小、国际收支逆差巨大等特点。

表1 北京专利使用和特许服务贸易总额

单位：亿美元

年份	北京服务贸易总额	北京专利使用和特许服务贸易总额	外汇收入	外汇支出	顺（逆）差
2003	148.44	5.27	0.42	4.84	-4.42
2004	200.41	7.38	0.58	6.8	-6.22
2005	300.7	9.4	0.74	8.66	-7.92
2006	393.2	14.39	1.02	13.37	-12.35
2007	503	16.8	1.25	15.55	-14.3
2008	692.6	20.38	3.59	16.79	-13.2
2009	644.1	16.4	2.1	14.3	-12.2
2010	798.29	21.11	3.27	17.84	-14.57

资料来源：2003—2010年《北京统计年鉴》.

通过表1我们可以分析出，北京专利使用和特许服务贸易的总额并不高，该项服务贸易目前发展规模比较小，外汇支出相对较大，与北京整体贸易发展水平不一致；北京专权利使用和特许服务贸易的国际收支逆差差额巨大，并且逆差逐年增加。2003年的国际收支逆差为4.42亿美元。但截止到2010年，在此方面的国际收支逆差高达14.57亿美元。在这七年里，国际收支逆差已增加了约10亿美元。

1.2 比重分析

表2 北京地区服务贸易情况（2003—2010年）

单位：亿美元

项目	2003	2004	2005	2006	2007	2008	2009	2010
服务贸易总额	162.24	235.70	300.74	393.23	503.06	691.92	644.10	798.29
专利使用费和特许费	5.27	7.38	9.40	14.39	16.80	20.38	16.40	21.11

资料来源：2003—2010年《北京统计年鉴》.

通过表2和表3，我们可以得知，由于专利和特许服务贸易对于北京来说属于新兴的服务贸易领域，相较于旅游运输等普通服务贸易，北京专有权利使用和特许服务贸易对于整个北京的服务贸易来说比重很小，对服务贸易总额的贡献并不是很大。对于北京整个服务贸易总额而言，专利使用费和特许费用所占的份额很小，在最近的七年里平均只占全部服务贸易总额的3%左右。

表3 北京专利使用和特许服务贸易占北京市服务贸易的比例

年份	北京服务贸易总额（亿美元）	北京专利使用和特许服务贸易总额（亿美元）	所占比例（%）
2003	148.44	5.27	3.5
2004	200.41	7.38	3.6
2005	300.7	9.4	3.1
2006	393.2	14.39	3.7
2007	503	16.8	3.3
2008	692.6	20.38	2.9
2009	644.1	16.4	2.5
2010	798.29	21.11	2.6

资料来源：2003—2010年《北京统计年鉴》.

通过分析近几年的数据，我们可以了解到，北京专有权使用和特许服务贸易的总额较小，逆差巨大，国际支出数额相对巨大，目前不足以成为北京的优势服务贸易项目。虽然整体发展水平较低，占北京整体服务贸易份额较小，但随着近几年来专有权使用和特许服务贸易的发展，国际收入增速明显，发展速度较快。另外，在所有该项服务贸易的数据中，我们都可以发现，在2008年的时候，北京专利使用和特许服务贸易的贸易总额有一个激增，尤其是支出方面，其主要原因是2008年第29届奥运会在北京召开。在召开奥运会期间，无论是奥运会场馆的建设，还是在相关的服务贸易中都大量引用了外国的知识产权和特许权等，增加了外汇收入。

2　北京专有权利使用和特许服务贸易的国际竞争力分析

2.1　贸易竞争优势指数

贸易竞争优势指数也叫贸易竞争力指数，是指一国进出口贸易的差额占其进出口贸易总额的比重，一般用T（表示）。

TC指数计算公式：

TC=（Xij-Mij）/（Xij+Mij）　　（2-1）

其中：Xij为i国j产品的出口，Mij为i国j产品的进口，Xij-Mij为i国净出口，Xij+Mij为i国j产品的进口总额。从出口的角度看，如果TC指数大于零，表明该类商品具有较强的国际竞争力，TC指数越接近于1，竞争力越大；越接近-1，则表明该国的国际竞争力越弱。

表4　2003—2010年中国及北京专利使用和特许服务贸易TC指数

年份	中国			北京		
	进出口总额（亿美元）	进出口差额（亿美元）	TC指数	进出口总额（亿美元）	进出口差额（亿美元）	TC指数
2003	36.6	-34.4	-0.94	5.27	-4.42	-0.84
2004	47.3	-42.7	-0.9	7.38	-6.22	-0.84
2005	54.8	-51.6	-0.94	9.4	-7.92	-0.84

续表

年份	中国			北京		
	进出口总额（亿美元）	进出口差额（亿美元）	TC指数	进出口总额（亿美元）	进出口差额（亿美元）	TC指数
2006	68.4	-64.3	-0.94	14.39	-12.35	-0.86
2007	85.3	-78.5	-0.92	16.8	-14.3	-0.85
2008	108.9	-97.5	-0.89	20.38	-13.2	-0.65
2009	115	-107	-0.93	16.4	-12.2	-0.74
2010	139.7	-122.1	-0.87	21.11	-14.57	-0.69

资料来源：2003年—2010年《北京统计年鉴》《中国统计年鉴》.

如表4所示，中国及北京专有权使用和特许服务贸易的TC均为负数，中国及北京的TC指数都接近-1，说明中国及北京均属于专有权使用和特许服务贸易的净进口国，缺乏国际竞争力。从2003年2010年，中国的专利使用服务贸易的TC指数比北京地区的TC指数更接近-1，这说明北京在专利使用和特许服务贸易中整体实力高于全国总体实力。对整个中国而言，专有权使用和特许服务贸易的竞争力非常弱。但北京相对于全国来说，虽然也缺乏国际竞争力，但竞争力水平高于全国整体水平。

从2003年到2006年，全国及北京的专有权特许权服务贸易的TC指数基本保持不动，而在2007到2010年，两者TC指数都在曲折上升。这表明，我国及北京地区都在逐步适应国际市场，而该项服务贸易对中国及北京来说虽然国际竞争力较弱，但是发展潜力巨大。

2.2 北京专利使用和特许服务贸易出口的国际市场占有率分析

国际市场占有率即本国出口总额占世界市场出口总额的比率，反应一国的整体竞争力。

国际市场占有率计算公式为

$$MSij = Xij/Xwj \tag{2-2}$$

其中：MSij表示i国家j产品的市场占有率指数；Xij表示i国家j产品的

出口总额；Xwj 表示世界 j 产品的出口总额。MSij 数值越高，表示该产品所处的产业国际竞争力就越强，反之该产品的国际竞争力则越弱。

表 5　中国及北京专利使用和特许服务贸易出口的国际市场占有率

年份	世界专利使用和特许服务贸易出口总额（亿美元）	中国专利使用和特许服务贸易出口总额（亿美元）	北京专利使用和特许出口总额（亿美元）	中国市场专利使用和特许服务贸易的国际市场占有率（%）	北京专利使用和特许服务贸易的国际市场占有率（%）	北京专利使用和特许服务贸易的我国市场占有率（%）
2003	1008. 2	1. 1	0. 42	0. 11	0. 039	38
2004	1323. 1	2. 4	0. 58	0. 18	0. 044	24
2005	1506. 7	1. 6	0. 74	0. 11	0. 049	46
2006	1621. 5	2. 1	1. 02	0. 13	0. 063	49
2007	1912. 7	3. 4	1. 25	0. 18	0. 065	36
2008	2162. 9	5. 7	3. 59	0. 26	0. 166	63
2009	2166. 2	4. 3	2. 10	0. 20	0. 097	48
2010	2378. 9	8. 3	3. 27	0. 35	0. 137	39

数据来源：2003—2010 年《北京统计年鉴》《中国统计年鉴》《WTO 国际贸易统计数据库（International Trade Statistics Database)》.

从表 5 可以看出，2003 年至 2010 年，北京专利使用和特许服务贸易对于整个中国该项服务贸易市场来说，市场占有率巨大。单北京一个城市，虽然出口总额并不多，但基本占我国该项服务贸易出口总额的 30%，北京在专利使用和特许服务贸易出口在全国占有重要地位。从 2003 年到 2010 年，虽然北京在该项服务贸易的国际市场占有率一直在增加，但国际市场占有率非常低，不足 1%。

近年来我国专有权使用和特许服务贸易以及北京该项服务贸易的国际占有率曲线呈相似状，整体呈上升趋势。但北京增势明显小于全国。由于经济危机的影响，2009 年整个专利使用和特许服务贸易增长停滞，甚至出现倒退迹象。

北京专有权使用和特许服务出口占全国比重近年明显下降。这是由于上海、深圳、广州等地近年来在专有权使用和特许服务贸易的发展较快。

除去2009年金融危机的影响，从2005年开始，北京专利使用和特许服务贸易的国际占有率呈现平稳上升趋势，整个变化与国家几乎是同步，这不仅能反映出北京的国际竞争力日益有所提高，而且反映出北京专利使用和特许服务贸易出口额与国家该项服务贸易出口额正相关。

通过对北京专有权使用和特许服务贸易国际竞争力研究及市场占有率的研究，我们可以得知，该项服务贸易的国际竞争力发展水平低，国际竞争力较弱。在国际市场上并不占优势。但是与我国相比，北京市在专有权使用和特许服务贸易发展水平高于全国整体平均水平，虽然近几年来由于上海、深圳等地的发展较快，北京的该项服务贸易出口总额在我国市场占有率在下降，但我们仍旧能看出北京专有权使用和特许服务贸易在我国该项服务贸易中占有举足轻重的地位。

3　北京专有权使用和特许服务贸易发展中存在的问题

3.1　北京市政府对自主创新发展资金投入不够，自主创新能力低

整个中国及北京对于自主创新的投入不够，北京市自主知识产权少。研发活动是一个国家、地区和企业获得和拥有知识产权的源头和基础，虽然近几年来北京市政府增加了对科技研发及知识产权保护的政府投入，但整体来说开支非常小，企业自主开发新技术的能力非常低，缺乏动力。

国家批准建立北京中关村为国家自主创新示范区，着力提高自主创新能力，努力在若干重要领域掌握一批核心技术，做强做大一批有自主知识产权、有市场潜力的企业，努力把中关村建设成为具有全球影响力的科技创新中心。但是今天的中关村在很多方面仍旧借用他国技术，自主知识产权少，创新能力没有体现出来。大部分企业仍旧是借用他国高科技技术，用他国专利，付高额的专利使用费和特许经营费来赚取低额的利润。

从国家统计局我们了解到，我国专利大部分为实用新型专利和外观设计专利，而体现技术水平的发明专利申请量却不是非常多。北京市也出现同样的问

题，缺乏发明专利，自主知识产权及创新能力目前不能成为北京的优势项目。

3.2 北京市相关知识产权的法律法规不完善

北京市缺乏对专利使用和特许服务贸易的相关法律法规，对于很多滥用专利权和特许权的行为没有无明确的规定，缺乏惩罚措施，所以企业对此毫不在乎，在专利使用和特许服务贸易中，没有按相关法律法规进行贸易。另外从我国到北京市，在相关立法上没有与国际制定的标准体系同步，在很多方面有差距，企业在遇到贸易争端问题时，无法利用相关的法律法规保护自己。

3.3 北京市缺乏相关管理机构，专业人才不足

中国知识产权保护方面没有相关的管理机构。很多时候，当遇到了专有权使用和特许服务贸易相关问题时，企业无处寻求帮助。

虽然北京市有知识产权保护协会，但是对专有权使用费和特许费的专项管理却相对不重视。作为北京的首都，高校云集，但了解该项服务贸易的人才非常稀缺。一旦遇到了关于该项贸易争端问题，缺乏熟悉国外法律、国际惯例及市场环境的人才，不能很好地应诉与帮助我国企业自己解决争端问题。因此，我们就难以适应国际市场需求，制约了发展。

3.4 北京市企业版权和商标的专有意识不强

目前，我国许多企业对专利和特许经营的保护意识并不强，不能将自己的研发结果转化为知识产权，特别是在国外申请专利的意识严重不够，国内企业每年不得不为此向国外支付大量的特许专营费和为使用注册商标的费用。

同时，由于北京市自己的专利少之又少，特许经营较多，企业为加快发展，采取侵权国外技术与商标的行为来获取国内尚不成熟的技术。因为种种原因，企业普遍重生产、轻研发，重引进、轻消化，重模仿、轻创新，创新层次低，高端发明少，专利申请量低，专有意识非常不强。

另外，北京公众和企事业单位知识产权意识比较薄弱，广大居民普遍缺乏尊重他人知识产权的能力，同时也缺乏维护自身合法权益的意识，认为侵权、盗版、盗用别人的智力劳动成果并不会造成多大的负面影响。许多执法人员对

侵犯知识产权行为的危害性缺乏正确认识，在一定程度上造成了侵权行为的屡禁不止，这也反映了北京市的企业版权和公民的专有意识不强。

4 对策及建议

通过之前的所有分析可以看到，北京市专利使用权和特许服务贸易虽有一定程度的发展，但总体来说发展水平不高，缺乏国际竞争力。发展知识技术密集型的贸易已成为扭转北京贸易逆差、拉动经济增长的当务之急。

4.1 加强政府扶持，树立正确积极的导向作用

4.1.1 北京市政府着力调整贸易结构，注重专利所有权和特许服务贸易

政府需要重新审视对专利所有权和特许服务贸易的定位。作为知识技术密集型的现代化服务贸易的代表，我们都明白，专有权使用和特许服务贸易的发展程度反映了一个城市自主创新能力的高低，其快速发展是一城市具有贸易竞争力的条件。而作为中国首都的北京，政府要提高对专利所有权和特许服务贸易的认识并认识到其对促进北京经济增长的作用，通过加强对专利所有权和特许权使用的专项研究，找到更好的发展方向与改革方法，从而有效地提高其国际竞争力。

4.1.2 完善知识产权的保障体系及法律法规的建设

北京需要加快对专利使用和特许服务贸易相关立法的步伐，通过法律保障北京该服务贸易的发展，建立相关法律法规，加强对知识产权的保护，维护市场相关秩序。在专利使用和特许方面，我国政府存在着垄断的情况，北京政府可以放开对该贸易的巨大限制，放开市场的准入领域，引入竞争机制，打破垄断，公平竞争，从而增强专有权和特许服务贸易的国际竞争力。

4.2 重视人才的培养和储备

为了迎接全球服务贸易的激烈竞争，北京需要积极拓展知识型服务市场。从人才素质的结构看，缺乏与知识密集型服务业密切相关并熟悉国外法律、国际惯例及市场环境的人才，因此，我们就难以适应国际市场需求，这也制约了

知识密集型服务业国际竞争力的发展。

北京作为全国最大的科学技术研究基地，著名学府云集，有大量的高素质人才，人员水平整体较高，这也为专有权和特许服务贸易创造了更有利的条件。因为专用权和特许服务的使用需要有熟悉国际贸易规则的人才，帮助我们更好地利用规则保护自己和提高竞争力。另外，我们可以吸引和聘用海外高级人才，增加整体水平的发展，提高服务业从业人员的职业素养。

4.3 突破企业瓶颈，创造核心竞争力

近年来，作为新兴产业的专有权使用和特许服务贸易发展迅速。为了更好地与国际发展水平接轨，成为具有竞争力的品牌，企业需要积极拓展多条渠道，拓宽海外市场，用一流的产品与技术来引导市场，通过核心技术的突破，迅速打破国际市场竞争中的各种技术壁垒、贸易障碍等，在专利使用和特许服务贸易中占得先机。

另外，北京的各个企业应该努力创造、运用、保护、管理和掌握一批核心技术专利，以此来带动高新技术产业和新兴产业发展，实现产业的全面升级转型，以便促进专利使用和特许服务贸易的发展。

实施“走出去”的企业战略对于提高产品生产效率和质量以及高素质人才的需求也迫在眉睫，只有在高新技术中具有优势的企业才能更好地促进出口，一改往日专利使用和特许服务贸易的逆差劣势局面。

4.4 发挥行业信息优势，促进资源共享

如今，随着专利使用与特许服务贸易的迅速发展，从事知识技术密集型的企业越来越多，整个行业的信息资源共享就变得尤其重要，无论是政府的导向，还是民间行业协会的帮助，都能使信息得到充分的利用。专有权使用和特许应该是政府和企业间沟通的桥梁与纽带。大力发展相关产业，既可以提升北京专有权使用和特许服务贸易的整体竞争力，又能顺应当下我国建立新兴服务贸易的趋势。

5 结语

通过最近几年的发展，我们可以知道，专利使用和特许服务贸易的增长潜

力日趋显著。虽然整体发展水平不高，竞争力水平也较低，在发展的途中也会有很多问题，例如缺乏原创性的发明、保护力度低、遭侵权现象严重等，都阻碍了专有权使用和特许服务贸易的出口。但是如果能提升整体水平，发展专利使用权和特许服务，就会成为新的经济增长点。这需要北京市政府、各行业及企业本身的共同努力。需要政府的扶持，政策的保护，相关产业的支持，同时也需要企业提高自身创造水平，拓宽海外市场。伴随着知识经济与信息技术的进步而产生的专利使用和特许服务贸易，会改变北京传统服务业的格局，提升首都经济建设的价值，从而带动全国服务贸易的发展。

参考文献：

[1] 蒋珠燕．我国知识密集型服务贸易发展现状及对策建议［J］．对外经贸，2012（9），22-24，155.

[2] 宋丽娜．中国各服务行业贸易竞争力比较分析［J］．对外经贸．2012（2），30-32.

[3] 卫旭东，胡君茹．中国服务贸易国际竞争力研究［J］．国际商务研究，2011（3），22-28.

[4] 尹剑华，肖扬．提升我国服务贸易国际竞争力的对策研究［J］．湖南社会科学，2011（5），141-144.

[5] 牛瑞瑞．知识密集型服务业贸易结构和竞争力的实证研究［J］．中国科技论坛，2009（8），48-5.

中国承接IT离岸服务外包的现状及对策研究

王睿哲[1]　徐　枫[2]

摘要：中国的服务外包业起步晚、发展快，其中承接IT离岸服务外包推动了中国货物贸易向服务贸易的快速转型。但仍存在一些问题，如人才的缺失、政府扶持政策不够完善、知识产权保护力度有限、企业竞争能力有限、接包层次低端化、企业规模较小、资格认证缺位和大中城市发展落差大等。本文以拓宽人才的获得渠道、完善外包政策支持体系和提升企业竞争力为出发点，提出相应对策促进我国承接IT离岸服务外包业的发展。

关键词：中国；IT外包；影响因素；承接策略

1　中国承接IT离岸服务外包的现状

1.1　IT离岸服务外包的界定

我国在实施“千百十工程”的时候商务部提出了较权威的关于IT离岸服务外包的概念，“国际IT（离岸）服务外包”系指IT服务外包企业向境外客户提供IT服务外包业务。IT服务外包包括IT软件开发设计、IT技术研发、IT基础技术平台整合和管理整合等。

---

[1] 作者简介：王睿哲（1990-），女，北京联合大学商务学院国际经济与贸易专业学生。

[2] 作者简介：徐枫（1973-），女，副教授，博士，北京联合大学商务学院国际经济系教师，研究方向为国际贸易理论与政策、国际金融服务贸易。本文通讯作者。

1.2　中国承接 IT 离岸服务外包的接包现状

1.2.1　接包的区域现状

1. 大城市成为接包主体

2009 年由国务院确定了北京、天津等 21 个城市成为中国服务外包示范城市。因中国长期处于非平衡发展，导致近年来大城市成为接包主体，IT 服务外包存在区域差异。以 21 个服务外包示范城市为代表，优势差异十分明显。如图 1 所示，大中城市成为承接 IT 离岸服务外包合同的主力军，业务占据全国的半壁江山。

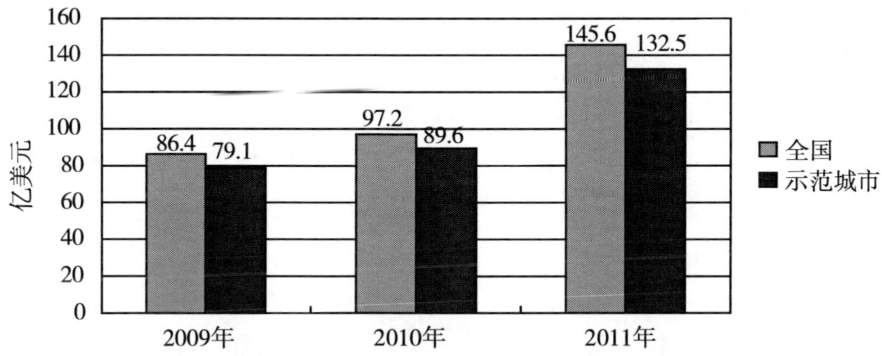

图 1　2009—2011 年全国与示范城市 IT 离岸服务外包合同执行额

资料来源：图内数据来源于中国服务外包网整理.

从图 1 中可以看出近 3 年来示范城市已经成为 IT 离岸服务外包的主要接包方。示范城市 IT 离岸服务外包合同执行额年均占比均超过 90%。

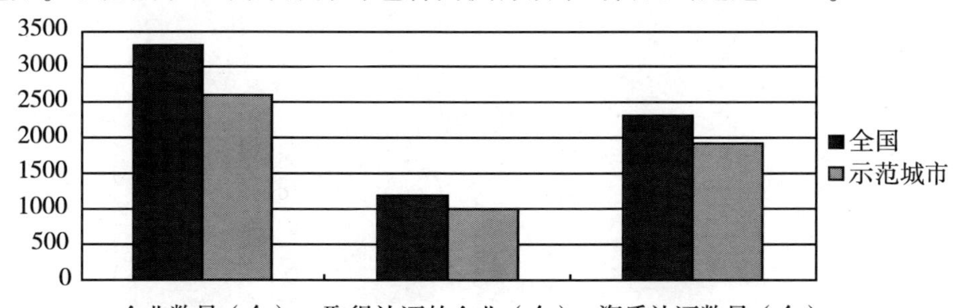

图 2　2010 年大中城市 IT 服务外包主要指标差异

资料来源：中国外贸发展战略研究［M］. 北京：中国商务出版社，2010（12）.

由图2可以看出示范城市在企业数量、取得认证的企业数量和资格认证的数量这些影响IT服务外包的主要因素上占有较大的优势，分别占全国的78.7%、82.6%和83.2%。

2. 承接IT服务外包区域集聚化

表1　中国服务外包主要承接地

中国服务外包主要承接地	国际合同执行金额占比
环渤海湾	以北京大连中心，国际合同执行金额占22.1%
长三角	以上海为中心，国际合同执行金额占64.7%
珠三角	以广州深圳为中心，国际合同执行金额占4.7%
中西部	以西安、成都、武汉为中心，国际合同执行金额占8.5%

资料来源：中国外贸发展战略研究［M］. 北京：中国商务出版社，2010（12）.

由表1可以看出中国服务外包的主要承接地位于环渤海湾、长三角、珠三角和中西部，以长三角地区为例，其占比高达64.7%，良好的基础设施和丰富的人才资源是其优势。

1.2.2　**接包的业务现状**

近10年以来中国IT服务外包市场规模呈逐年稳步增长趋势，由2001年的1.8亿美元递增到2011年的61.7亿美元。近5年以年均35.5%的年增长率持续上涨，如图3所示：

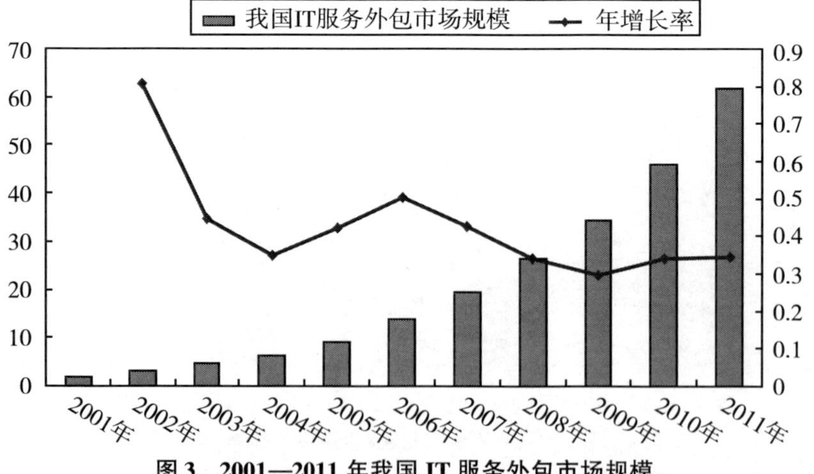

图3　2001—2011年我国IT服务外包市场规模

数据资源：中国服务外包网整理.

1.3　中国承接 IT 离岸服务外包的国际市场现状

1.3.1　市场份额现状

1. 全球市场份额现状

虽然我国在 IT 离岸服务外包国际市场中已经站稳脚步，但中国承接 IT 离岸服务外包的市场份额还是占比有限。想要超越印度成为“世界办公室”还是有很大的差距。

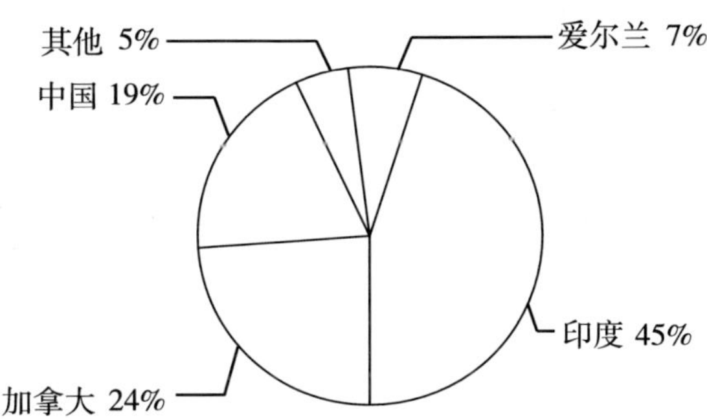

图 4　2008—2011 年 IT 离岸服务外包市场份额

数据来源：根据《埃森哲——中国服务外包报告》整理.

由图 4 可以看出 2008 年到 2011 年中国虽然在 IT 离岸服务外包市场上占有一席之地，但是与世界第一大服务外包承接国印度相比还是相差甚远。

2. 执行合同现状

全球的产业结构在 2008 年金融危机后开始改变。离岸 IT 服务外包合同执行额由 2008 年的 32.1 亿美元增加到 2011 年的 145.6 亿美元，中国已经成为仅次于印度的全球第二大服务外包接包国。如下表 2 所示：

表 2　2008—2012 年中国承接 IT 离岸服务外包合同概况

	承接离岸服务外包合同	其中：IT 离岸服务外包的合同		
	执行金额	执行金额	占比	增长
2008 年	46.9 亿美元	32.1 亿美元	68.40%	192.6%
2009 年	138.4 亿美元	86.4 亿美元	62.42%	139.15%
2010 年	156.8 亿美元	97.2 亿美元	60.20%	12.50%
2011 年	238.3 亿美元	145.6 亿美元	61.10%	49.79%
2012 年 1—9 月	211.8 亿美元	127.5 亿美元	60.20%	45.90%

数据来源：中国服务外包网总结.

2010 年全球 IT 服务外包合同的执行额同期呈现下降。虽然金融危机对我国 IT 服务外包行业有所影响，但是 2010 年我国 IT 离岸服务外包仍为正向增长。

2012 年 1—9 月全国服务外包企业承接 IT 离岸服务外包合同金额同比增长 36.4%，执行金额同比增长 45.9%，远远超过同期货物贸易出口增速。

1.3.2　客户分布现状

我国承接 IT 服务外包的离岸市场构成相对集中，以美国市场和日本市场作为发包国的主力军。初期中国承接 IT 离岸服务外包市场曾一度以日本为主。2008 年到 2012 年我国承接 IT 离岸服务外包的客户构成有所改变，美国和欧盟的发包增长率远高于日本的增长率。美国已取代日本成为我国主要 IT 离岸服务外包的发包国。如表 3 所示：

表 3　2008—2011 年中国承接 IT 服务外包客户构成

年份	客户构成
2008 年	日本占 31%、美国 25%、港澳台 13%、欧洲 8%、新加坡 2%、韩国 2%、加拿大 1% 其余为 18%
2012 年 1—9 月	承接美国（58.1 亿美元）、欧盟（32.7 亿美元）日本（31 亿美元）合计占全部离岸合同执行额的 57.5%

数据来源：中国服务外包网.

欧美市场相对成熟，发包业务覆盖面广泛，因此欧美的外包业务增长较快，已经超越日本成为中国最主要的离岸业务来源地。而日本由于地震及经济下滑的影响，外包业务增速放缓。

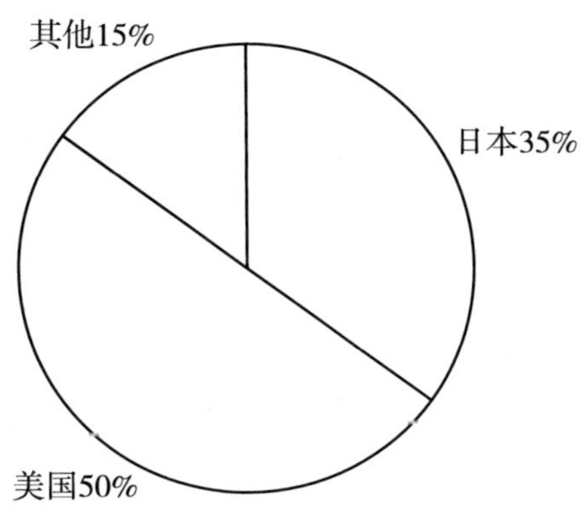

图 5　2011 年中国 IT 离岸服务外包的市场构成

数据来源：中国服务外包网整理.

2011 年中国承接 IT 离岸业务中，美国以 50% 的份额为我国首要的发包国，欧洲发包也逐渐增加。欧美市场和本土市场的飞速增长早已远远超越日本市场的增长率。

1.3.3　分工地位现状

我国承接 IT 离岸服务外包行业起步晚，以日本为例，日本能够作为总接包商承接大型客户系统开发的企业只有 30 多家，如 NEC、SONY 等。这些企业控制高端业务，将其中技术含量较小的低端业务如编程、测试工作、数据录入系统测试等发包给中国等邻近国家，这些业务无法提高中国整体 IT 离岸服务外包接包企业的各方面能力、技术学习等，只能做到总量支撑的作用。

2　中国承接 IT 离岸服务外包存在的问题

2.1　人才供给的瓶颈

人才是 IT 离岸服务外包的核心要素，IT 人才的规模和技术水平是国际 IT

服务外包中首要的决定因素。中国作为仅次于印度的第二大服务外包承接地，IT 人力资源成本是中国承接国际 IT 服务外包最为显著的优势之一，但是中国 IT 人才的供给存在严重的问题。

我国 IT 综合性人才严重缺失，其中三部分主要人才不能满足市场需求。

1. 缺乏熟练应用外语的人才。在全球 IT 服务外包市场上美国、日本、欧洲等国是主要的发包方，仅来自美国的发包量就占我国每年 IT 离岸服务外包总量的 50%。良好的沟通能力是提供高效服务的首要前提。语言沟通的障碍将是对我国承接来自欧美的 IT 服务外包的最大问题，可导致来自欧美的 IT 离岸服务外包业务大量流失。

2. 缺乏复合型高端管理人才。中国的 IT 服务外包人才多以中端人才为主，极其缺乏高端管理人才。高端管理人才在企业中起领导作用，指导企业未来的发展导向，又具备技术知识和管理能力。中国的 IT 服务外包行业人才分布是菱形的，低端技术人员和高端管理人员都是匮乏的。只有形成金字塔形的人才分布才能更好地运营企业发展业务。

3. 缺乏创新型人才和应用型人才。IT 技术更新换代快，自主创新型人才对行业的发展起到决定性作用，中国传统式教育重理论轻实践特点导致与企业对口的应用型人才也相当匮乏。

2.2 制度体系的缺位

2.2.1 政府扶持政策不够完善

中国政府从近几年也开始支持软件服务外包业，制定并实施了一系列鼓励支持该行业发展的优惠政策。以 2006 年 "千百十工程" 等主要的优惠在于税收。但是优惠的对象仅针对软件企业。而 IT 服务外包企业中很多仅做服务外包企业便不在优惠范围内。IT 离岸服务外包占服务外包总额 60% 以上，占据重要地位，针对 IT 服务外包有实质帮助的政策还很有限。

2.2.2 知识产权保护力度有限

众所周知，中国是一个高盗版率的国家，但是 IT 离岸服务外包行业是知识密集型行业，知识产权是决定一国 IT 服务外包的重要决定因素。

中国一近年来看到了知识产权保护对 IT 服务外包的重要性，采取了一系列的措施保护。但是还存在诸多问题，国民的知识产权保护意识薄弱，国内 IT 行业对知识产权保护处于松散管理。这使 IT 服务外包中重要的外包业务很难被吸引到中国。中国缺乏一套与国际知识产权相关法律所接轨配套的知识产权保护法。这种情况，不但无法保证发包方的知识产权安全，对作为承接方中国 IT 服务外包企业也会因为法律结构不健全而遭受损失。

我国目前对应 IT 产品权利义务关系的法律主要有《著作权法》和《计算机软件保护条例》，但这两项法律对 IT 产品的保护存在缺陷：两项法律对于延及思想、工艺、操作方法或数学概念本身不确认为抄袭。但作为知识密集型产业的 IT 行业，其构思技巧和技术方案恰是其产品的精髓，因此存在明显缺陷。

2.3 企业竞争力有限

2.3.1 接包层级低端化

20 世纪 90 年代起我国开始承接 IT 离岸服务外包业务，直至 2003 年才开始飞速发展起来。因为知识产权保护力度不够等原因，我国承接到来自欧美的订单多以低端化为主。而所承接的来自日本业务中，一般都是利用中国廉价的劳动力，业务主要以系统的编程、板块的编程、数据录入等低端业务为主。

2.3.2 企业规模较小

我国企业普遍规模小。以我国排名前 5 的东软集团为例，其 2010 年底全部从业人员仅有 2 万余人，而印度全球最大的 IT 服务公司——塔塔公司（TCS）拥有 16 万员工。据商务部统计，截至 2011 年底，全国共有服务外包企业 16939 家，其中 2011 年新增服务外包企业 4233 家。平均每家规模 500 万美元左右，但我国前 10 名离岸 IT 服务外包厂商产值占只占全部市场份额的五分之一。国内服务外包企业规模小，集中度低，导致订单分散、客户不稳定等问题。

2.3.3 资格认证缺位

1. 资格认证不全面

截止到2010年底，全国企业获得各类国际认证共计6 632个，其中六项国际资质认证2 810个（主要包括CMMI、CMM、PCMM、ISO2001、SAS70、ISO27001六类）。其中中国服务外包企业在审计、人力资源等方面的管理制度与国际标准还存在一定距离，人力资源成熟度模型（PCMM）和美国会计师协会审计标准（SAS70）认证的企业较少。

2. 认证等级低

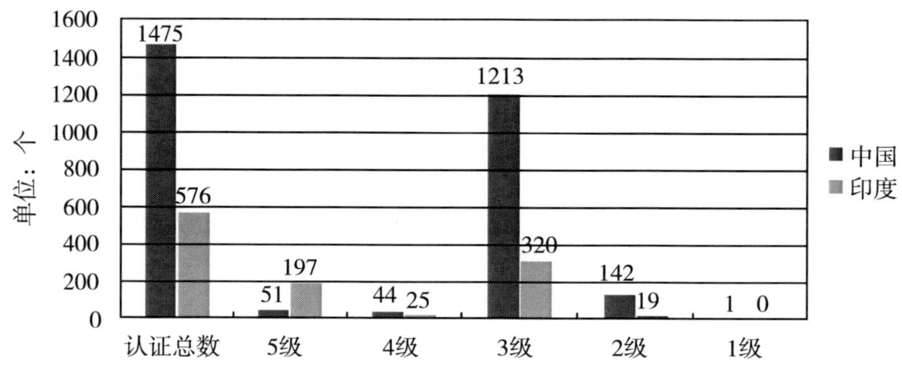

图6 2010年中国与印度CMM/CMMI认证比较

数据来源：根据中国服务外包网整理.

以CMM/CMMI认证为例，由图6可以看出中国通过CMM/CMMI（能力成熟模型）认证企业总数虽然是印度的两倍，但是明显可以看到认证等级普遍不高。中国企业是三级认证数多，通过第四级“可管理级”仅有25家，占1.7%，而通过五级“优化级”认证的仅为51家占中国认证企业总量的3.45%，印度则高达34%。

2.4 环境层面，大中城市发展落差较大

以21个示范服务外包城市为例，服务外包承接地优惠支撑政策对城市竞争力的影响较大。从表4可以看出服务外包示范城市综合竞争力差距颇大。第

一名北京与最后一名合肥相差 83 名之多，由此可见大中城市在 IT 服务外包人才、资源配置、自主创新等方面差距颇大，导致在接包量和层次、附加值上区分明显。

表 4　2011 服务外包示范城市竞争力排名

城市	北京	上海	深圳	广州	南京	大连	苏州	无锡	重庆	杭州	成都
排名	1	2	4	5	7	8	9	11	71	15	16
城市	武汉	天津	厦门	长沙	大庆	西安	济南	哈尔滨	南昌	合肥	
排名	17	19	21	27	28	30	35	37	71	84	

数据来源：根据中国经济社会发展研究中心相关数据整理.

3　促进 IT 离岸服务外包发展的策略

3.1　拓宽人才获得的渠道

拓宽人才获得渠道的方法有两个方面，首先中国 IT 教育界不论是高等院校还是职业教育，必须对 IT 人才培养的模式进行优化改进。其次便是加强吸引留学生和外籍 IT 人才来中国。

3.1.1　建立培养综合性人才的培训体系

承接 IT 服务外包的人才是发展 IT 离岸服务外包的支撑。建立完善的人才培训体系尤为重要。如重点高校应培养现在 IT 服务外包业严重缺乏的高级管理应用人才。而普通高校、专业培训机构应加大对专业性人才的培养，注重实践与企业接轨，使得处于 IT 服务外包行业人才“金字塔”底端的技术应用人才更加扎实并与企业所需相适应。同时政府、企业应深度参与院校人才培养和人才交接合作中来，例如社会共同办学、订单培养、实习实训基地共建、产学研成果转化等。这将使中国 IT 服务外包企业持续提供充足的高素质、实用型人才，助力服务外包产业健康快速发展。

3.1.2　制定相关政策吸引留学生和外籍 IT 人员

中国首先应建立 IT 留学人员归国的相应鼓励措施，使得留学生可以在中国享受舒适的工作环境和待遇。对其实行优惠制度，对海归优秀人才及其家属子女的医疗、教育等方面给予保证。

其次，扩大对国外留学生的招生政策。中国每年出国到海外留学的人数远远超过自海外到中国留学的学生人数。制定相应的奖学金政策，政府加大对校园的环境政策，促进留学生适应中国习惯了解文化历史，使其对中国留有美好印象更有利于留住外来留学生在中国就业发展。

最后提高城市国际化，使城市与国际接轨，国际化越高吸引外籍人员就业程度越高，如北京、上海等城市国际化水平高，各项待遇、医疗环境等优势吸引更多外籍人员就业。

3.2 完善外包政策支持体系

我国政府应进一步开放 IT 服务业市场，将承接 IT 离岸服务外包作为吸收外商投资的新方式，促进承接 IT 离岸服务外包业务，从中学习国际 IT 服务外包业的新概念理论，加强本国 IT 服务外包业的发展。

完善服务外包业的税收体系，加大税收优惠从而吸引更多的 IT 服务外包跨国公司投资中国市场。并且对 IT 服务业而不是单单的软件外包企业制定优惠政策。

创建完善的服务外包信息公共平台，并且系统化地统计服务外包数量、金额等并且细化到各个行业。与货物贸易一样，形成完善的统计制度才能更好地了解中国服务外包业的发展趋势和不足，进而制定改善的方法和对策，对于服务外包企业来说也是良好的指向标，而不是完全依赖于国外咨询公司的统计。

3.2.1 城市定位明晰化

目前中国发展了 21 个国家级的服务外包示范城市，优先支持其发展服务外包为基础形成集群效应带动其他城市发展。但是大中型城市间差异较大，发展不平衡，明确城市的定位显得尤为重要。

表 5　21 个服务外包示范城市核心优势差异

核心优势	城市	具体说明
综合竞争优势	北京、上海、广州	(1) 综合商务环境好 (2) 集聚跨国公司地区总部 (3) 大量的人才库与可大规模利用的基础设施
地区地缘优势	天津、苏州、南京、无锡、杭州	(1) 较强的制造业基础 (2) 比邻区域中心城市并具有一定的成本优势 (3) 人力资源丰富
离岸地缘优势	大连、深圳、厦门	(1) 与发包方市场紧密的历史和文化联系 (2) 发包方市场特有的语言能力
成本优势	西安、合肥、重庆、成都、武汉、南昌、济南	(1) 人力资源丰富且具有明显成本优势 (2) 运营成本等方面优势突出
专业化优势	哈尔滨、长沙、大庆	(1) 专业化的技能与人才 (2) 围绕优势产业形成的特色服务外包

资料来源：中国外贸发展战略研究［M］．北京：中国商务出版社，2010（12）．

大中型城市如北京、上海、深圳等一线城市人力成本高于其他城市，但是人力资源丰富，并且不乏高端 IT 服务外包人才。这样的城市适合定位于高端 IT 服务外包市场，加强其研发创新促进承接国际高端 IT 服务外包业务。

而合肥、西安等城市的优势在于 IT 人才资源丰富并且成本低，应发展技术含量相对低、规模较大的一些低端软件编程与开发、测试以及技术支持等环节。

由此可见，利用大中城市间的优势互补，寻求最大化地利用资源，明确城市分工，实现利润最大化，能最终促使中国 IT 离岸服务外包行业良性发展。

3.2.2　知识产权保护法制化

中国承接 IT 离岸服务外包业受到知识产权问题的影响巨大。制定相应的知识产权保护体系，明确法律法规是改善 IT 服务外包与国际接轨的重要措施。

IT 离岸服务外包的发展必须拥有比较完善的法律环境保障，信息安全成为国际 IT 服务外包发包企业首要关注的要点。建立健全的知识产权评估系统，让知识产权透明化，加剧竞争促使各企业重视自身的知识产权保护。政府应加大对违反知识产权相关法律的企业和个人的处罚力度，参照其他各国相关法律法规形成国际化的中国知识产权保护体系。

3.3 提升企业的竞争能力

目前随着国际竞争逐渐增强，全球有很多和中国竞争 IT 服务外包产业的国家在慢慢兴起，提高中国 IT 服务外包企业的竞争能力应受到关注。中国 IT 服务外包产业自身的竞争力成为主导因素，我国应不断加强离岸 IT 服务外包企业的技术创新和提升运营管理水平。

3.3.1 提升企业自身竞争意识

我国承建 IT 离岸服务外包的企业在其自身的企业规模、品牌形象、服务质量上还与国际领先企业有一定差距，需要从经营理念、运营效率和成本、管理创新、服务质量和国际认证等方面作为切入点增强服务外包企业的核心竞争能力。首先，企业应积极树立服务意识。单纯靠低价格的竞争策略已经无法使我国的 IT 服务外包业进一步提升，以客户为出发点，为客户提供完善的个性化服务才可以吸引更多企业发包。其次完善企业的服务外包质量保证。迈向国际 IT 服务外包市场需要通过国际公认的认证资格，作为硬件条件通过 IS09000 质量认证和 CMM/CMMI 等认证，才有能力承接更加高端的国际 IT 服务外包业务。

3.3.2 推广国际认证资格

权威性的国际认证是打开我国承接 IT 离岸服务外包行业大门的通行证。中国 IT 服务外包企业应从思想上认可开展国际认证工作是必经之路。首先应由政府制定相应法律法规加强国际认证的监管力度，并对通过认证的企业有所奖励。然后应建立检验平台机构，使检验公开透明权威化，制造良好的国际声誉。像中国的 CQC、CCC 等应加强监管力度，并且与国际惯例相接轨才能得到世界认可。

3.3.3 推动构建产业集群

我国 IT 服务外包企业存在普遍规模小、抗风险能力差等特点。在承接 IT

离岸服务外包的业务时，发包方为了节约成本、降低风险，往往会选择规模大、有影响力的大型 IT 服务外包企业，其抗风险能力也相对较强。另外企业规模越大，越可以充分资源配置，节约自身成本。因此提高 IT 服务外包企业之间的合作应该引起重视。

企业可以通过兼并、收购或者是合作等方式加强企业之间的资源流通，使得资源最大化的被利用，形成大企业带动小企业发展的产业集群效应。

4 结论

根据中国 IT 离岸服务外包的迅速增长，找出其中存在的问题，加强对知识产权的保护、对企业自身能力的提升等是促进中国 IT 离岸服务外包的未来发展之路。

参考文献：

[1] 郑若愚，郑玲．我国承接离岸 IT 服务外包的现状研究［J］．商业经济，2011（12）：5-10.

[2] 沈娟．中国承接国际 IT 服务外包问题与对策研究［D］．合肥：安徽大学，2010.

[3] 王军强．中印承接国际服务外包的比较分析［J］．经济研究导刊，2012（4）：171-173 .

[4] 王晓红，李耀辉．我国软件与信息服务外包的发展及趋势分析［J］. WTO 时代经贸，2011，(12)：68-76.

[5] 王淑蓉，王长元，王建国．软件服务外包人才培养模式研究［J］．价值工程，2012（10）：256-257.

我国运输服务贸易的现状及发展对策

洪思颖[1]

摘要：运输服务贸易作为传统的服务贸易重要部门之一，其国际地位在日益提高。我国运输服务贸易发展呈现出贸易额迅速增长、运输服务贸易占服务贸易比重相对平稳、海洋运输逐渐成为我国重要运输方式等现状特征。然而，我国运输服务贸易逆差较大、国际竞争力相对较弱，运输服务贸易企业运营情况较差等因素也在制约着我国运输服务贸易的发展。因此，从宏观和微观两个角度出发，就我国运输服务贸易发展过程中出现的问题制定出相应的发展策略就显得十分必要。宏观角度，要加快基础建设，提高承运能力，同时应优化运输服务贸易管理体制；微观角度，我国应综合提升运输服务贸易的竞争力，并加快运输服务贸易人才的培养工作，同时运输服务贸易相关企业要通过多种方式建立健全运输服务企业服务网络等。本文意在期望通过这些发展策略，能进一步促进我国运输服务贸易的快速发展。

关键词：运输服务贸易；现状；问题；发展对策

1　我国运输服务贸易的现状及问题

1.1　运输服务贸易定义

自从乌拉圭回合多边贸易谈判以后，服务贸易便成为国际贸易的一个新型议题。1995 年 1 月 1 日正式生效的《服务贸易总协定》将服务贸易定义为：

---

[1] 作者简介：洪思颖（1991–），女，北京联合大学商务学院国际经济与贸易专业学生，指导教师张宇馨。

指服务的提供者从一国境内，通过商业存在或自然人存在向服务的消费者提供服务，并获取外汇收入的一种交易行为。[1] 其中，运输服务贸易作为服务贸易中的一种，主要是指以国际运输服务为交易对象的贸易活动，即贸易的一方为另一方提供运输服务，以实现货物或人等在空间上的位移或转换。[2]

1.2 我国运输服务贸易发展现状

1.2.1 我国运输服务贸易快速发展

随着我国经济的不断发展，我国的服务贸易也得到迅猛发展，服务贸易中的各部门都有快速的发展，其国际地位不断提高。

我国服务贸易出口主要集中在旅游、运输、保险及其他商业服务。近些年，我国运输、旅游、保险和其他商业服务贸易的出口都有明显的发展，发展规模在不断扩大。从表1中可以看出，2001—2010年，各类服务贸易的整体发展都呈现出快速的增长，因此我国服务贸易整体水平在不断地提高，快速地发展。

表1 2001—2010年各类服务贸易进出口情况一览表

单位：亿美元

年份	运输		旅游		保险		其他商业服务	
	出口方	进口方	出口方	进口方	出口方	进口方	出口方	进口方
2001	46	113	178	139	2	27	72	57
2002	57	136	204	154	2	32	88	49
2003	79	182	174	152	3	46	151	65
2004	121	245	257	197	4	61	183	85
2005	154	284	293	218	5	72	169	94
2006	210	344	339	243	5	88	197	113
2007	313	433	372	298	9	107	269	182
2008	384	503	408	362	14	127	260	231
2009	236	466	397	437	16	113	247	188
2010	342	633	458	549	17	158	356	172

资料来源：根据国家外汇管理局相关资料整理。

[1] 王友韦．我国运输服务贸易国际竞争力研究［D］．北京：中央财经大学，2008：8.

[2] 王中涛．中国运输服务贸易国际竞争力分析［D］．长春：东北师范大学，2010：3.

运输服务贸易作为我国传统服务贸易的重要项目之一，在 2001—2010 年，其发展呈现出快速增长趋势。由表 1 可以看出，自 2001 年到 2010 年，我国运输服务贸易进出口有了明显的发展。中国运输服务贸易进出口总额从 159 亿美元增长到 975 亿美元，年均增长率为 22.32%。

同样的，我国运输服务贸易的出口额从 2001 年的 46 亿美元增长到 2010 年的 342 亿美元，占整个服务贸易出口总额的比重由 2.37% 增长到 17.61%，是我国仅次于旅游的第二大服务出口部门；我国运输服务贸易进口额从 2001 年的 113 亿美元增长到 2010 年的 633 亿美元，占整个服务贸易进口总额的比重由 3.38% 增长到 18.96%，运输服务贸易进口超过旅游服务，成为我国最大的服务贸易进口部门（见图 1）。通过分析数据表明，我国运输服务贸易的发展连续十年呈现不断快速增长的趋势。

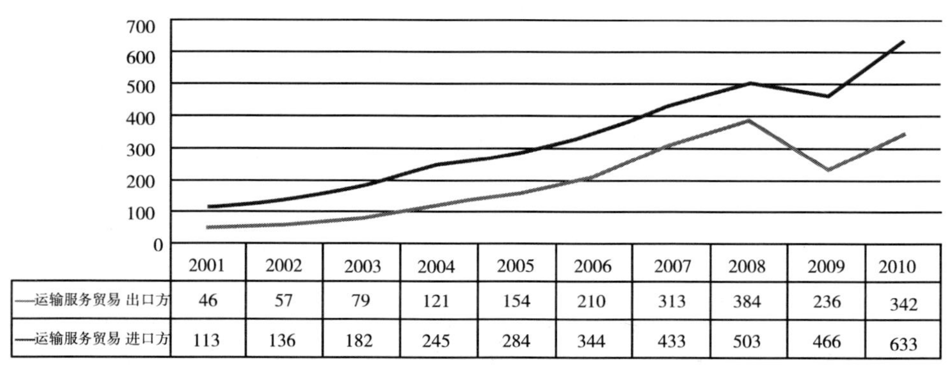

	2001	2002	2003	2004	2005	2006	2007	2008	2009	2010
—运输服务贸易 出口方	46	57	79	121	154	210	313	384	236	342
—运输服务贸易 进口方	113	136	182	245	284	344	433	503	466	633

图 1　2001—2010 年中国运输服务贸易进出口情况　（单位：亿美元）

资料来源：根据国家外汇管理局相关数据整理制图。

1.2.2　在服务贸易中比重呈平稳状态

随着我国服务贸易的迅速发展，我国运输服务贸易发展规模不断扩大，出口规模也日益增加。但是总体来看，我国运输服务在整个服务贸易中所占的比重处于稳步发展状态，并没有太大的变化。

由图 2 可以看出，从我国运输服务贸易出口角度来看，2001 年到 2010 年，在这十年期间，我国运输服务贸易在服务贸易中的占比有过几次比较明显的波动，而后又趋于平稳。尤其是 2002 年至 2007 年，这五年当中运输服务贸易的占比相对来说是较大的。总体来看，我国运输服务贸易占整个服务贸易的比重基本上是一直徘徊在32%上下的。

从我国运输服务贸易进口角度来看，2001年至2008年，随着时间的推移，我国运输服务贸易的占比呈现上升趋势，但是由于受到2008年金融危机的影响，导致2009年占比出现较大幅度的下降；而运输服务贸易出口则保持相对平稳的状态，并无太大的波动（见图2）。

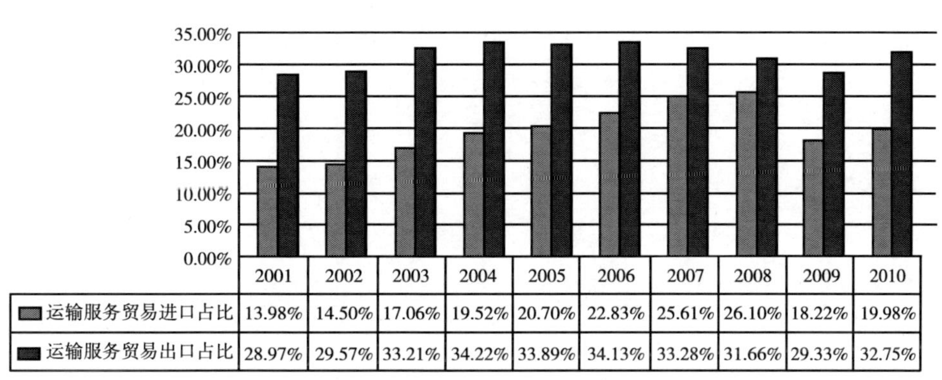

	2001	2002	2003	2004	2005	2006	2007	2008	2009	2010
运输服务贸易进口占比	13.98%	14.50%	17.06%	19.52%	20.70%	22.83%	25.61%	26.10%	18.22%	19.98%
运输服务贸易出口占比	28.97%	29.57%	33.21%	34.22%	33.89%	34.13%	33.28%	31.66%	29.33%	32.75%

图2　2001—2010年中国运输服务贸易占服务贸易的比重（单位:%）

资料来源：根据国家外汇管理局相关数据整理.

虽然我国运输服务贸易在整个服务贸易中的比重保持相对平稳状态，但是从数据中不难发现，运输服务贸易作为我国服务贸易最主要的部分之一，能保持相对较高的比例，这说明了运输服务贸易的地位得到了很大的提高，在我国对外贸易中的重要性越来越大。

1.2.3　海洋运输贸易比重呈增长趋势

在运输服务贸易中，根据运输服务的方式不同，可以分为海洋运输服务、航空运输服务、公路运输服务、铁路运输服务、管道运输服务和国际多式联运服务等。但在以上各种运输方式中，海洋运输服务是我国主要的运输方式，占据着主体地位。在我国进出口货运总量中，海洋运输的比重高达80%—90%。我国的海运出口占运输服务贸易总出口的份额由2001年的43.4%增长到2009年的62.8%，上升了近20个百分点，说明海运运输在运输服务贸易中占有重要地位。2009 年，空运出口占到了 26.7%，其他运输占比 10.5%，空运和其他运输在运输服务贸易出口中的比例逐年减小。海运进口份额由 2001 年的 60.9% 增长到了 2009 年的 77.8%，占有绝对重要的地位（见表 2）。

表 2　我国运输服务贸易构成的百分比变动情况

项目＼年份	2001	2002	2003	2004	2005	2006	2007	2008	2009
海运出口	43.4%	44.0%	50.9%	54.9%	57.4%	59.6%	63.4%	66.2%	62.8%
空运出口	27.4%	28.9%	24.6%	25.5%	25.2%	24.3%	23.2%	21.0%	26.7%
其他运输出口	29.2%	27.1%	24.5%	19.6%	17.4%	16.0%	13.3%	12.8%	10.5%
海运进口	60.9%	61.9%	72.0%	75.7%	76.5%	75.3%	81.2%	80.7%	77.8%
空运进口	20.9%	25.7%	20.1%	17.4%	16.8%	17.8%	13.5%	14.0%	15.2%
其他运输进口	18.2%	12.4%	7.9%	7.0%	6.8%	6.9%	5.3%	5.3%	7.0%

资料来源：摘自程莹、逯建的《中国运输服务贸易国际竞争力测度与比较——基于 EBOPS 统计的分析》.

1.3　我国运输服务贸易存在的问题

1.3.1　我国运输服务贸易逆差较大

虽然我国运输服务贸易规模逐年扩大，但较之世界发达国家比较落后，较之我国的货物贸易发展也相对滞后，运输服务贸易始终处于高额逆差状态。

从表 3 可知，我国运输服务贸易出口额 2010 年相比 2001 年增长了 638.10%，年均增长率为 24.87%；同期运输服务贸易的进口额增长了 458.56%，年均增长 21.06%。虽然运输服务贸易出口连年快速增长，但却连年出现巨额贸易逆差。数据显示 2001-2006 年间，我国运输服务贸易逆差呈逐步扩大的趋势，只有在 2007-2008 年有明显的回落，逆差额在 119 亿美元左右，但 2010 年逆差数额又达到历史最高点 290.46 亿美元。并且几乎连续 10 年运输服务贸易逆差比当年全国服务贸易的差额还要大。虽然 2009 年比同期服务贸易差额要小，但却是我国运输服务贸易逆差同比扩大的最大值。并且近十年来，每年运输服务贸易的逆差均超过了当年服务贸易的总逆差。

表 3　中国 2001—2010 年服务贸易与运输服务贸易一览表

单位：亿美元

年份	服务贸易			其中：运输服务贸易		
	出口额	进口额	贸易差额	出口额	进口额	贸易差额
2001	329.01	390.32	-61.31	46.35	113.25	-66.90
2002	393.81	460.80	-66.99	57.20	136.12	-78.92
2003	463.75	548.52	-84.77	79.06	182.33	-103.27
2004	620.56	716.02	-95.46	120.68	245.44	-124.76
2005	739.09	831.73	-92.64	154.27	284.48	-130.21
2006	914.21	1003.27	-89.06	210.15	343.69	-133.54
2007	1216.54	1292.54	-76.00	313.24	432.71	-119.47
2008	1464.46	1580.04	-115.58	384.18	503.29	-119.11
2009	1285.99	1581.07	-295.08	235.69	465.74	-230.05
2010	1702.48	1921.74	-219.26	342.11	632.57	-290.46

资料来源：根据国家商务部服务贸易统计；WTO database.

1.3.2　我国运输服务贸易国际竞争力较弱

国际上常用贸易竞争力指数即 TC 指数测定衡量一国某一产业的国际竞争力的大小。TC 指数数值范围在-1 与 1 之间。

指数值越接近 0 表示竞争力越接近于平均水平，说明与国际水平相当，进出口相对是与国际间进行品种互换；指数值越接近于 1 则说明国际竞争力越强；等于 1 时则表示该产业只出口不进口；指数值越接近于-1 时，则表明国际竞争力越薄弱；等于-1 则意味着该产业只进口不出口。❶

从表 4 可见，我国服务贸易与运输服务贸易的竞争力指数值均长期在低于 0 的负数值区域内徘徊。

❶ 谢少安. 我国国际运输服务的现状与对策［J］. 中国商界（下），2010（10）：132.

表 4　2001—2010 年中国服务贸易与运输服务贸易竞争力指数

年份	2001	2002	2003	2004	2005	2006	2007	2008	2009	2010
服务贸易	-0. 08	-0. 08	-0. 08	-0. 07	-0. 05	-0. 05	-0. 03	-0. 04	-0. 01	-0. 13
运输贸易	-0. 42	-0. 41	-0. 4	-0. 34	-0. 29	-0. 24	-0. 20	-0. 23	-0. 33	-0. 3

资料来源：摘自丁婧的《中国服务贸易竞争力分析——基于贸易竞争力指政的评价》和王中涛的《中国运输服务贸易发展的国际竞争力评价指数分析》.

从表 5 中我们能看出，中国是其中竞争劣势最大的国家。历年来中国的 TC 指数值一直为负，并且在这些国家中是最低的，这说明我国出口竞争力很弱，与丹麦、韩国等世界运输服务贸易强国比有较大的差距，在国际运输市场上仍处于不利的竞争地位。

表 5　2001—2008 年各国运输服务贸易的贸易竞争力指数（TC）

国家＼年份	2001	2002	2003	2004	2005	2006	2007	2008
美国	-0. 14	-0. 12	-0. 16	-0. 17	-0. 17	-0. 15	-0. 13	-0. 17
德国	-0. 1	-0. 11	-0. 12	-0. 09	-0. 06	-0. 1	-0. 08	-0. 1
日本	-0. 13	-0. 11	-0. 09	-0. 1	-0. 06	-0. 06	-0. 07	-0. 08
丹麦	0. 11	0. 13	0. 13	0. 14	-0. 0006	0. 16	0. 11	0. 09
英国	-0. 12	-0. 15	-0. 12	-0. 07	-0. 06	-0. 08	-0. 07	-0. 09
法国	0. 02	0. 02	0. 01	-0. 07	-0. 07	-0. 06	-0. 04	-0. 08
韩国	0. 11	0. 08	0. 12	0. 12	0. 08	0. 05	0. 13	0. 07
新加坡	-0. 04	0. 05	0. 002	-0. 03	-0. 03	-0. 04	-0. 02	-0. 05
中国	-0. 42	-0. 41	-0. 4	-0. 34	-0. 3	-0. 24	-0. 20	-0. 23

资料来源：表格内数据来源于 WTO Statistics Database，部分数据资料摘自李芳的《我国运输服务贸易国际竞争力的测度与比较》.

结合表 5、图 3 信息，我们还应看到，我国运输服务贸易的 TC 指数呈上升趋势，并且在 2007 年达到了顶峰，其负数值越来越小并越来越趋近于 0，说明我国运输服务贸易的国际竞争力正在逐渐增强。

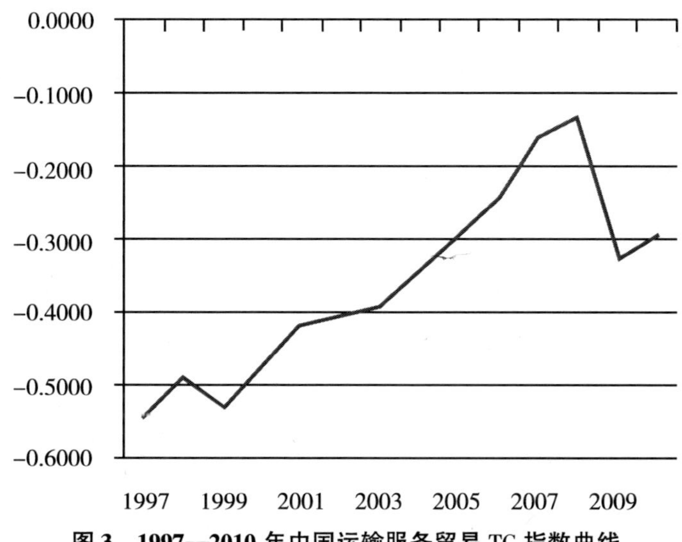

图3 1997—2010年中国运输服务贸易TC指数曲线

资料来源：根据《中国国际收支平衡表》相关数据整理制图.

1.3.3 我国运输服务贸易企业运营情况较差

我国运输服务贸易企业与国际上先进的运输企业相比，规模相对较小、核心竞争力也相对偏低。尤其是在2008年金融危机以后，我国运输服务贸易企业的经营状况令人担忧，呈现出下降趋势。2009年更是运输服务贸易企业的“寒冬”时期，运价降低、订单减少，运输服务贸易企业运营业绩出现大幅下降甚至亏损。

因为国际间90%的进出口货物是通过海洋运输方式运输的，所以选取沪深上市的八大国际海运企业作为样本，以其公布的三季报的主要财务数据列表(详见表6)，观察发现表现不尽如人意。从表6中我们可以看出，每股收益的同比增长率全部为负值，都是负增长。并且负增长比率都在50%以上，其中业绩下滑幅度最少的是外运发展，为–63.52%，而中海集运同比出现的比率为–5058.93%，可谓是巨幅下降，同样的中国远洋也以–169.81%的负增长比率排在降幅的第二位。可见我国运输服务贸易企业竞争力亟待提高。

表 6　我国国际物流航运业上市企业 2008—2009 年每股收益一览表

上市企业	主要经营国际运输业务	2008 年每股收益（元）	2009 年每股收益（元）	2009 年同比增长
中海发展	油运、煤运	1. 5884	0. 3128	-80. 32%
外运发展	空运代理、快件	0. 6935	0. 2530	-63. 52%
招商轮船	油运、散货运输	0. 3600	0. 1000	-72. 22%
中运航运	铁矿石、散货运输	1. 1100	0. 0100	-99. 10%
长航油运	油运	0. 3701	0. 0030	-99. 16%
中海海盛	危险品、普通货运输	0. 2300	0. 0300	-86. 96%
中海集运	集装箱运输	0. 0112	-0. 5554	-5058. 93%
中国远洋	集装箱、散货运输	1. 0600	-0. 7400	-169. 81%

注：表格内数据资料部分转自《我国运输服务贸易存在的问题与对策》文章.

2　我国运输服务贸易问题的原因分析

2.1　我国运输服务贸易的基础设施较差

一个国家若想发展运输服务贸易，扩大运输服务范围，提高运输服务效率，必要的基础设施建设是必不可少的。而我国运输服务业起步晚，经过几十年的发展之后，量的方面获得了显著发展，但运输服务质量一直较差。

我国对物流运输的需求很大，但现代化运输装备不完善，运载工具短缺，以及其承运力不足都是造成我国运输服务贸易逆差大的原因，同时也是影响我国运输服务贸易国际竞争力的关键所在。

以海运为例，我国在海运服务上拥有地理环境和劳动力资源等比较优势，但是我国万吨级港口配套的运输服务贸易网络不是很发达，再加上其设施陈旧，船舶平均吨位小、技术水平低，装卸机械品种少、质量差、装卸效率低等，不能满足大规模装卸的需要，从而导致我国的运输服务贸易发展较为落后。

2.2 我国运输服务企业服务网络不够健全

运输服务贸易行业是一个服务行业，是联通买方、卖方和各种代理商的桥梁和纽带，因此，一个完备详细的运输服务贸易网络是现代化运输服务贸易行业所必备的。我国运输服务企业服务网络不够健全，几乎没有一家国际货运代理企业拥有完善的全球业务网络，多数国际货运代理企业没有国内业务网络。若一个企业既有内销需求又有外销途径，则可能要分别找寻合适的货运代理公司与之合作，而运输生产尚未形成规模化、网络化经营，现有的运输企业通信和管理手段也相对落后，这样既降低了效率，又提高了运营成本，也不利于我国运输服务贸易的长远发展。

2.3 我国运输服务贸易人力资源短缺严重

当今我国运输服务贸易行业的竞争对知识、人才等高级要素的依赖性越来越强。而现今导致我国运输服务贸易行业发展较为缓慢的一个原因就是我国运输服务贸易相关专业人才储备不足。目前，随着我国运输服务贸易科技化发展，从数量、结构和素质上对运输人才的要求越来越高。我国在运输服务方面原有的人才结构已明显无法满足我国运输服务行业的现代化发展要求。例如海运业人才短缺，现在全国每年需新增海员8000名左右，但全国各类大专院校的航海类毕业生每年仅为4000人左右，远远不能满足海运业对高素质高技能人才的需求。

2.4 我国运输服务企业结构组织不合理，现代化水平较低

我国现今的运输服务业存在着摊子多、精英少的现象，从而形成各自为政、抗风险能力较弱的局面。我国运输服务贸易企业都是以经营传统的海洋运输为主，而目前，在我国海运企业中，除了中远、中海等少数几家大型国有企业集团外，其他大多数企业都是只有几艘船的小型企业。目前近300家占企业数95%以上的中小国际船公司，其运力却不足我国国际海运企业的10%。从上述信息中我们不难发现，我国海运企业存在小而散的问题，无法形成规模经济和企业规模扩大后的协同效应，不能节约管理成本、享受规模经济的利益，

从而降低了其竞争力。

另外企业现代化水平也较低。既有现代管理人才和管理理念的缺乏，也有高科技运输装备的缺失，严重影响了我国运输服务贸易行业的国际竞争力。

3 我国运输服务贸易发展对策

3.1 宏观角度对策

3.1.1 加快基础建设，提高承运能力

运输服务贸易是国际货物贸易的直接桥梁，我国货物贸易进出口对物流运输的需求很大，但其运力不够是制约我国物流运输竞争力的关键症结所在，也是造成我国运输服务贸易逆差大的重要原因之一。因此，我国要加强运输服务贸易的基础建设，提高我国运输服务贸易的综合能力和国际竞争力。一是要进一步完善我国运输服务贸易的现代化运输装备，增加运载工具，特别是要增加干散货运输船、大型油轮、铁矿石运输船的建造及其营运力；二是要对港口的配套设施进行技术改造，完善港口集疏运设施，合理安排作业流程，提高设备利用率，为物流服务供应商提供大型现代化仓库；三是要进一步加强运输服务的国际化、精细化、集成化、一体化、标准化、便利化的进程，提高我国运输服务贸易的承运力。

3.1.2 优化运输服务贸易管理体制

我国应合理发挥政府的协调、监管作用，完善国内相关法律体系，为运输服务业提供宽严适度的发展环境。首先我国应加强对 WTO 相关规则及涉及运输方面的研究，以求在不违背国际准则的法律法规前提下，尽快建立健全符合我国实际国情的法律法规，发挥政府的协调、监管作用；其次应加强法规建设，建立高效、有序的运输服务管理体制；第三，制定运输服务贸易的税收、融资等优惠政策，以增加运输服务贸易的透明度，使其实现真正合理的制度化和规范化；最后要按照国际上通行的统计方法，建立健全运输服务贸易统计制度，完善运输服务贸易的统计工作。

同时为了加快我国运输服务贸易管理体制的创新，一方面依托有竞争力的

企业增强大企业实力；另一方面依靠国家调控手段，培育形成一批多元投资主体的大公司和大集团，在利益不受负面影响的情况下，促进运输服务贸易企业合并重组，实现品牌化经营、网络化管理，大力发展与之配套的物流配送、多式联运等行业。政策向中小企业倾斜，着力发展中小企业，鼓励灵活多变的经营方式、多样的服务品种，满足多层次客户的运输服务需求，以谋求运输服务贸易的大发展。

3.2 微观角度对策

3.2.1 企业通过多种方式建立健全运输服务企业服务网络

由于现阶段我国相关运输服务企业之间的服务网络并不健全，一方面导致运输服务企业的运营成本增加，使得各运输服务贸易企业间缺少必要的沟通了解及可利用的资源共享，从而造成资源浪费、成本增加甚至是竞争激烈的现象。因此，建立一个独立、高效、B2B 模式的综合运输服务网络是非常必要而且是至关重要的。

一个综合高效的运输服务网络不仅可以减轻员工的劳动强度提高劳动效率，更可以通过网络寻找中意的合作伙伴或是服务对象，同时与其他运输服务企业保持良性竞争。因此，运输服务企业一方面可以结合上游的生产企业及下游的销售企业，形成一个完整的供应—运输—营销链，另一方面可以获得更多更丰富更有意义的客户资源，通过提供价格更低廉、服务质量更好、服务范围更广的运输服务，使得客户直观地感受到运输服务贸易企业的优势与特点，进而拓展业务。如此一来，运输服务贸易企业不仅可以获得更大的收益、更广的客户资源，还可以降低运营成本及风险，从而扩大企业盈利空间，获得更丰厚的利润回报，使企业更好更快地发展，稳固在市场中的地位。

3.2.2 提升运输服务贸易企业的竞争力

运输服务企业是国际运输服务贸易的主体，同时也是提升国际运输竞争力的关键。发展运输服务贸易要整合资源、集中优势，充分利用国家鼓励企业强强联合的政策，构建大型具有国际竞争力的综合性运输服务企业集团。一是让大型运输企业之间强强联合，加强重组和整合，并提高其管理水平和竞争能力，使国内的企业向综合规模化方向发展；二是中小运输服务企业之间通过资源优势互补整合，取长补短，形成更高层次的优势企业或业务联盟，提升我国运输服务贸易的国际竞争力；三是继续扩大运输服务进出口、减少外国承运我国运输服务贸易，同时还应加强国外运输服务的承运，积极开拓国外运输市场。这样将为减少我国运输服务贸易的逆差，提高我国运输服务贸易竞争力做出重要贡献。

3.2.3 加快运输服务贸易人才培养工作

运输服务贸易发展需要专业人才。我国运输服务贸易正处于快速发展期，为了提升我国运输服务贸易的国际竞争力，减少贸易逆差，我们急需大量的专业性技术人才。一是要提高运输服务贸易人才建设的重要性与紧迫性的认识，努力形成国际物流运输人才的相对比较优势；二是要加强运输人力资源的能力建设，可推行职业培训、技术实践操作竞赛等人才培育工作机制，筛选优秀专业人才；三是大中专院校要以市场需求为导向，办好物流运输专业，注重基础理论知识的灌输，同时也要狠抓工程技术能力的培养，为国际运输服务贸易企业输送优秀人才；四是运输服务企业要积极引进外来专业人才，同时有计划地选派本土员工进行海外专业技术进修或企业内部培训，提高员工综合素质水平，提升企业核心竞争力。

4 结语

自我国加入 WTO 之后，在货物贸易快速发展的带动下，我国的运输服务贸易也得到了较快的发展，但是通过分析运输服务贸易发展现状及影响其发展的因素，我们发现，我国运输服务贸易总体规模并不是很大，整体实力较弱，在贸易出口竞争力上处于劣势，仍然存在着许多等待解决的问题。虽然我国运输服务贸易逆差额占服务贸易整体逆差额的比重有所减小，但运输服务贸易一直是我国服务贸易最大的逆差来源。尽管不可能使得国际收支各个项目都达到平衡，但我国运输服务贸易收支存在的高额逆差，也是导致我国运输服务贸易国际竞争力较低的原因之一，因此需要提高我国运输服务贸易的出口竞争力来减缓逆差额的增长。除此之外，我国运输服务贸易企业的运营情况较差也是影响运输服务贸易发展的障碍之一。虽然我国运输市场上企业众多、竞争激烈，但是它们大多数是中小企业，且相互间的竞争也多是低端的价格成本竞争，所以没有能力与其他势力强国的运输服务贸易企业抗衡，因此，我们应该加强运输服务贸易企业的经营管理力度，加快运输服务贸易专业人才的培养，政府加强对运输服务贸易企业的保护扶持力度，使企业有能力在国际运输市场中站住脚，参与到国际间的竞争当中。

参考文献：

[1] 王中涛．中国运输服务贸易国际竞争力分析［D］．长春：东北师范大学，2010：17-43.

[2] 周瑞华．我国运输服务贸易存在的问题与对策［J］．对外经贸实务，2011：83-86.

[3] 吴丹、王中涛．中国运输服务贸易国际竞争力综合分析［J］．国际商务——对外经济贸易大学学报，2011（6）：112-118.

[4] 韩超．我国运输服务贸易国际竞争力研究［D］．大连：东北财经大学，2010：20-53.

[5] 程盈莹、逯建．中国运输服务贸易国际竞争力测度与比较——基于 EBOPS 统计的分析［J］．华东经济管理，2011，25（12）：41-45.

中美服务贸易结构与竞争力的比较研究

王艺霖[1]

摘要：以服务业和服务贸易为主要内容的服务经济迅速崛起，成为世界经济发展的显著特征。服务贸易日益发展，成为沟通全球经济贸易活动和企业跨国生产经营的联系纽带。中国的服务贸易在近年来虽然发展迅速，但发展水平和竞争力仍与美国相距甚远，美国则一直在世界服务贸易领域中保持领先地位。所以，中国服务贸易应在目前的良好态势下挖掘新的增长点，找到制约服务贸易发展的因素，比较研究两国服务贸易的现状和差异，可以使中国在发扬自身优势的同时，借鉴美国的经验并学习先进理念与技术，促进中国服务贸易快速发展。

关键词：服务贸易；中美比较；贸易结构；竞争力

近年来，我国服务贸易得到了飞速发展，对国民经济增长的拉动作用也在不断攀升。美国拥有全球最大的服务市场，并且凭借着自身的经济、科技等优势一直处于世界服务贸易领域的主导地位。与美国相比，中国服务贸易在市场基础、制度环境、贸易结构和国际竞争力等方面仍存在较大的差距。

1 中国与美国服务贸易结构比较

1.1 服务贸易规模比较

中国2000年服务贸易进出口总额只有660亿美元，到2011年规模扩大到

[1] 作者简介：王艺霖（1990-），女，北京联合大学商务学院国际经济与贸易专业学生，指导教师崔玮。

4191 亿美元，增长了 5. 35 倍。其中 2009 年由于金融危机的影响，出口有所下滑，但很快则稳步快速地上升。2011 年服务出口 1821 亿美元，增幅从 2009 年的-12. 1%转为 24. 4%；服务进口 2370 亿美元，增幅由 2009 年的-0. 3%增长了 4 倍（进出口增幅均以 2008 年作为基数比较）。从图 1 可以看出近 11 年来中国服务贸易发展态势较好且 2009 年后增长十分迅速。

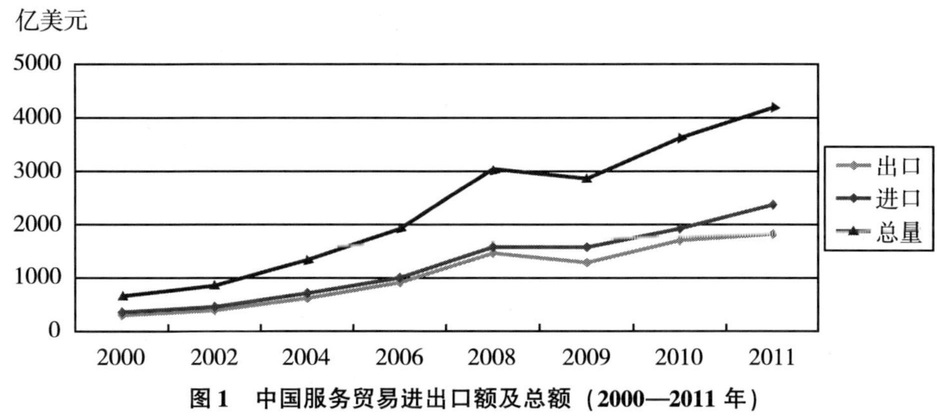

图 1　中国服务贸易进出口额及总额（2000—2011 年）

资料来源：WTO 官方网站与国家外汇管理局《国际收支平衡表》统计数据（2000—2011 年）.

美国服务贸易进出口额一直保持平稳增长，2011 年达到 9762 亿美元，是同期中国的 2. 3 倍。其中最为突出的出口额为 5809 亿美元，是中国的 3. 2 倍，同时进口额达到 3953 亿美元，是中国的 1. 6 倍。从图 2 可以看出美国服务贸易的发展规模远远高于中国，且发展迅猛。

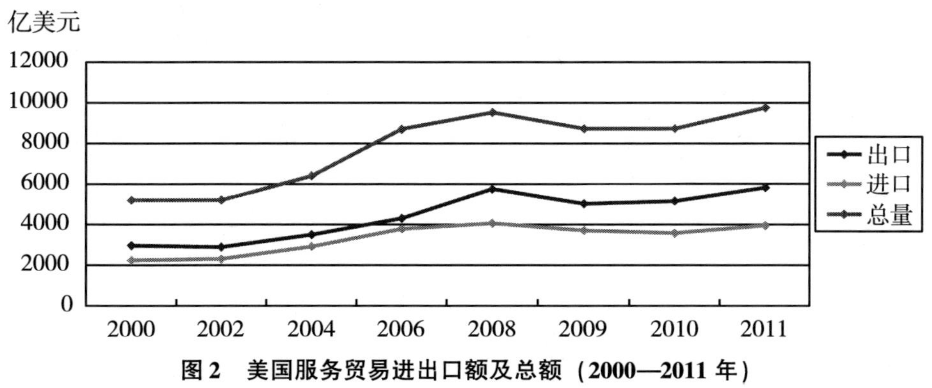

图 2　美国服务贸易进出口额及总额（2000—2011 年）

资料来源：WTO 官方网站与美国商务部普查局《国际收支平衡表》统计数据（2000—2011 年）.

由此可见，中美两国在服务贸易规模上存在着巨大差异，尽管我国近年来一直保持稳步提升的状态，但直至2011年还未达到美国2000年的水平。反观美国，服务贸易连年顺差，尽管受金融危机影响出现过小幅下降，但此后又逐步提升。虽然加入WTO以来，我国服务贸易在世界服务贸易中的比重在不断提高，发展较快，但相对美国而言，总体规模较小且水平低，差距仍然很大。

1.2　服务贸易差额结构比较

近年来我国服务贸易始终处于逆差状态，且逆差数额逐年扩大，由2000年的57亿美元增至2011年的549亿美元，11年间扩大了近10倍。2010年缩小至220亿美元，比2009年的288亿美元下降23.6%，但2011年又扩大至549亿美元，同比增长1.5倍。美国则一直保持顺差并且优势逐步扩大，2009年虽受金融危机影响，顺差额相比2008年下降了6.5%，但仍达到1321亿美元。2010年和2011年顺差进一步增加，达到1856亿美元。两国相比，中国持续逆差，美国持续顺差，且差距逐渐拉大。具体数据见图3。

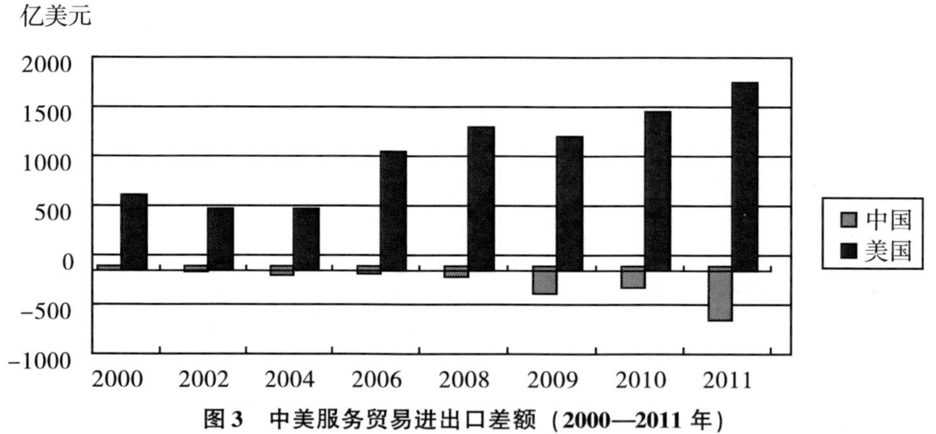

图3　中美服务贸易进出口差额（2000—2011年）

资料来源：根据WTO官方网站、中国商务部《中国服务贸易统计》统计数据（2000—2011年）整理计算得出.

从不同行业差额情况来看，中国在通讯、建筑、计算机与信息等行业有小幅顺差，其他商业服务领域顺差较大、优势明显，金融行业2011年也得到了很好发展，顺差显著。而其他行业逆差则较为严重，且有一个共同特点是逆差逐年递增，且增长幅度较大。其中最为突出的是运输行业。反观美国，在旅游、金融、版税与特许费用、其他商业服务等行业均有大幅顺差且逐年递增；其逆差最为严重的是保险服务，就此项比较，中国相对占据优势。总之，从图4不难看出，我国与美国相距甚远，通讯、建筑、计算机与信息等行业顺差是美国的1/5左右，而运输、旅游、版税与特许费等行业的逆差却是美国的5倍左右。

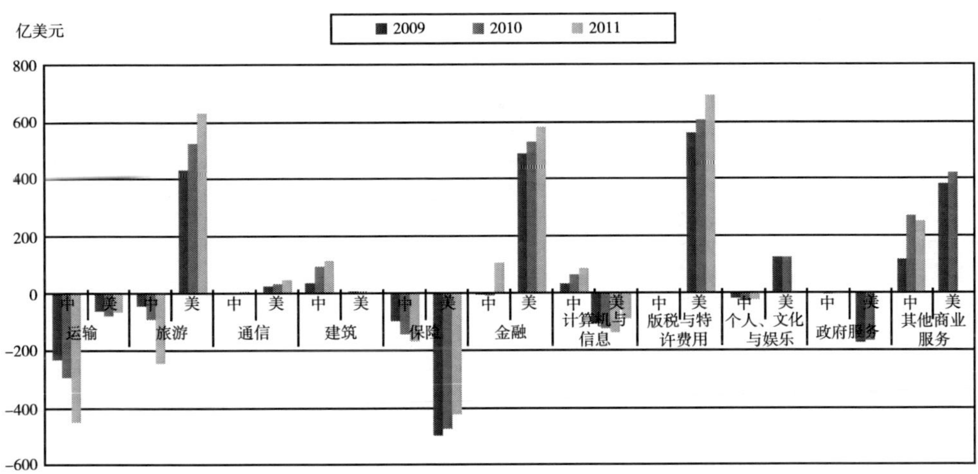

图4　中美服务贸易各行业进出口差额（2009—2011年）

资料来源：WTO官方网站统计数据（2009年—2011年），整理计算得出 http://stat.wto.org/StatisticalProgram/WSDBViewData.aspx? Language=E.

1.3　服务贸易行业结构比较

从各行业出口额来看，我国服务贸易的比较优势主要集中在传统的运输、旅游等传统行业，且各行业发展不均衡、差距较大。2011年，旅游与运输服务出口占我国服务贸易出口总额的比重达到46.2%。而出口规模最大的旅游服务贸易2011年也仅为美国的32%，运输仅为45%。[1] 在全球贸易量最大的

[1] 根据WTO官方网站与国家外汇管理局《国际收支平衡表》统计数据计算。

金融、保险、计算机与信息等知识、技术和资本密集型新兴行业，我国出口量较小且处于贸易逆差的境地。从各行业出口增长速度来看，我国服务贸易各部门都呈现出快速增长的局面，但是我国运输服务业、通讯业、文化娱乐服务业受经济波动的影响较大，抗风险能力弱。相比而言，美国服务贸易各领域均衡发展，尤其是版税与特许费用服务、金融服务、保险服务等新型的知识密集型服务贸易部门占据绝对优势，2011 年，3 个领域出口额占服务贸易出口总额的比重达到 48.6%，而中国这一比重仅为 2.69%。美国运输及旅游等传统服务贸易行业地位仍较重要，2011 年出口占比达到了 57.8%[1]。详细数据见表 1。

表 1　中美服务贸易各行业出口数额及增长率（2009—2011 年）

行业 ＼ 年份		出口额（亿美元）			增长率（%）		
		2009	2010	2011	2009	2010	2011
运输	中	236	342	356	-38. 7	44. 9	4. 1
	美	718	706	789	-20. 7	-1. 7	11. 8
旅游	中	397	458	486	-2. 9	15. 3	6. 1
	美	1211	1348	1496	-10. 3	11. 3	11. 0
通信	中	12	12	17	-23. 7	0	41. 7
	美	95	113	130	-1. 8	19. 0	15. 0
建筑	中	95	145	148	-8. 4	52. 6	2. 1
	美	70	26	—	-7. 5	-62. 9	—
保险	中	16	17	33	15. 4	6. 2	94. 1
	美	147	146	154	8. 2	-0. 7	5. 5
金融	中	4	13	8	38. 8	225	-38. 5
	美	557	664	730	-8. 3	19. 2	9. 9
计算机与信息	中	65	93	122	4. 2	43. 1	31. 1
	美	134	138	153	0. 2	3. 0	10. 9

[1] 根据美国经济分析局（Bureau of Economic Analysis）统计数据计算。

续表

行业 \ 年份		出口额（亿美元）			增长率（%）		
		2009	2010	2011	2009	2010	2011
版税与特许费用	中	4	8	8	–24.7	100	0.00
	美	898	921	1038	–4.4	2.6	12.7
个人、文化与娱乐	中	0.97	1.23	1.47	–76.7	26.8	19.5
	美	138	145	159	1.5	5.1	9.66
政府服务	中	10	10	7	42.5	0	–30.0
	美	309	186	—	13.2	–39.8	—
其他商业服务	中	447	612	645	–1.6	36.9	5.4
	美	746	1114	—	1.3	49.3	—

资料来源：根据 WTO 官方网站统计数据整理计算得出 .

1.4 服务贸易对象国结构比较

中国服务贸易进出口主要集中于中国香港、欧盟、美国、日本、东盟等地区。2010 年，中国与这些地区实现服务进出口 2209 亿美元，占中国服务进出口总额的 61%，比重较 2009 年略有上升。除对香港地区呈现贸易顺差外，中国对其他对象国均为逆差。首先，香港地区继续保持中国最大服务贸易伙伴地位及顺差来源地，双边服务进出口总额占中国服务进出口总额的 25.7%。其中，出口 594 亿美元，同比增长 59.7%；进口 338 亿美元，同比增长 28.4%；贸易顺差 256 亿美元。其次，美国仍然为中国服务贸易最大逆差来源地。全年美国对中国进出口总额 297 亿美元，其中出口 201 亿美元，进口 96 亿美元，贸易逆差进一步扩大，达到 104 亿美元，为 2009 年的 1.4 倍。此外，中国对日本、澳大利亚和欧盟的逆差分别为 73 亿美元、66 亿美元和 60 亿美元，分别是 2009 年逆差的 1.3 倍、1.4 倍和 1.9 倍。

美国的主要服务贸易出口国为加拿大、英国、日本、爱尔兰及中国；主要进口国则为英国、百慕大、加拿大、日本、德国等。2011 年，美国对加拿大服务贸易出口 505 亿美元，进口 256 亿美元；对欧盟出口 2006 亿美元，进口 1518 亿美元；对东盟出口 196 亿美元，进口 93 美元；对日本出口 448 亿美元，进口 235

亿美元。除中国香港有小幅逆差外，美国对其他地区贸易顺差额度较大。

总之，中国服务贸易伙伴较为集中且结构单一，美国则在世界分布平均，对各国/地区贸易往来活跃。中国对主要贸易对象国大多为逆差状态，而美国对主要对象国都保持显著的贸易顺差。通过对象国的比较，也不难看出我国服务贸易结构欠佳，发展不平衡。

2 中国与美国服务贸易竞争力比较

2.1 服务贸易总体竞争力 TC 指数比较

TC（Trade Competition index）指数，即贸易竞争指数，表示一国进出口贸易的差额占该国进出口贸易总额的比重。其计算公式为：TC 指数=（出口-进口）/（出口+进口）。从出口的角度来看，TC 指数越接近于 1，表示该国的国际竞争力越强；若 TC 指数为 0，则表明该国的竞争力水平与世界的平均水平相当；若 TC 指数接近于-1，则表明该国的国际竞争力水平较弱。

2000 年以来我国服务贸易 TC 指数始终为负值，说明我国服务贸易竞争力较弱，处于比较劣势。美国的 TC 指数一直在 0.1 以上，具有较强的国际竞争力，且 2004 年以后 TC 指数稳步上升，表明美国服务贸易发展势头良好，竞争力继续增强。总体来讲，我国服务贸易总体竞争力较弱且与美国相距很大，并且在 2009 年前我国受金融危机影响较大，之后仍然恢复较慢，而美国在 2009—2011 年都是在稳步上升。具体数据见图 5。

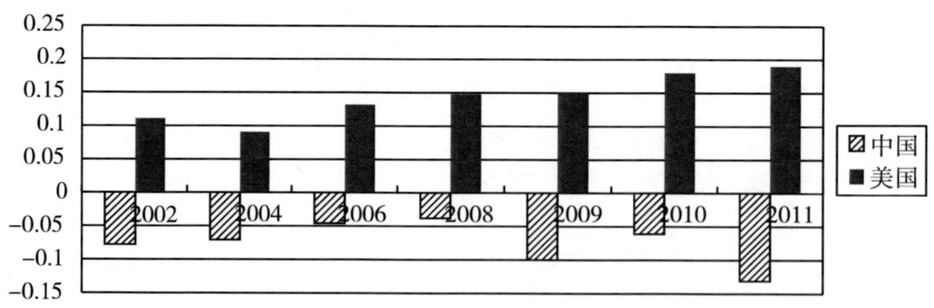

图 5 中美服务贸易总体 TC 指数（2002—2011 年）

资料来源：WTO 官方网站、美国经济分析局（Bureau of Economic Analysis）统计数据（2002 年—2011 年）整理计算得出.

2.2 服务贸易各行业竞争力 TC 指数比较

通过计算各行业 TC 指数可以更加全面地对中美服务贸易各部门的竞争力强弱进行比较。从行业结构上看，我国 TC 指数均大于零的有建筑和计算机信息行业，但即使是具有比较优势的行业，其 TC 指数也仅仅略大于零，优势十分有限。我国在保险、金融等行业的 TC 指数都比较小，特别是版税与特许费用均维持在-0.90 以下的水平，基本依赖于进口。传统的旅游服务贸易领域在 2008 年以前保持着一定的比较优势，但 2009 年后竞争力也持续下降。

表 2 中国服务贸易各行业 TC 指数（2005—2011 年）

	2005	2006	2007	2008	2009	2010	2011
运输	-0.29	-0.24	-0.16	-0.13	-0.32	-0.30	-0.39
旅游	0.15	0.17	0.11	0.08	-0.05	-0.09	-0.20
通信	-0.10	-0.02	0.04	0.03	0	0.04	0.38
建筑	0.23	0.15	0.29	0.38	0.23	0.54	0.60
保险	-0.85	-0.88	-0.84	-0.85	-0.75	-0.80	-0.71
金融	-0.04	-0.72	-0.41	-0.38	-0.27	-0.04	-0.07
计算机与信息	0.06	0.25	0.32	0.36	0.34	0.51	0.52
版税与特许费用	-0.94	-0.94	-0.92	-0.92	-0.92	-0.88	-0.90
个人、文化与娱乐	-0.06	0.08	0.35	0.22	-0.50	-0.40	-0.43
政府服务	-0.11	0.07	-0.22	-0.16	0.06	-0.9	-0.22
其他商业服务	0.28	0.27	0.19	0.18	0.14	0.35	0.24

资料来源：WTO 官方网站、中国商务部与美国商务部统计数据（2005—2011 年），整理计算得出.

而美国却在我国 TC 指数较小的行业具有很强的优势，并从这些行业中赚取了大量的贸易顺差。2005—2011 年美国最具竞争力的是文化与娱乐服务，TC 最高时曾达到 0.81，紧随其后的是建筑、金融和版税与特许费用，这些行业在整体上基本都保持上升的趋势，竞争力优势明显。另外，通信行业在 2005—2011 年间一直缓慢上升，2005 年 TC 指数已经由负变正，获得了一定的比较优势。运输、保险、计算机与信息行业 TC 指数一直为负，竞争力相对较弱。

表3　美国服务贸易各行业TC指数

	2005	2006	2007	2008	2009	2010	2011
运输	-0. 20	-0. 18	-0. 11	-0. 08	-0. 05	-0. 05	-0. 04
旅游	0. 17	0. 17	0. 20	0. 26	0. 20	0. 24	0. 27
通信	-0. 01	0. 03	0. 04	0. 12	0. 12	0. 14	0. 23
建筑	0. 79	0. 592	0. 596	0. 578	0. 582	0. 64	-
保险	-0. 58	-0. 61	-0. 63	-0. 61	-0. 58	-0. 59	-0. 58
金融	0. 66	0. 53	0. 51	0. 50	0. 54	0. 57	0. 66
计算机与信息	0. 51	-0. 14	-0. 12	-0. 11	-0. 12	-0. 16	-0. 22
版税与特许费用	0. 45	0. 50	0. 55	0. 57	0. 56	0. 53	0. 50
个人、文化与娱乐	0. 76	0. 79	0. 81	0. 76	0. 75	0. 78	-
政府服务	-0. 33	-0. 22	-0. 19	-0. 24	-0. 23	-0. 21	-
其他商业服务	0. 18	0. 12	0. 20	0. 17	0. 18	0. 20	-

资料来源：WTO官方网站统计数据（2005—2011年），整理计算得出.

通过中美比较可以看出，无论是总体还是各行业，我国的TC指数都大大低于美国，因此，我国服务贸易处于比较劣势地位，国际竞争力十分薄弱，与美国相距甚远。中国的传统服务贸易部门的竞争优势要强于现代服务贸易部门，通信、保险、金融、版税与特许费用等现代服务业领域均为净进口，不具有竞争优势，而即使TC指数为正的行业竞争优势也不明显，没有与美国拉开差距。美国则在现代服务贸易领域，如金融、版税与特许费用、文化与娱乐等方面都具有非常强的贸易竞争力。

3　与美国比较中国服务贸易存在的问题及原因

3.1　存在的主要问题

3.1.1　规模偏小且竞争力较弱

中国服务贸易经济起步较晚，基础薄弱，逆差尤为严重且数额逐年扩大，一直以来都是依靠资源的大量投入和较多的廉价劳动力，技术创新和劳动生产率的提高对服务贸易的贡献较少。从我国服务贸易总额和占世界比重可以看出，我国服务贸易规模小、水平较低、发展较为保守且缓慢。从进出口额可以看出，多年来我国一直处于严重逆差状态。在如前所述的结构比较中已经可以看出，我国服务贸易存在诸多问题且与美国差距很大，再通过对 TC 指数的分析，更加验证了不仅我国较为落后的新兴服务业竞争力弱，较占优势的传统行业也没有很强的竞争力。这些问题都导致了我国服务贸易国际竞争力弱且出口被动的落后局面。

3.1.2 知识与资本密集型服务贸易落后

我国服务贸易以旅游、运输等传统性行业为主，资本密集型、知识密集型服务领域较为薄弱。金融、保险、计算机与信息、通信服务等四类高附加值和高技术含量的服务贸易出口仅占总额的 7.6% 左右，导致我国整体服务贸易的结构失衡，国际竞争力不强，并处于比较劣势。旅游、运输等传统行业仍占据主导，占比超过 60% 。近年来，尽管高附加值服务贸易增速很快，但在进出口总额中所占比重依然较低，5 年间仅从 16.3% 上升到 19.4% 。[1]

3.1.3 出口市场集中且摩擦日益严重

我国服务贸易出口市场过于集中，主要在中国香港、美国、韩国和欧盟等发达国家和地区。而美国则是较为平均的分布在世界各个地区，不仅与亚太地区发展中国家进行贸易往来，也与欧盟等发达国家保持贸易顺差。并且随着中国服务贸易技术、知识含量不断提高，再加上中国丰富廉价的劳动力资源，越来越多的国家为保护国内市场，不断设置新的服务贸易壁垒，我国同其他国家的贸易摩擦急剧增加。

3.2 原因分析

3.2.1 缺乏人才与创新

我国知识、技术和资本密集型产业对服务贸易的出口贡献不大，其中一个

[1] 根据 WTO 官方网站、中国商务部《中国服务贸易统计》统计数据计算。

重要的原因是我国缺乏服务贸易方面的高素质的复合型人才，比如从事服务贸易研究的人员、金融家、审计师、律师和工程承包商等，服务业从业人员知识结构老化，不能及时接受培训更新，人力资源匮乏制约了服务贸易发展。另外，由于资金和专利限制无法引进先进技术使得服务业技术落后，或只是单纯照搬、缺乏创新。相比之下，美国充分利用人才资源优势，大力发展知识技术密集型服务，向世界提供技术含量高的服务产品，为服务业的飞速发展奠定了厚实的基础。

3.2.2 企业管理模式落后

我国很多服务企业的管理模式落后且长期处于封闭状态，过度关注国内市场，对于国际市场竞争没有予以足够的重视，缺乏竞争意识，不敢参与全球竞争。而美国企业采取先进的管理模式和跨国经营战略，通过积极参与国际市场竞争，已经获得了很强的竞争优势。

3.2.3 服务业市场化程度低

许多大型服务企业仍受到政府和市场的双重管制，使服务贸易的自由开放度不够，无法准确地感受到市场的反应，在时刻紧绷的经营环境中也很难顺应国际市场的变化。此外，我国政府对服务贸易的法律和制度的制定及实施不健全；有关职能部门在管理上责任不明确，条块分割现象仍较严重。

4 中国服务贸易发展对策分析

4.1 宏观对策分析

4.1.1 提升传统服务贸易的竞争力

要扭转我国服务贸易的逆差，必须大力提高传统服务行业的知识、技术含量以及管理水平，增加服务产品的附加值，将传统服务贸易的比较优势转变为可持续的竞争优势。首先，我国历史悠久、地大物博，拥有丰富的人文和自然资源，我国可以将旅游和文化相结合，借助这些旅游资源，衍生出具有中国文化特色的旅游服务产品。另外，重视改善旅游生态环境和提供完善便捷的服务也是尤为重要的，这能使我国吸引大量国外游客和获得良好口碑；还可以和电影业相结合，注重宣传，制作并在国外电视台播放中国旅游宣传片等，以此来扩大旅游服务贸易和休闲娱乐服务贸易的出口。其次，重点发展海运服务贸易也是必不可少的，伴随着我国海运运力的快速上升，政府应积极调整海运结构，引导海运企业联合与重组，这对提升我国海运乃至运输服务贸易的国际竞争力会有很大帮助。再次，在建筑服务贸易中，欧美日等国的大型承包商在技术和资本密集型项目上具有明显优势，我国建筑企业要进一步拓展海外市场并提高竞争力，必须加强工程项目的安全和质量管理，培养高级项目管理人才，提高工程机械装备的质量和技术水平。

4.1.2　扶持新兴服务贸易的发展

新兴服务贸易具有高附加价值和高收益率的特点，我国在专利、保险、金融等新兴服务行业的竞争力远远低于美国。政府应加大对高附加值的新兴服务业的政策倾斜与扶持力度，提供更多的税收和信贷优惠措施，鼓励符合条件的国内企业以独资或合资方式进入服务行业，以促进电信、金融等知识密集型服务行业迅速发展。政府还可以有限度地开放新兴服务行业，改善投资环境，引进一定数量的外国服务和服务提供者，在开放的同时完善这些行业的竞争机制，提高其在市场机制下承受考验的能力。我国可以借鉴美国华尔街和硅谷，重点发展金融、保险、咨询、专业服务、电信、工程承包等知识技术密集型、资本密集型行业的服务贸易，利用信息技术降低生产运营成本，提高劳动效率，提高服务业的技术含量。

4.1.3　适度开放国内市场

进一步开放国内服务贸易市场，既可以吸引大量外资与民间资本，引进先进技术和管理经验，还可以培育新的服务行业。服务贸易自由化是一个渐进的过程，因此应结合国际服务贸易发展趋势，有步骤地将引进外资从生产领域扩大到服务行业，有重点、有步骤、分阶段地开放服务贸易市场。对不同地区应区别对待，沿海地区可优先发展知识密集型的行业，使其逐渐成熟，再向其他地区推广。同时要适当加快服务行业的对外投资，通过设立服务行业的海外机构，拓展服务贸易的发展渠道。

4.1.4　健全法律法规

发展我国服务贸易，目前应尽快制定和完善既符合我国实际又不违背服务贸易总协定和WTO规则的法律法规。在制定法律法规时，首先，要按GATS要求增强我国服务贸易政策的透明度。比如在市场准入方面，要及时地公布开放行业、开放程度，以及相关的法律、法规和行政决定，更好地履行GATS透明度义务；其次，要制定和引入与WTO规则相符的保护性立法和主动性法律法规；再次，完善现存服务贸易的预警机制和应对机制。针对服务贸易风险分布的主要行业，及时跟踪国外相关产业及部门的政策变化，密切关注国外对我国某些行业进行知识产权调查的动向，迅速发布预警信息。针对国外对中国服务企业贸易救济调查中的不合理、不公正做法，我国政府及服务企业应积极利用有关国家和地区的司法制度进行申诉。同时，对国内不具有竞争优势的和敏感性服务行业制定具有保护性质的法律条款，从而达到保护国内服务贸易和增加就业的目的。

4.2 微观对策分析

4.2.1 重视技术与服务创新

要想在国际服务贸易领域中占据一席之地，只有发展科技，创造出新的服务产品和服务品质才能具有竞争力。服务贸易企业应不断增强自主创新能力，以市场为导向，不断进行管理创新、服务创新和产品创新，通过技术进步提高企业整体素质和国际竞争力。特别是计算机与信息服务、通信服务等技术密集型领域的原始创新、集成创新和引进消化吸收再创新，如进行技术投资，具体表现为经济技术数据库、信息共享系统等相关技术基础设施的建设等。结合中国自身经济特点，在大力引进国外先进技术的基础上实现有效的再创新，真正达到“科学技术—服务业—服务贸易”三者的循环效应。

4.2.2 发展产业链与服务外包

企业可以积极发挥其服务行业优势带动相关行业的发展，注重服务产业链的前后关联，促进产业链的延伸和相关服务部门的发展。比如一家旅行社的发展可以带动交通运输业、通信业、保险业和餐饮业等服务部门的发展。此外，企业可以在其服务行业内部进行整合和融合，逐步形成企业发展中的规模经济，如部分有实力的企业发挥示范效应，带动相关企业的发展，通过兼并、联合或者中外合作、合资的方式，吸收国外或国内大型企业的先进管理经验和技术，形成中国服务贸易的规模优势。

在新一轮产业转移和跨国公司全球生产要素重组中，企业还可以通过承包软件开发等远程服务、招商引资、对外投资以及外派劳务等途径，承接外包服务，进一步发挥我国劳动力资源丰富的优势，提高服务业在国民经济中的比重，增加就业机会，促进我国更有效地融入世界服务贸易经济体系中，努力形成强有力的竞争优势。

4.2.3 注重服务贸易人才培养

为适应服务贸易发展对人才的需要，应多渠道、多方式加快培养服务业人才。首先，应加强对现有人员的培训，使其尽快了解和熟悉 GATS 的有关条款及服务业面临的挑战和机遇；其次，依据从业人数特点及其分布状况，有计划、有目的地适时调整高等院校及职业院校相应专业设置；再次，加大对科技和人力资本的投入，培养和引进专业素养高、具有管理经验的服务贸易人才，使先进技术的引进与人力资本有机结合，从而发挥出最大效应，促使中国服务业及服务贸易竞争优势充分发挥。

5 结语

综上所述，通过比较研究中美两国服务贸易结构与竞争力的情况，可以看出我国服务贸易与美国相比，还存在规模小且水平低、逆差较大、结构不合理、竞争力不强等问题。但我们不能否认，中国的服务贸易发展迅速且态势较好，如果能够总结经验、克服难题，我国的服务贸易是非常有潜力的。我们要积极探索出一条适合我国国情的服务贸易发展之路，进而从根本上提高我国服务贸易的国际竞争力，逐步缩小与美国的差距，最终必将走上结构优化且快速稳步发展的良性轨道。

参考文献：

[1] 韩锴．中美服务业产业内贸易研究［D］．长春：吉林大学，2011.

[2] 陈双喜，潘海鹰．中美服务贸易比较及中国服务贸易发展的对策［J］．财经问题研究，2010（12）：106-112.

[3] 曾杰．中美服务贸易对比分析及启示［J］．对外经贸，2011（11）：25-26.

[4] 孙飞河，崔计顺. 我国服务贸易规模与结构分析［J］. 产经透析，2012（3）：42-43.
[5] 陈松洲. 中国服务贸易发展的现状、制约因素及对策研究［J］. 经济与管理，2010（2）：90-95.
[6] 朱惊萍. 美国服务贸易发展及对我国的启示［J］. 国际经贸探索，2010（12）：53-57.

外商对华制造业撤资的现状及对策分析

许冰清❶　徐　枫❷

摘要：随着经济全球化的发展，中国制造业一直是吸引外商直接投资的目标国家。但是国际金融危机引起全球经济的衰退，受此影响，跨国公司在华制造业投资举步维艰，加之中国劳动力成本的增加、人民币升值和外商母国自身原因等诸多因素，引发了外商在华制造业撤资的大势。本文以外商在我国制造业撤资为主题，分析了外商撤资对我国制造业的影响，并就如何应对外商在华制造业的撤资潮提出对策建议。

关键字：外商；撤资；现状；对策

1　外商企业在华制造业撤资现状及影响

1.1　外商企业在华撤资概况

1.1.1　撤资企业总体概况

劳动密集型制造业是我国出口规模最大的领域。长期以来，中国制造业吸引外资在历年的 FDI 中均超过了 50%。但从 2000 年起，外商在中国制造业领域出现了撤资趋势。尤其是 2008 年左右，山东、长江三角洲及珠江三角洲地区制造业领域集中出现了外商企业“撤资潮”现象。据商务部统计，2008 年 1 月到 11 月，制造业减资和全额撤资比重分别占全国减资和撤资总额的

❶ 作者简介：许冰清（1990-），女，北京联合大学商务学院国际经济与贸易专业学生。

❷ 作者简介：徐枫（1973-），女，副教授，博士，北京联合大学商务学院国际经济系教师，研究方向为国际贸易理论与政策、国际金融服务贸易。本文通讯作者。

70.4%和60.3%。此外，2012年7月备受人们关注的阿迪达斯公司将其工厂撤出中国并预计迁至缅甸。由此可见，我国制造业领域正持续面临着外商撤资的问题。

表1　代表性外商企业撤资概况

公司名称	合资外方	撤资时间	走向
皇家壳牌石油公司	英国	2000	转投菲律宾
苏州中兴电信工程发展有限公司	新加坡电信	2000.11	转投印度
北旅	伊藤忠商事和五十铃自动车株式会社	2001	
福建日立电视机有限公司	日立公司	2002	
日本三洋电机		2004	将数码相机生产项目转移到越南
默克药业有限公司	德国默克集团	2005	出售给香港欧化药业有限公司
广东省的244家外商投资企业		2007	
山东省多家韩资企业		2008	
北京超市“喜买得”	韩资	2008年年底	
耐克公司	美国	2009	主要生产基地从中国转移到越南
谷歌集团		2010年年初	
阿迪达斯公司	德国	2012.7	预计迁移到缅甸

资料来源：http：//finance.ifeng.com/roll/20100313/1922638.shtml整理得出.

据商务部统计，2008年之后受金融危机影响，2008年1月到11月，共有4652家外商减资，4564家外资企业终止了营业，而2009年合同数量下降了15.6%，全国各省均出现了外商撤资现象，影响了经济的发展。

通过表2和图1可以看出，外商的投资金额出现大量的减资和撤资的现象，根据中国国家统计年鉴，可以清晰地看到2005年年初到2010年年末注册登记的外资企业数量正在减少，撤资企业正在逐步增加。由此可以说明制造业企业持续出现了较明显的撤资趋势。

由图1可以看出，2010年之后有所缓和，造成这一结果的原因是由于中国虽受金融危机影响，但冲击相对较小，在全球范围内属于高经济增长速度，对于个别实力雄厚的跨国公司仍为优选市场，愿意选择继续扩大投资规模，占取更多的市场份额。所以2010年我国外资注册企业数量没有出现大规模下滑态势，但仍没有恢复到2008年的数值。

表2　2005—2010年度外商在华制造业企业注册登记情况

年份	外商企业数（户）	外商企业增减数（户）
2005	179949	9295
2006	187458	7509
2007	189030	1572
2008	199526	10496
2009	191671	-7855
2010	187547	-4124

数据来源：http：//www. stats. gov. cn/tjsj/ndsj/整理得出 .

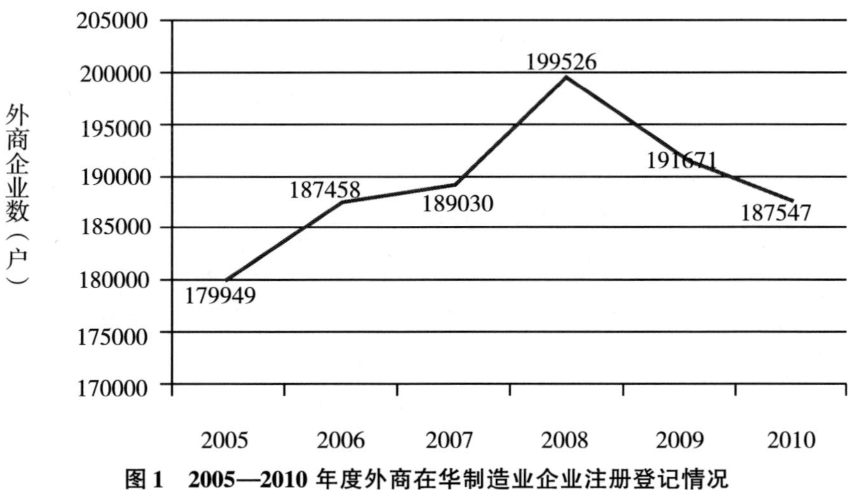

图1　2005—2010年度外商在华制造业企业注册登记情况

资料来源：http：//www. stats. gov. cn/tjsj/ndsj/ 整理得出 .

1.1.2 撤资企业区域分布

目前，以广州和青岛两个地区的台资企业和韩资企业撤资现象最为突出。受金融危机的波及，珠江三角洲和长江三角洲外资企业大量撤离，从2003年到2008年非正常撤资的韩资企业高达206家。目前在我国境内撤资的日资企业中，有72%属于制造业。在华日资企业撤资主要集中在珠江三角洲和长江三角洲两个地区。这些地区正是我国劳动力成本上涨相对快的地区，同时也属于电力生产要素、土地要素相对紧缺的地区。

在香港等附近地区的外资企业以制造业和电子产品为主，受金融危机冲击相当剧烈，因此这些企业纷纷撤资、减资。如珠江三角洲制造业比较集中的深圳龙岗地区、东莞、广州的番禺区，佛山的南海、顺德等地区，跨国公司已陆续大规模将投资资本转移。据深圳有关部门统计，从2005年起，总计有500家以上的外资企业从深圳迁出，其中有相当一部分属于通信设备制造企业。❶

在东北，如辽宁省的日资制造业企业主要集中于沈阳、大连两地，两个城市的劳动力成本也大幅高于省内其他城市，同长江三角洲、珠江三角洲地区的情况有类似之处，也存在撤资的现象。

1.1.3 撤资企业规模特点

总体来说，我国制造业面临的撤资主要呈现以下几个特点：一方面，撤资企业主要以中小企业为主。其中2003到2007年，非法撤离青岛的206家韩商企业中，中小企业占50%以上，其中服装制造业占22%、制鞋企业以及工艺品制造企业占31%，而从事皮革、箱包制造、生产的企业也占到了31%，大多属于传统劳动密集型行业。

另一方面，新兴起的电子制造业中的“便携式产品”，其中包括与生活最为相关的手机、定位导航仪、psp游戏机和便携式复印机等产品。撤资中国的日资企业就主要以聚集在这种产业，该产业具有产业竞争激烈、产业流动性强、退出成本低等特点，此种产业的相关外资企业撤资速度相对较快，对于我

❶ 唐耀华．制造业迁徙越南——外资企业进来出去为哪般［EB/OL］．http：//news.ccidnet.com/art/1032/20080521/1454357_1.html，2009-05-18/2012-12-18.

国的地方经济来说，冲击相对强烈。

1.2 外商企业在华制造业撤资对我国的影响

1.2.1 对国内制造业产业结构的影响

1. 积极影响。大多数外商企业在对华制造业投资的过程中会采用抢占市场份额的策略，进行较低成本的生产与加工，相比之下我国很多本土制造业企业均相对缺乏竞争力，不仅如此，大多数跨国公司会选择具有较强区位优势的地区进行投资。由此以来，外商企业与本土企业间竞争力的巨大差距较为严重地抑制了我国本土企业的更新与发展。随着这些外资企业撤离我国，我国本土制造业企业便获得了更多的发展空间，即能够更加合理配置我国相应的资源及资金，对我国本土企业的发展提供了更多的机会。

2. 消极影响。强大实力的外商企业大都拥有属于自己的先进技术，掌控科学、完善的管理机制，对于本国的企业起到了示范、监督的作用，而撤资使得我国本土制造业企业失去产业升级的机会，从而导致本土企业发展水平受阻。

此外，外商在华制造业撤资有可能对长期以来依赖其生存的企业产生较大的负面效应，尤其是撤资外企上下游产业链上的内资企业。随着外资企业的撤出，与其相关的合作企业会随后跟随其撤出，由此我国制造业的产业链会受到不利的影响，甚至会导致产业链的断裂，在今后会从一定程度上阻碍我国制造业的可持续发展。

1.2.2 对国内就业形式的影响

一方面，跨国公司投资的主要是劳动密集型行业（纺织服装业的外资企业已达到40%），为我国提供了大量就业岗位，如纺织服装业的外资雇佣员工数量超过了2000万人。如果跨国公司撤资，将会导致大量工人失业。

另一方面，与外资相关联的上下游本土企业，如纺织、服装业等制造业领域的供货商、分销商以及相关的服务代理商，撤资行为会影响上下游企业的经营业绩，从而造成更多的本土工人失业。

1.2.3 对中国经济增长的影响

外商直接投资已经成为东道国经济的重要组成部分，同样撤资企业的资金流动对东道国的经济增长率具有重要影响。一般情况下，外商直接投资与我国经济增长存在正相关的关系，在一定程度上影响了我国的出口投资和消费。❶

2　外商在华制造业撤资原因分析

2.1　外部因素——投资环境变化的因素

2.1.1　经济环境变化因素

1. 母公司经济恶化。随着2008年金融危机的爆发，世界范围内显现出经济衰退的现象，同一时期内股市相对低迷，跨国公司对外投资所使用的间接融资大大减少。在这种情形下，许多外商为了增加母国所拥有的资金，大大减少了以杠杆收购方式的外资并购活动。由于外商所在国家的资金流动缓慢，其不得不将原先持有的股票卖出，并减少投资的数量甚至选择撤资。2011年以来，受发达国家主权债务危机冲击，欧美机构资金回撤压力加大，增加了我国海外筹资难度和成本，由于次贷危机持续蔓延，资本市场流动性持续收紧，外商制造业撤资的现象持续显现。

2. 主要投资国家进口需求放缓。激烈的竞争使中国境内的跨国公司难以为继，部分企业采取保存实力、收缩战线等手段减少贸易出口。从图2可以看出，世界范围内主要发达国家或地区近几年贸易进口额普遍下降，2010年进口总量有所缓和但仍旧没有超越2008年的数值。近些年来中国频繁受到贸易摩擦等因素的影响，作为世界贸易出口大国，出现了出口增速放缓的现象，其中主要集中在劳动密集型行业，如服装制造业、纺织业、电子制造业等。由于国外投资者对盈利预期持悲观态度，外商投资意愿下降，并纷纷减少投资，最终诱发了外商在制造业领域的撤离。

❶ 李红军．FDI与中国经济增长关系的实证研究［D］．中国地质大学经济学院，2007（2）：23-25.

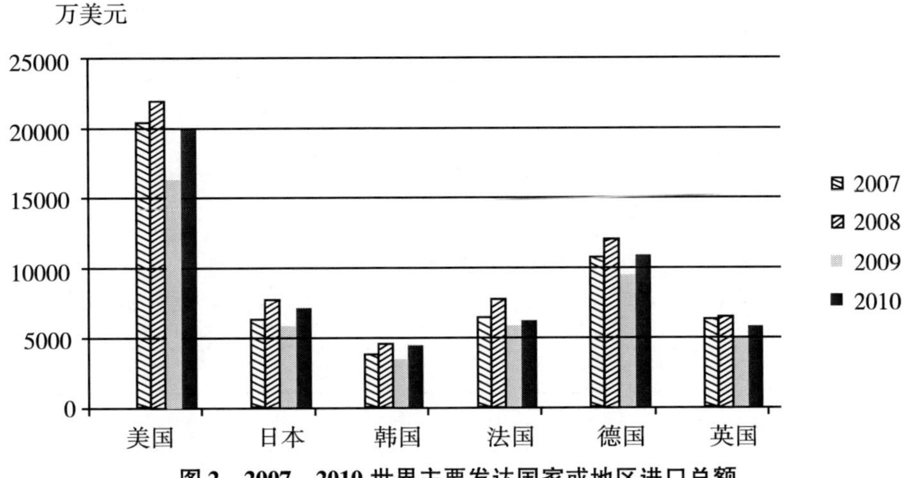

图 2　2007—2010 世界主要发达国家或地区进口总额

资料来源：根据《国家统计年鉴》整理得出.

2.1.2　市场环境因素

1. 外需市场份额不断缩小。中国本土企业吸收国外先进经验和技术进行自主创新，逐渐发展壮大，带动了关联产业竞争能力的提升。由于我国企业贸易出口逐渐增加，加之主要贸易伙伴（美国、日本、韩国以及欧洲）内部需求减缓，伴随与主要欧美国家在贸易上的摩擦的出现和我国顺差的不断扩大，我国的出口市场份额逐渐减小。

2. 国际市场竞争力逐步下降。从市场竞争来看，国内外市场都在日益激烈。国内形成了买方市场，导致企业利润率下降或者亏损，加上大量外商企业高额外汇储备以及资金流入，使人民币面临着巨大的升值压力，从 2005 年我国实行浮动汇率以来，人民币对美元汇率不断升值，如图 3 所示。

另外，人民币受成本激增、外部需求减弱的影响而增值，我国出口迅速回落，主要贸易伙伴美国和欧洲的内部需求减缓，全球范围内的贸易保护主义逐渐抬头，进而产生许多地方保护主义，这些也是外商撤资的原因。

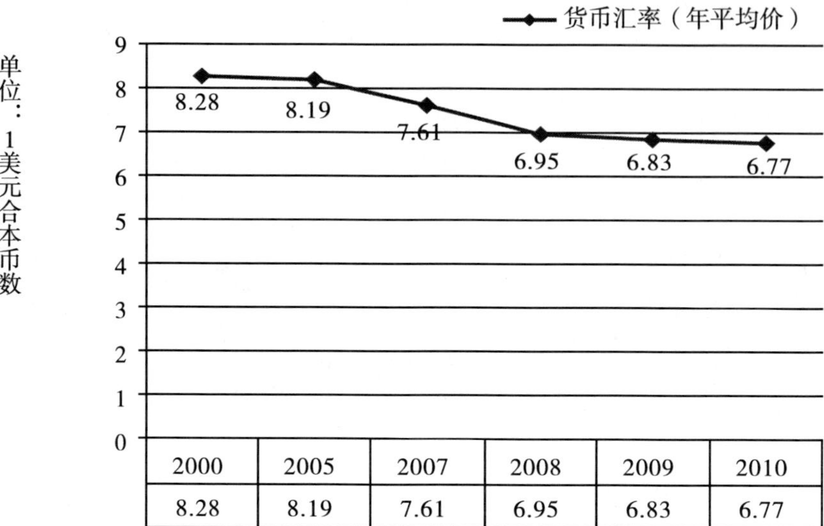

2000	2005	2007	2008	2009	2010
8.28	8.19	7.61	6.95	6.83	6.77

图3　2000—2010 美元与人民币汇率变动走势

资料来源：http：//www. stats. gov. cn/tjsj/ndsj/2011/indexch. htm.

3. 业界竞争进一步加剧。根据商务部数据显示，截止到2010年在华外商制造业企业已达到187547户。这意味着在制造业领域内，随着跨国公司数量的日益增加，会存着相对激烈的外商企业间竞争。一旦不能够尽快适应中国的市场，则会在较短的时间内被淘汰，最终不得不撤资。

此外，外商企业不可避免地会同当地的本土企业进行竞争，由于文化差异所导致的本地消费者的排斥，以及投资者所涉及的外汇风险。随着中国本土企业逐渐注重技术的开发与研究，力求实现自主经营，这无疑给外商施加了新的竞争压力。

2.1.3　运营成本增加

为了吸引外商企业来华投资，我国曾陆续出台了如最惠国待遇、土地使用费优惠等政策，起到了积极作用。但金融危机之后，中国各项生产成本在持续上升，廉价的优势不再突出，逐渐被南亚、东南亚等一些发展中国家取代。

1. 劳动力成本持续上涨。2007年，我国在外商较集中的珠三角地区将最低工资标准上调20%，同年越南工资成本比中国低15%—30%。2008年出台了《劳动合同法》，规定了职工应享福利标准，而且提高了职工的工资标准，直接导致了劳动力成本的上升。在珠三角和山东地区，劳动密集型的加工制造业的利润空间进一步缩小。

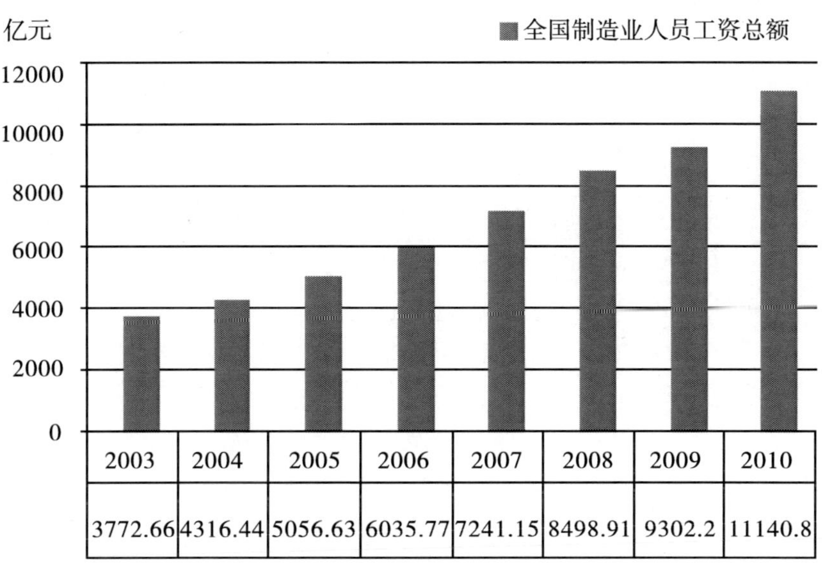

2003	2004	2005	2006	2007	2008	2009	2010
3772.66	4316.44	5056.63	6035.77	7241.15	8498.91	9302.2	11140.8

图 4　全国制造业人员工资总额

资料来源：http：//www. stats. gov. cn/tjsj/ndsj/2011/indexch. htm.

2. 土地成本不断攀升。近些年来，中国各大城市土地成本持续上涨。图 5 呈现了我国地价平均增长率的涨幅情况，尤其是自 2008 年以后，全国城市地价平均增长率呈上升趋势，具体体现在综合用途、商业用途以及工业用途的地价上，其中工业用地自 2008 年 0. 7% 的增长率上涨到 2010 年的 10. 94%，实现了较大幅度的回升，这无疑增加了外商企业的投资成本。

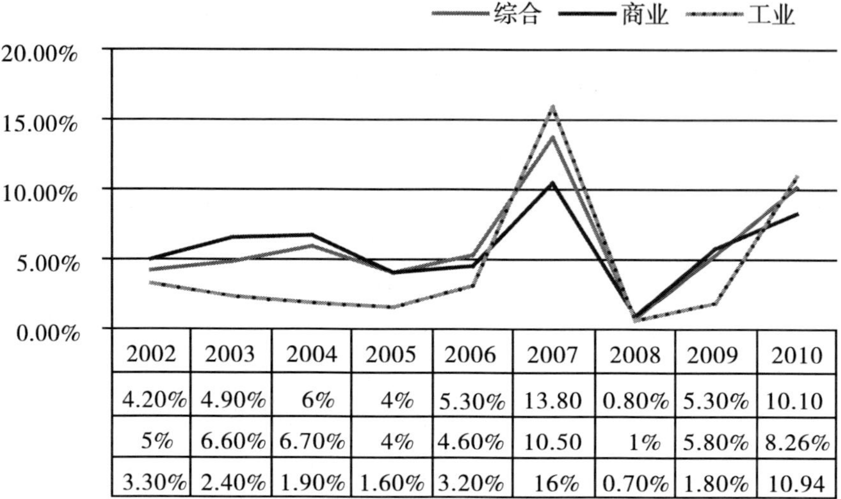

2002	2003	2004	2005	2006	2007	2008	2009	2010
4.20%	4.90%	6%	4%	5.30%	13.80	0.80%	5.30%	10.10
5%	6.60%	6.70%	4%	4.60%	10.50	1%	5.80%	8.26%
3.30%	2.40%	1.90%	1.60%	3.20%	16%	0.70%	1.80%	10.94

图5　2002—2010 年全国城市地价平均增长率趋势图

资料来源：根据 http：//www. mlr. gov. cn/ 整理得出 .

3. 税收成本显著增加。中国企业所得税实施“两税合一”并轨，让外商所得税优惠消失，以出口贸易为主的在华港澳台企业和韩资企业因此增加了税收成本，减少了利润空间。

2.2　内部因素——企业经营管理的因素

2.2.1　外资企业投资决策不当

外国投资商由于自身的文化理念、对目标国的认知程度、知识技能的档次、管理水平等，最终导致外国投资者未对投资项目做深入而实际的研究，仅仅根据自己的主观臆断做出决策。如在制作业领域，通常专注于我国相对廉价的劳动成本以及潜在的巨大市场空间，没有预料到日益兴起的民族企业以及劳动成本的逐渐上升。在这种情形下，过高的预期势必影响将来的投资利润空间。

2.2.2　外资企业缺乏本土化运作

大多数外资制造业投资商在进入中国市场后会尽可能地贴合我国的市场需求，在产品的性能、款式、品牌文化及宣传风格上进行改良，以便更加符合中国消费者的喜好，从而实现“本土化”的投资理念，在较短的时间内占据中国市场。反之，如果跨国企业不能够很好地进行自我转型，则会被同行制造商的积极改良所威胁甚至被同行彻底取代。

2.2.3 外资企业“归核化”战略

以往有许多外国投资企业会在世界范围内进行多领域的投资，但随着日后较长时间的经营与发展，跨国公司会逐渐发觉自身的核心项目不再突出，很大程度上降低了核心竞争力。因此，越来越多的外商企业为凸显原先的竞争优势，开始对投资所涉及的项目进行调整，采取“归核化”策略。所谓的“归核化”是外商在国外投资过程中的一种战略方式，具体来讲，跨国公司为了今后更加可持续发展，会采取缩减或放弃业务的方式，撤出在部分目标国家的资本，以使将其有限的资金及技术投入到更具优势的领域上，从而集中公司的竞争优势，加强公司在国外市场上的竞争力。

2.2.4 外资企业内部经营管理不善

1. 技术方面的原因。外商企业本身具备着先进的生产及研发技术，但是为了避免技术外露，外资企业通常只提供二、三线技术给目标国家，也就是说将较为低劣的生产技术投放于中国市场，而将最高端的技术保留在母国。总体来讲，这种保留技术的做法会为跨国公司进行长期竞争奠定一定的基础，但是对于竞争较为激烈的制造业投资领域，外国投资商的这种做法难以在激烈的中国市场上占据一定优势地位。

2. 企业管理存在的问题。企业应提前对市场机遇做出分析，并建立相应的营销方案、制定具体的投资措施。在一系列的投资过程中，外资企业应贴合目标国家的市场需求，及时做出调整，因为一旦投资的任一程序上呈现出不合理，都会给日后的营销造成影响。

3 针对外商制造业撤资潮的对策建议

无论对中国还是对世界而言，跨国公司的撤资行为作为跨国公司投资行为的逆转，是一种客观存在的现象，只要有投资就必然会伴随着撤资，因此，对于跨国公司在华撤资这一现象，应理性处理，为了减少跨国公司在我国撤资的负面影响，应从以下几方面着手应对。

3.1 宏观层面的应对措施

3.1.1 保持人民币币值稳定和国际收支平衡

金融危机使贸易保护主义抬头，人民币升值压力加大，外商撤资逐渐增多，保持人民币币值稳定刻不容缓。可以通过以下措施抵御国外的经济冲击，维护币值的稳定和国际收支的平衡：一是加强金融监管，抑制通货膨胀，控制银行利率上升；二是严控社会信贷，尤其是固定资产投资过快的增长；三是控制货币供应量，组织货币回笼，增加黄金储备，不再向财政赤字借款或透支；四是提高人民币汇对技术门槛，自主调节外汇流量，对人民币合理定价等。

3.1.2 改善投资环境

一方面，建立完善的法律制度。我国政府应继续完善本国的法律体制，出于平等对待外国投资商，我国的法律应对国内、国外企业拥有相同的法律效力，这可以很大程度地规范国内外企业间的竞争，从而有效地提高市场的管理效率。与此同时，我国政府还应深化本土企业的法律意识，争取做到在保护本土企业合法利益的同时为外国投资商提供较好的法律氛围。

另一方面，落实国民待遇。我国应继续推行先前的国民待遇政策，其中包括：适当放宽限制或是禁止进入我国境内的企业数量，摒弃在经营期间本土企业与国外企业之间不同的待遇等级，停止对外商企业的额外收费等。此外，考虑到我国中西部地区投资商所占比例较低，我国政府可以尝试在这些不发达地区大力推行国民待遇政策，以吸引更多的外国投资商，从而使其能够与我国沿海发达地区的经济均衡发展。

3.1.3 提升服务质量

我国政府可以加大在基础设施建设方面的资金投入。具体来讲，首先是加强硬件条件和相关的产业配套设施，比如建造更多的公路、机场、港口以及卫星天线等高新技术的配套设施。其次是加强用于管理的基础设施，保障外商企业的运营资金以及相关资源能够在我国市场上得到合理的分配，比如巩固、升级我国的金融服务体系，保证其能够安全、高效地服务于企业。此外，外商难免会在投资过程中遇到各种问题，我国政府应当做好为外商提供充实信息与服务的准备，以便做到在吸引外资的同时能很好地服务于外商。

3.2 引资行为的对策建议

3.2.1 引导撤资跨国公司再投资

首先，可以采取针对吸引外商再投资的税收优惠政策和财政资金支持，引导外商企业投入到我国急需发展的产业上。针对我国人均成本、土地成本的上升，可以适度减免技术相对密集的产业部门的税收并加大资金扶持。其次，继续完善产业的配套能力，加快制造业相关产业链的发展，为外商企业提供广泛的上下游相关联的产品与服务，逐步满足外商在中国实现规模化、系统化的投资需求。

3.2.2 进行合理的结构性引资

1. 引导投资领域的转型。在金融危机的背景下，我国制造业面临着转型。在投资领域，劳动密集型的外商企业所占份额将逐步减少，外国投资者关注点将转向中国日渐兴起的服务贸易以及现代服务业。我国可以逐步将吸引外资的重心转移至当下兴起的领域中，大力发展如房地产、国际金融等服务贸易。

2. 引导投资地域的转移。随着劳动力成本的上涨，外商低成本的投资优势已经减弱。相对来讲，中国的中西部地区仍具有较大的劳动力成本优势以及较为充裕的土地资源要素。因此，可以采取鼓励性措施引导外商企业加大对我国西部等地区制造业的投资，还可以尝试引导知识密集型外资企业到中西部投资，从而带动中国经济的均衡发展。

4 结论

根据联合国贸发会调查结果显示，虽然金融危机对中国出口和经济增长带来较大影响，但是，就市场规模和增长潜力而言，长远来看，中国市场对跨国公司的吸引力仍然是巨大的。在此情况下，我国应当理性地看待撤资问题，针对外商撤资对我国经济增长和国际收支状况的影响，我国政府应从多方面扭转当下的撤资局面，其中包括：保持人民币币值稳定，促使国际收支平衡；完善法律法规，创造优越的投资环境等应对措施，引导在华制造业撤资的企业再次进入中国投资，确保我国经济得以更加健康、可持续的发展。

参考文献：

[1] 陈筱贞．国际金融危机影响下外资非正常撤离的法律对策［J］．法制与社会，2010（7）：87.

[2] 徐勤学．跨国公司在华撤资的动因分析［D］．天津：天津财经大学，2011.6：20-28.

[3] 谷静．在华外商直接投资企业撤资问题研究——以韩资企业为例［D］．天津：河北工业大学，2010.12：12-24.

[4] 田振洋．在华外资企业非正常撤资的动因与对策研究［D］．苏州：江苏大学，2010.12：55-59.

[5] 唐智．在华跨国公司撤资风险预警与应对策略研究［D］：南京：南京航空航天大学．2010.3：16-23.

外资对中国汽车工业的影响与对策研究

王　硕[1]

摘要：本文回顾了中国汽车工业引入外资的历程，重点分析了外资进入对我国汽车工业的正面影响和负面影响，并提出了相应地吸引利用外资政策以促进我国汽车工业健康发展的建议。

关键词：外商直接投资；汽车工业；影响；对策

1　外资在中国汽车业的投资历程及现状

1.1　外资在中国汽车业的投资历程

改革开放初期，迫于我国产业改革以及经济水平提高的需要，我国开始允许外资以合资企业方式进入中国汽车业市场。

20 世纪 80 年代到 90 年代中期，我国处于改革开放的初级阶段，采取高关税措施保护我国汽车工业，这一阶段外资引入中国的车型许多都是在国外已经淘汰的产品，但这些外资引入无疑为中国汽车业打下了良好的基础，我国汽车业由以前的货车、卡车等大中型载重车为主，渐渐开始发展小型客用车，我国开始逐渐健全汽车工业体系。

20 世纪 90 年代中期以来，我国经济开始得到快速发展。国内对汽车尤其是小轿车的需求不断上涨，私人购车量持续攀升，我国汽车业市场进入了稳定发展阶段。

---

[1] 作者简介：王硕（1991－），男，北京联合大学商务学院国际经济与贸易专业学生，指导教师张宇馨。

1.2 外资在中国汽车业的现状

自2001年加入WTO以来，我国汽车工业进入了一个新的发展阶段。首先，随着国内生活水平的提高，国内消费者对汽车的需求量大增，中国成为一个潜在市场需求非常大的市场；其次，入世后，我国取消了对汽车产业的高关税保护政策，逐渐减少汽车进口关税，并在2005年取消了配额制，使得进口汽车成本大幅下降。

在此情况下，外资看到了未来中国汽车业市场良好发展前景。许多外资不仅对合资企业加大投资规模，扩大产量，同时不断在中国市场上建立新的分支机构以占领更多市场。同时，由于进口关税的减少和国外车型的进入，外资企业在汽车市场上展开了激烈的营销竞争、技术竞争、价格竞争以及售后服务竞争。在此期间，我国汽车产业发展势头迅猛，形成了涵盖轿车、货车和客车等多品种、多车型的比较齐全的汽车产品体系。2001年，我国汽车总产量是230万辆，排名世界第八；到2009年我国汽车的总产量就已达到1370万辆，排名跃居世界第一。2010年，中国汽车产品进出口贸易总额达1085.31亿美元，是2001年进出口总额的19.4倍，其中出口总额达518.37亿美元，是2001年出口的33.5倍，这个增速在全世界都是独一无二的。

如今国际汽车业“6+3”瓜分局面已经在中国汽车业市场形成，世界汽车工业前15位的轿车生产商都已在我国汽车业市场找到了合作伙伴。大众、通用、丰田等合资企业现如今在中国已经拥有多达几百家的汽车零部件厂。

表1　国际汽车业“6+3”跨国集团及公司

名称	组成部分
通用	通用、坤宝、铃木、五十铃、富士重工、大宇
福特（集团）	福特（美国）、马自达（日本）、大宇（韩国）
戴姆勒—克莱斯勒	戴姆勒—克莱斯勒、三菱、现代、起亚
大众	大众、奥迪、斯柯达、西亚特、斯堪尼亚
丰田	丰田、大发、日野

续表

名称	组成部分
雷诺—日产	雷诺—日产、三星、达契亚
本田	独立
标志—雪铁龙	独立
宝马	独立

注：表格内数据资料来源于《中国汽车工业年鉴》.

2 外资进入对中国汽车业的积极影响

2.1 满足国内市场需求，促进了我国汽车的对外贸易

随着国内生活水平的提高，我国消费者对汽车的需求也越来越大。不仅是实用型客车，对豪华轿车等亦有较大需求。在汽车普及化的过程中，外国直接投资功不可没，最先进入我国的一些合资企业带来的示范效应、竞争效应促进了我国汽车业的发展，不仅是其自身在我国生产的汽车量满足了我国的国内需求，并且在其带动下，我国的民营汽车企业也得到了迅速发展。我国汽车业已进入了大众消费时代，不再仅仅是奢饰品和地位的象征。2011 年我国汽车产量已达到 1841.89 万辆，同比增长 0.84%，占全球汽车总销量比重为 23.01%，成为名副其实的“汽车大国”。

进出口方面，从数据看来，2008 年以前，我国汽车业出口数量快速增长，增速高于进口。1991 年至 2007 年期间进口年平均增速 18%，而出口平均增速则达到 42%，整车出口增速则超过 50%；2005 年起，整车出口量和汽车产品出口金额都超越进口，我国汽车行业呈现净出口态势。2009 年受金融危机的影响呈现下降趋势，到 2010 年，我国进出口汽车产品共 581.85 亿美元，同比增长 70.1%，出口汽车产品 541.39 亿美元，同比增长 41.2%。[1]

下图为近年我国整车进出口数量及同比增长情况。

[1] 根据历年汽车工业年鉴总结.

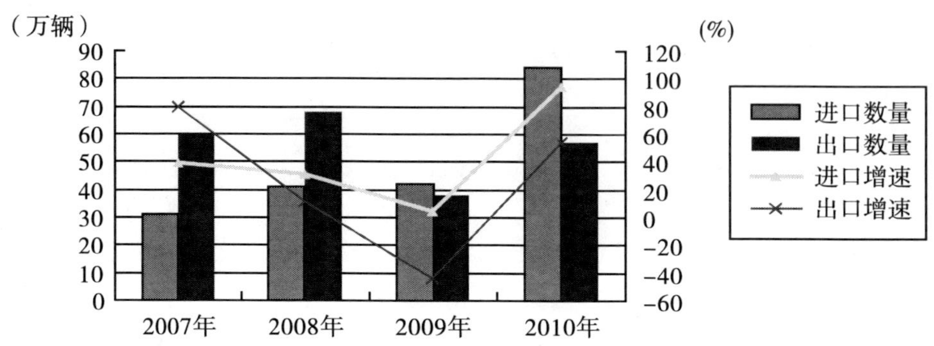

图1　2007—2010 年我国整车进出口数量及同比增长情况

2.2　通过合资带来先进管理方法及经验

长期以来我国汽车企业管理公司的经验并不丰富，治理结构也不够完善，这些直接影响着一个公司的发展。

外资介入对提升公司的管理水平起着至关重要的作用。首先，通过合资，外商把国外成功先进的经营理念及管理经验带到中国，提升了企业的经营层次、管理的效率和效果，形成了正向有效的激励效果。其次，通过引入外资股东，优秀管理人才可以进入董事和高级管理人员中，这些具有丰富管理和技术经验的人才不仅为企业建立了较为规范的经营方式，也提供了很好的示范效应，对培养国内优秀人才起着关键作用。在外资工作多年的工作人员获得了许多管理经验和技术知识，这些员工在国内的流动带动了知识在国内企业间的传播。

2.3　促进汽车产品技术水平提高

从 20 世纪 80 年代中期直至今天，中国汽车产业利用外资引进的国外技术高达 300 余项，我国汽车业和外资在技术上的合作促进了整体汽车工业水平的提升。许多企业首先通过与外商合资获得新技术，并在此基础上开发属于自己的新产品，使得整个汽车行业的产品质量得到了大幅度提高。以下从三个方面来分析外资是如何促进汽车产品技术提高的。

首先，外资企业的运营为本土汽车业提供了学习模仿的机会，开阔了本土企业的视野，使得其有了模仿学习的对象，提高了本土企业的自身技术水平。

其次，外资带来了竞争效应。跨国公司具有强大的技术比较优势，其进入我国汽车业为我国本土企业施加了巨大的竞争压力，促进各个本土企业改进工艺，加大研发，以便增加自身竞争力与之抗衡。

最后，合资企业对员工的培训和多年实战经验，为员工们积累了宝贵的开发和运营经验，为我国汽车企业的发展打下了良好的基础。例如，奇瑞汽车的现任董事长尹同耀曾工作于一汽大众，作为一汽大众的工作人员曾到德国接受技术培训，他把当时学到的底盘技术带到了奇瑞公司。

2.4 产品和产业结构趋向合理

我国汽车业在引进外资之前，主要以生产大中型货车卡车为主，随着外商的进入改变了我国汽车业缺重少轻的这 局面，开始逐渐以生产小型轿车为主。我国汽车产品结构以及产业结构逐渐趋向合理。

1986 年，我国载货汽车产量占我国汽车总产量的比重为 75.7%，但外资的进入使我国乘用车生产得到了迅速发展，到 20 世纪 90 年代末，乘用车产量占我国汽车总产量的比重已达 63.6%。轿车产量占总体汽车产量比例就从 2001 年的 30.0% 跃升至 2010 年的 52.4%。

另外，由于国内厂商对汽车零部件的需求量大增，我国汽车业零部件生产规模不断扩大和质量不断提高，在国内已建立起较为完整的零部件生产链，一些外资开始在我国设立零部件全球采购中心。

2.5 提高企业竞争力

产业内企业间竞争可以促进各企业不断努力创新产品以及改进技术，产业内企业竞争是提高该产业国际竞争力的一个重要的刺激因素。

我国在加入 WTO 前，对汽车的进口实施高额关税，国内汽车需求远远大于供给，供不应求造成高额利润。加入 WTO 后，我国市场经营环境进一步稳定宽松，更多的外资开始大规模登陆我国汽车业市场，这些外资的进入加剧了国内汽车企业之间的竞争，于是之前那些质量差的小规模汽车企业纷纷被淘汰。这样既节省了不必要的资源浪费，又促进了国内的一些大中型汽车企业不得不在竞争压力下改进技术及管理模式，提高生产效率，从而增进整个汽车业间的企业竞争力。

2.6 促进汽车产业规模化

汽车工业看重规模经济，企业规模的扩大能提高市场竞争力，也会降低制造成本。外资进入中国汽车业市场后，其较大的生产企业规模使其可以获得规模经济利益，通过价格优势和产品质量优势，迫使部分规模小的企业退出市场。

据中国汽车工业协会统计，2010 年我国十大汽车厂家销量占全国汽车总销量的 86%，共销售了 1559.61 万辆汽车。其中上汽销量达到 355.84 万辆，东风也有 272.48 万辆的销量成绩，一汽和长安销量也均突破 200 万辆大关。这些代表着中国汽车产业的规模化进入了一个全新的发展阶段。

2.7 有效带动了上下游企业发展

外资的进入不仅促进了汽车工业的发展，更有效带动了上下游企业的发展，汽车业的上游主要是指橡胶、玻璃、钢铁、有色金属、油漆等；汽车业的下游则包括保险、信贷、广告、物流以及与汽车相关联的文化娱乐等行业。因此，汽车工业是一个关联度较高的工业，它可以带动诸多其他行业的发展。根据国务院 2009 年发展研究中心的一份研究成果报告显示，汽车业是一个 1∶10 的产业。也就是说，汽车业 1 个单位的产出，可拉动国民经济中 10 个单位的产出。

3 外资进入对中国汽车业的消极影响

3.1 我国汽车业难以获得核心技术

我国对外开放的基本宗旨是以市场换技术，甚至是出高价去买技术，但真正的技术是买不来的，与外资的合作并不代表中国能从中收获汽车业核心生产研发技术能力。

从跨国公司的角度讲，外资进入我国的主要目的是为了获取我国的廉价劳动力，是为了获得中国巨大的市场。它的生产和销售部分可以设在中国，但其研发或高端部门放在经济发达的国家或自己国家，中国企业不可能真正获得关键技术。

这种合作可能对我国汽车业的自主开发造成非常严重的负面影响。例如，北京汽车与现代自合资后，北京汽车便放弃了原先的所有设备开始引进现代的技术。假若将来两家企业停止合作，那么现在所用的从国外进口的技术设备必须报废，对北京汽车来讲是绝对沉重的打击。

外资进入我国汽车业的方式主要是简单组装以及全部散装，但这种方式在一定程度上对国内零部件生产商造成冲击，据不完全统计，外资在我国汽车零部件的市场份额已超过60%❶，重要的核心技术领域已经基本被外资控制。长期如此的话，我国将很难形成属于自己的汽车产业，最终变为外商汽车零部件组装地，其结果不堪设想。

3.2 合资造成我国汽车业的自主品牌缺失

自改革开放以来，外资在汽车行业一直占据着主导地位，我国汽车企业产生了依附心理。某种程度上，我国汽车企业已经过度合资，对外资的依赖度超过了其他任何一个国家。我国汽车业在引进外资后，不仅无法学习到自主开发能力，还丢掉了本属于自己的开发平台和自主品牌，造成我国自主品牌缺失。

1984年与德国大众合资的上海汽车，至今依然不具备整车开发能力。上海大众先后推出的几款车型如桑塔纳、帕萨特全是依靠德国技术开发，商标亦是国外商标，一汽大众、北京吉普、天津夏利、广州本田的情况也类似。

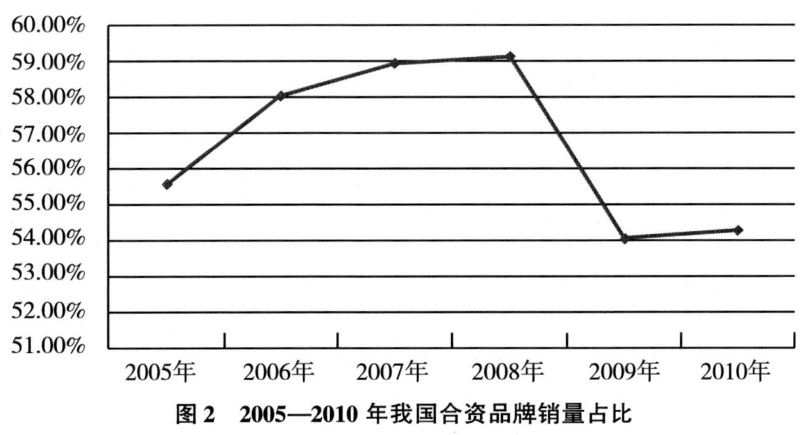

图2 2005—2010年我国合资品牌销量占比

❶ 李田．我国汽车零部件企业发展的现状和相关对策［J］．科技经济市场，2007（6）．

由图2可知，2008年到2009年期间我国汽车合资品牌的销量占总销量的比例虽有下降趋势，但仍不能动摇其主导地位。从利润水平来看，五菱、江淮汽车、奇瑞汽车、一汽轿车、吉利等7个自主品牌企业在2010年的营业利润还没有上海大众一家企业的营业利润高；在汽车工业产值方面，像上海大众、一汽大众、东风日产产值在2010年都超过了1000亿元，而自主品牌乘用车的产值基本在500亿元以下，更是与著名跨国汽车公司相去甚远。

3.3 外资带来的风险及安全问题

外资为了丰厚的利润蜂拥而入，在某些地区形成了“汽车投资热”，而我国逐步放开各分销服务领域以及取消外资股比限制，进一步削弱了本土汽车企业对汽车业的控制力。目前我国轿车生产前五名的企业，其中四家是合资企业，其生产集中度达到了95%，这一局面使得我国中小企业的生存较为困难。

外商对我国投资主要是为了获取我国的劳动力资源以及可以为自己带来巨大利润的市场，其本意并非为了提高我国的汽车制造水平。从投资角度分析，具有较大潜力的优秀上市汽车公司是外资来华并购考虑的首选因素。在这种情况的作用下，那些技术水平不高、规模结构不大的小型汽车公司的发展必会受到那些外资并购汽车公司严重的阻碍，造成严重的两极分化，久而久之便形成外资垄断的局面。

比如2004年7月，大众一汽平台零部件有限公司在长春正式奠基。有业内人士分析说，德国大众利用零配件等资源的共享，通过产品来对抗大众。通用在我国汽车业的一系列扩张行为，包括并购柳州五菱、收购沈阳金杯和山东大宇等，说明跨国汽车巨头试图在华建立自己的垄断地位。外资试图利用垄断并购、品牌遏制，将我国企业永远受限在国际产业分工中劳动力资源的角色里。

同时，由于外资纷纷在华投资建厂，我国汽车生产能力加强，出口也在不断扩大。但因为出口价格竞争混乱以及管理水平不高，我国的汽车业对外贸易正在面临着资本主义国家越来越多的反倾销障碍和越来越高的关税壁垒。现如今我国汽车业仍处于分工格局中的加工地位，这必将导致更多的国外反倾销指控和调查。

4　发展我国汽车业的建议及对策

4.1　培养自主开发能力，大力发展自主品牌

外资对技术的控制容易导致合资企业对跨国公司的技术依赖，从而失去自主创新能力。假设将来强大的市场需求时代结束，跨国公司的利润降低，那么外资的技术资源一定会转移到其他国家。如果自身不能形成自主创新能力，中国的汽车产业将会掉进发展的陷阱。

中国的汽车企业应在将来具备一定的自主研发能力，力争摆脱对外资技术的过度依赖，做到“拿来”与学习并重。在利用外资雄厚资金发展的同时，加大研发投入及力度，建立完善的研发体系。应在我国建厂的同时也要设立研发机构中心，开发更多属于自主知识产权和自己的产品。同时还要培养一批企业技术员工，争取学习到更多优秀的创新能力。

在培养自主开发能力的基础上，可尝试加大力度发展我国汽车业自主品牌，品牌竞争力因素具有强大的市场影响力，它可让企业依靠品牌获得持续性盈利，形成引导消费行为模式，产生竞争壁垒。而归根结底，品牌竞争力还是需要以先进技术作为基石，在这个基础上支持自主品牌的发展。所以，不过分依赖外资技术，大力开展自主研发创新是我国汽车业的当务之急。

4.2　创造平等行业环境，提高积极有效竞争力

虽然我国引进大量外资，加剧了我国汽车业的竞争，但这种竞争中存在着负面影响，其中包含并非积极有效的竞争，我们应该尽量创造一个积极向上的竞争环境，改善国内汽车市场现状。我国作为世界最大的汽车消费市场，要有充分的准备和能力来容纳所有具备积极意义的竞争。如今我国需培育出充分积极竞争的市场环境，比如进一步打破部分和地区的行政性垄断，大幅度放宽行业进入限制，适当给予本土中小企业政策保护等措施，形成开放并且统一的国内汽车市场。

在政策引导上，要制定合理的外资引进政策，既要保证国内企业的合理发

展，又要预防外资称霸我国汽车市场，比如"桑塔纳"曾经独霸我国汽车市场十几年。然后通过各方力量起到相互制约的作用，走多元化发展道路。还要坚决杜绝每个环节的行政垄断，让我国的汽车市场建立在一个平等的基础上，慢慢地使其踏入良性市场竞争的道路上。

4.3 合理利用外资，维护产业安全

解决外资带来的安全问题，首先要树立正确的国家产业安全意识。在发达国家，如美国、俄罗斯都先后开设了维护国家产业安全的法律体系，并不断地使其健全完善。中国作为最大的发展中国家，和发达国家的经济实力还是相差甚远，所以更要树立正确的国家产业安全意识。我国应该对外资的利用拥有一个正确的认知观，建立并提高产业安全意识，使我国在保证产业安全的前提下再利用外资逐步发展汽车工业。

其次，我国汽车企业在面临别国发起反倾销等贸易救济调查时，要积极应诉，对汽车业的国际贸易环节做到全方位警惕，绝不能坐以待毙，要将保护国家汽车产业安全的主动权随时掌握在我们自己的手中。我国被其他国家进行反倾销调查的主要原因多是由于单纯的低价竞争以及出口结构不甚合理，所以我国汽车业要积极从低端价格竞争向技术及质量方面竞争转移，企业也要严于自律，制定合理的出口价格来避免别国的反倾销指控，为实现我国汽车业的大前景创造一个良好的国内国际安全健康的发展环境。

至于我国汽车产业几乎被外资所垄断的局面，如果任其发展同样会受到产业安全的严峻考验，所以笔者认为应该强化并限制外资的市场准入，并多建立保护民族汽车品牌的政策。拥有正确的产业安全意识，既不排斥外资，又要做到合理控制外资，维护我国汽车业在不均衡条件下的市场竞争，只有这样，我国汽车业最终才能得以进步。

参考文献：

[1] 左世全．跨国公司对我国汽车行业市场结构的影响［J］．经济前沿，2004（11）．

[2] 雷辉，徐长生．跨国公司竞争行为对我国汽车工业的影响分析［J］．南开管理评论，2006（3）：5.

[3] 王颖春. 合资成就汽车工业奇迹 [N]. 中国证券报, 2011-11-10 (T05).
[4] 黄建宏, 赵玮萍. 外资并购对中国汽车产业安全的影响与对策分析 [J]. 西安交通大学学报, 2009 (3): 3.
[5] 苏未末. 外资"削藩"中国汽车业 [J]. 董事会. 2011 (11): 2.

外商直接投资对北京就业的影响

吴　涛❶

摘要：开放条件下，外商直接投资（FDI）对带动本国或本地区就业增长具有一定的积极作用。但是FDI对东道国就业数量的影响取决于外商直接投资进入的方式、经营战略以及东道国劳动力市场的完善程度、运行效率、劳动力质量等多种因素；外商直接投资对东道国的就业结构、就业质量都有一定影响。本文结合北京市相关数据，分析了外商直接投资对北京市就业总量、职工工资与对就业结构的影响作用。得出结论：外商直接投资确实促进了北京市就业总量的增加，同时促进了北京市劳动力工资水平的提高，促进了第一二产业向第三产业的转移，优化了新兴产业的发展。在此基础上，提出了基于促进就业的北京引资政策建议。

关键词：外商直接投资；北京；就业

1　问题的提出

北京是我国的首都，自1980年起吸引与利用外商直接投资，至今已有30多年的历史。改革开放后北京市利用外商直接投资逐步发展，1980年4月21日，“北京航空食品有限公司”经中央批准设立成为北京市第一家外商投资企业。伴随国家的改革开放政策，北京市利用外商直接投资经历了1980年至1991年的探索阶段、1992年至2001年的快速发展阶段以及从2002年至今的质量提升阶段等三个发展阶段。总体来看，北京市利用外商直接投资正在朝着

---

❶ 作者简介：吴涛（1990-），男，北京联合大学商务学院国际经济与贸易专业学生，指导教师郑春芳。

结构更优、水平更高的方向发展。在这个过程中，外商直接投资对北京市就业数量、就业结构、就业质量、工资水平等方面产生了较大的影响。深入研究外商直接投资对北京市就业的直接与间接影响，并提出相应政策建议，对北京进一步提高引资对就业的促进作用具有较重要的意义。

2 FDI 的现状

过去 30 多年改革开放所引入的大批外资使北京经济发生了翻天覆地的变化，尤其是中国加入 WTO 后，外商直接投资对北京经济发展的影响日渐深化。深入分析与研究外商直接投资对北京就业的影响前，有必要先对北京外商投资的发展情况与投资结构进行梳理。

2.1 总额及增速

改革开放以来，随着中国经济的腾飞，北京市外商直接投资有了迅速增长，并呈现多元化趋势，到 2010 年，外商投资企业投产开业单位达 4472 家，在北京市设立的企业驻京代表机构累计有 15246 多个，北京市在利用外商直接投资方面也取得了不小的成绩。2004 年，外商直接投资仅为 305354 万美元，6 年后的 2011 年这一数值达到了 705447 万美元，总额翻了一番。详见图 1。

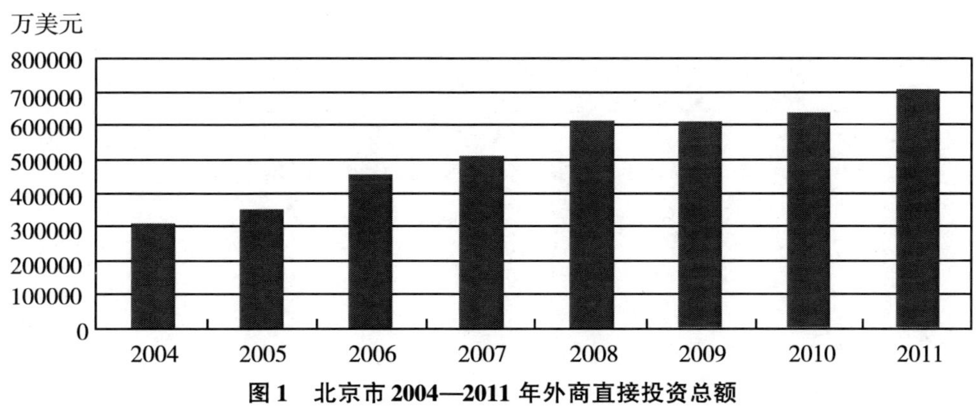

图 1　北京市 2004—2011 年外商直接投资总额

资料来源：根据《北京统计年鉴》数据统计制作 .

2.2 投资方式

从投资方式看，北京市外国直接投资方式包括合资企业、合作企业、外商独资企业、股份有限公司与合作开发。其中合资企业、合作企业与独资企业是最主要的投资方式。

从2004—2011年的数据来看，北京市以独资方式利用外国直接投资的方式从2004年到2008年上升速度较快，在2009年突然减少到348912万美元，主要原因可能是受经济危机的影响，不少外资企业选择了撤资，在2010年重新上升回516766万美元。其他投资方式投资情况基本稳定。

从2004—2011年的数据看，外商投资企业中独资企业所占比例呈缓慢增长趋势，从2004年的65.87%到2011年的93.48%，合作企业所占的比重较低，总体呈平稳趋势，从2004年的9.11%到2011年的2.37%，大多数年份该比重仅为3%—5%之间，北京市以合资方式利用外国直接投资比率体现出下降的趋势。详见图2。

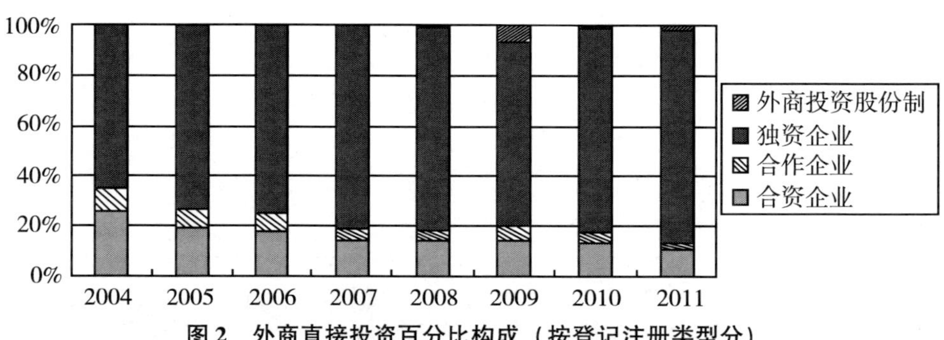

图2 外商直接投资百分比构成（按登记注册类型分）

资料来源：根据《北京统计年鉴》数据统计制作.

2.3 行业分布

2.3.1 制造业占一定投资份额

从2004年到2011年的数据来看，制造业利用外商直接投资情况呈波动型下降的趋势，从2004年的112681万美元上涨到2005年的113246万美元，又从2006年开始下降，期间2008年有一次突然上升，但总体而言仍然呈下降趋势。此外，2004年至2011年间，制造业实际利用外商直接投资占北京同期实际利用外商直接投资总额的平均比重仍达22.52%，由此可知，制造业占据了外商投资的不小一部分，仍然是北京外商直接投资的主要领域。

2.3.2 服务业FDI占绝对比重

从2004年到2011年数据看，外商直接投资中，服务业一直保持着绝对比重，从2004年的63.32%到2011年的90.66%，增长了1.43倍，呈稳步增长趋势。由图3可知，服务业FDI主要集中在房地产业、租赁与商务服务业等领域。服务业利用外商直接投资的总额逐年增长，从2004年的193351万美元增加到2011年的639587万美元，其中租赁与商务服务业为服务业利用外资的主力，其实际利用外资占同期实际外商直接投资金额的比例几乎一直位列首位。

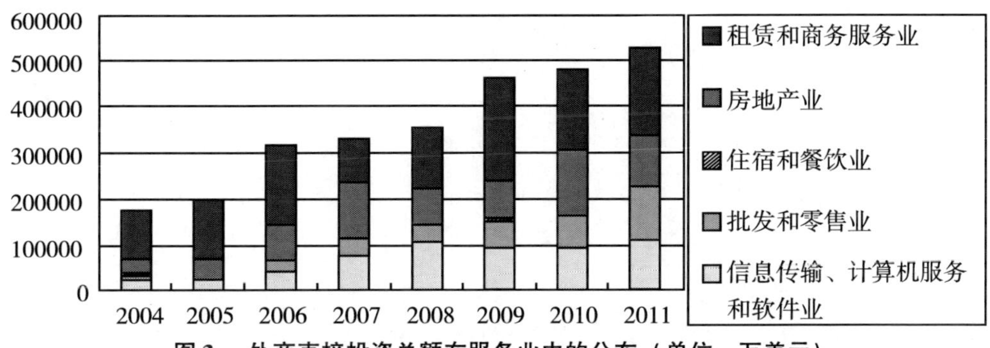

图3　外商直接投资总额在服务业中的分布（单位：万美元）

资料来源：根据《北京统计年鉴》数据统计制作.

2.3.3 农林牧渔业利用外资比率低

2004年以来的数据显示农林牧渔业继续发展利用外资投资。2004年至2010年北京市农林牧渔业外资利用比率呈曲线变化趋势，但即使是2007年也只有0.94%的外资利用率，可见外商直接投资在北京的利用率普遍低于1%且有波动性。

2.4 来源国及地区

20世纪90年代中期至今，来自发达国家包括美国、英国、德国与日本等国家的外商直接投资不断增加，但是占比一直较低。

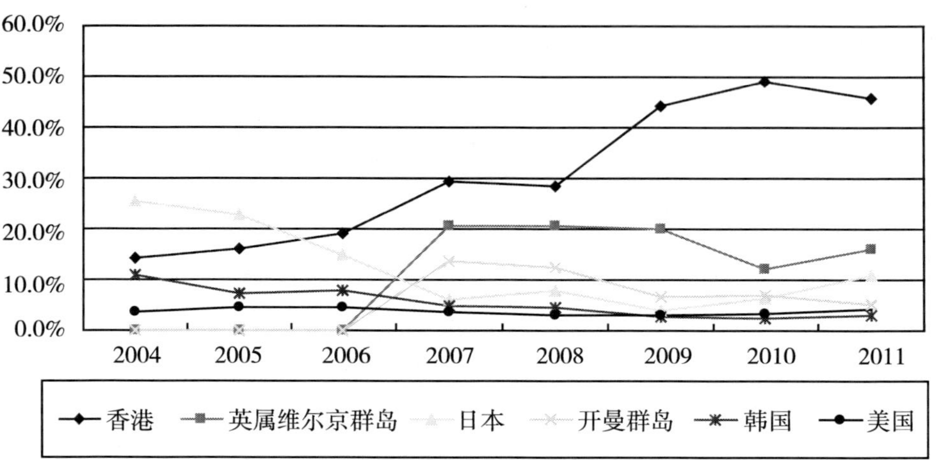

图4　2004—2010 年北京市外商直接投资总额按投资来源分

资料来源：根据《北京统计年鉴》数据统计制作.

由图 4 可知，2004 年以来，北京市外商投资金额所占比例较大的有香港地区、英属维尔京群岛、开曼群岛、日本与韩国等国家与地区。其中香港地区始终排名第一，且实际投资金额远高于其他国家与地区。2010 年，香港地区在北京市外商直接投资来源中的占比达到 49. 16%，来自于作为国际避税地的英属维尔京群岛的外商直接投资占比达到 11. 98%。

2.5　区位分布

2012 年外商直接投资在北京市内集中在朝阳区、海淀区、东城区和西城区，其中朝阳区的份额相对较大，2008 年至 2011 年始终保持在 200 000 万美元以上，门头沟区、延庆县、密云县较少，其中对门头沟区的投资额始终保持在千万美元，但 2011 年有上升趋势，可能与政府加强外商直接投资的引导有关。

近年来朝阳区作为城市功能拓展区，也是 CBD 所在区，吸引了大量外商直接投资，国际间交往人员流动密集也是吸引外商直接投资的原因之一。作为首都功能核心区的东西城区也吸引了较多的投资额。从表格数据来看，延庆县、大兴区、顺义区外商直接投资额成上涨趋势，近年来可能会对其进行继续的政策支持。详见表 1。

表 1　北京市外商对北京直接投资额按区县分

单位：万美元

区　县	实际使用外资金额			
	2011 年	2010 年	2009 年	2008 年
东城区	55256	53592	58520	35011
西城区	54197	61534	67577	73404
崇文区	*	*	11009	11007
宣武区	*	*	2622	2537
朝阳区	264703	240298	217761	215696
丰台区	7304	12758	10587	11625
石景山区	6767	6583	11994	2361
海淀区	142256	136343	128345	117408
门头沟区	4204	200	1281	1008
房山区	4903	7455	2718	572
通州区	9017	9042	8088	13754
顺义区	40491	40014	39586	38213
昌平区	9092	8894	8801	7140
大兴区	13088	11554	10205	5837
怀柔区	5939	6575	7194	7136
平谷区	6023	5363	4074	6628
密云县	4455	4552	4504	3527
延庆县	13934	835	614	1274

资料来源：根据《北京统计年鉴》数据统计制作.

注：* 2010 年起，崇文区与东城区、宣武区与西城区并区，所以，无 2010 年以后数据。

3　FDI对北京市就业的影响分析

3.1　对就业总量的双向影响

从数量上看，外商直接投资一方面促进了北京市就业数量的增加，另一方面也产生了一些消极的影响。而就业的增加与减少既可以通过外商直接投资的直接效应产生，也可以通过外商直接投资的间接效应产生，首先对外商直接投资的直接、间接效应进行分析。

3.1.1　促进就业人数增加

1. 由直接效应产生的就业人数增加

直接效应，即东道国劳动力直接被外国投资者雇佣。外商直接投资对北京市就业产生的正效应，主要表现为外资企业直接雇佣北京市劳动力，促进北京市就业数量的提高。这一效应可以通过2004—2011年北京市外商直接投资额与北京市外资企业直接就业人数这两组数据加以证明，如图5所示。

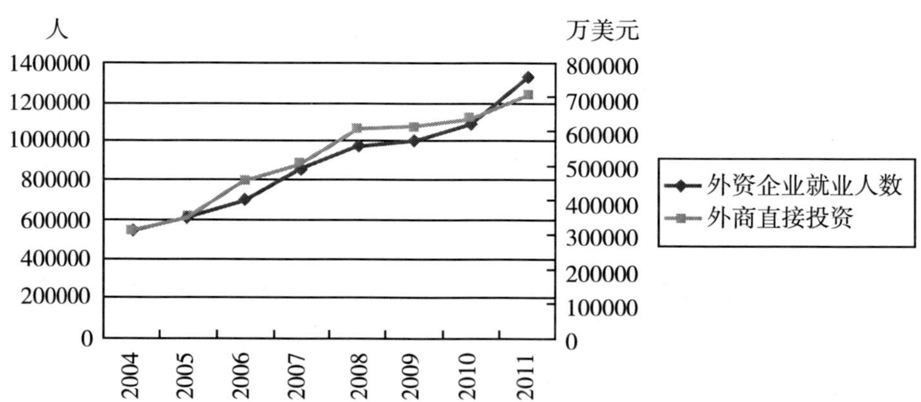

图5　2004—2011年北京市外商企业就业人数与外商直接投资总额趋势图

资料来源：根据《北京统计年鉴》数据统计制作.

由图5可以看出，随着北京市吸引外资的不断发展，北京市的外资企业所直接吸纳的就业人数也在不断增加。2004年，外资企业的就业人数只有

544934 人，但到了 2011 年，这个数据便增加到了 1330445 人，增长了 2.44 倍。与之相对应，在这一阶段，即 2004—2011 年，北京市外商直接投资额由 308354 万美元上升至 705447 万美元，涨幅达到 2.29 倍。由此可知，北京市外商直接投资额与外资企业的就业人数自 2004 年以来得到了良好的发展，外资企业就业人数的增幅基本与北京市外商直接投资金额的增幅相一致，由此可以判断外商直接投资所带来的直接效应就是就业数量的增加。

2. 由间接效应产生的就业人数增加

间接效应，即劳动力被某些与这种新投资的联系作用而获益的公司所雇用，外资企业的设立一般不是单独出现的，其设立往往伴随着其他相关产业的扩张以及因为产业链的作用而建立的产业群，这将会进一步带动就业；外商直接投资的间接效应对北京市就业数量产生的就业人数增加还体现在，伴随着外资企业建立，其他相关产业也会相继建立与扩张，甚至会通过产业链的相关作用形成产业集群，而这些相关的企业在吸收劳动力带动就业发展上起到了举足轻重的作用。比如，一个外资企业的建立可能会促进其供应商、生产商、销售商等提供更多的就业岗位，促进就业数量的增加。

3.1.2 引起就业人数减少

外商直接投资在给北京市就业带来数量上增加的同时也减少了一部分的北京市就业数量，主要表现为：采取并购的方式进入北京市的外资企业，在收购被并购企业的同时，必然会对被并购企业的人员进行重新调配。然而外资企业追逐利润最大化的本质决定了它不可能承担促进就业的社会责任，因此，外资企业一旦完成并购，大量的裁员不可避免。而且由于外资企业拥有较为先进的技术，在市场需求没有相同程度提高的情况下，原本的非冗员也可能会在一夜之间变为冗员而被裁减。外资企业进入北京市，与市内原有企业争夺有限的市场机会、生产要素与市场空间，由于外资企业拥有相对于区域内企业更好的生产技术水平与管理经验，导致优质要素向外资企业倾斜，使得北京市内本土企业在竞争中失利，甚至被挤出市场，由此可能会导致大量的劳动人员失业。

另一方面，依赖进口的外资企业弱化了它们与前向产业的联系。如果外资企业主要是依赖进口，一方面它无法带动当地生产商的发展，不利于配套企业的形成与发展，另一方面又使得当地的生产商在世界市场的竞争中处于不利地位，从而导致就业人数无法增加，甚至会引起一定程度上的失业。

产业结构调整使得北京市的结构性失业不断增加。外商直接投资促进了北京市产业结构的调整。随着我国加入 WTO 后一系列承诺的兑现，这一影响将会越来越重要，因此，由此导致的结构性失业也将不可避免，但只要国家注重利用外资的管理，提高利用外资的质量与效益，特别是引导外资投资的方向，让其与北京市经济发展的目标相一致，这一影响就会降到最低。

3.2 对工资水平的影响

外商投资企业为员工提供的工资一般都高于东道国国内企业。接下来就外商投资企业员工工资高的原因及现状做了一定的分析。

3.2.1 引起工资水平上涨

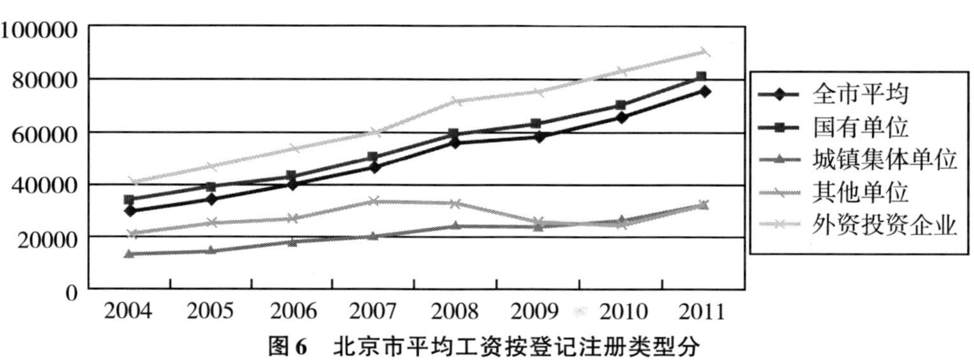

图6 北京市平均工资按登记注册类型分

资料来源：根据《北京统计年鉴》数据统计制作.

图6 显示，随着北京市经济与社会的发展，北京市各个单位职工的平均工资水平都得到了提高，2004 年至 2011 年期间，外资企业职工的平均工资水平最高；其次是国有企业。北京市的外商直接投资主要集中于服务业，主要集中于技术型产业，在带动北京市整体工资水平的提高上起到了明显的带动作用，面对国有单位难进入的用工状态，外商投资企业无疑成为广大劳动力向往进入的单位。因此，可以说外商直接投资促进了北京市职工工资整体水平的提高。

3.2.2 引起工资上涨的原因

如果与内资企业相比较，不难看出，从就业人员的工资水平方面来看，外资企业的从业人员享受了较高的工资水平，其原因主要是：（1）外商投资企业的劳动生产率一般高于国内企业。外资企业的生产力水平普遍高于国内企业，而且在这些企业工作的员工，一般是相对熟练劳动力，劳动生产率比较高。这是二者之间的工资水平存在较大差距的重要原因。（2）以全球市场导向为发展战略的跨国公司，需要各子公司在质量控制标准与生产进度方面紧密地合作，以降低生产误差与风险，这是需要员工的密切配合，为此必须向工人提供一定激励，为员工提供更高的工资水平，吸引他们加入并留在跨国公司的子公司。（3）跨国公司出于自身形象的考虑，向其员工提供较好的工资等，以减少东道国或国际上对其就业标准的批评。

3.3 对就业结构的影响

3.3.1 对不同产业就业结构的影响

北京外商投资企业从业人员稳步增长，从2006年的805425人增加至2011年的1218094人。其中，制造业、信息传输、计算机服务与软件业、批发与零售业、房地产业、租赁与商务服务业的从业人数都有缓慢增加，而外商投资建筑业从业人数却由2006年的46674人下降到2011年18330人，下降非常明显。详见表2。

表2 北京外商投资企业从业人员情况（按行业分）

	2011年	2010年	2009年	2008年	2007年	2006年
合 计	1218094	1122720	1086723	1084926	961081	805425
制造业（人）	383949	374829	352183	383125	360444	336725
建筑业（人）	18330	28605	25560	21780	40292	46674
信息传输、计算机服务与软件业（人）	188148	174331	165041	144798	119406	94262
批发与零售业（人）	173837	139984	114372	113907	81358	54574
住宿与餐饮业（人）	89781	91461	105537	104546	86782	73016
房地产业（人）	65065	57426	51622	51959	45243	43535
租赁与商务服务业（人）	100086	83638	78680	71664	54380	42669

资料来源：根据《北京统计年鉴》数据统计制作.

北京外商投资第二产业从业人数占全部第二产业从业人数的比例从2008年的19.95%升高至2010年的20.30%后，2011年达到18.76%。北京外商投资第三产业从业人数占比由2008年的15.27%变为2011年的15.39%。而这期间，北京市第二产业与第三产业人数虽然稳步增长，但占比基本稳定在20%与74%左右，详见表3。可见，外商投资对北京就业结构的影响不明显。

表3　北京市三次产业从业人员及构成

年　份	从业人员年末人数				构 成（%）（合计=100）		
	总人数（万人）	第一产业	第二产业	第三产业	第一产业	第二产业	第三产业
2004	854.1	61.5	232.8	559.8	7.2	27.3	65.5
2005	878.0	62.2	231.1	584.7	7.1	26.3	66.6
2006	919.7	60.3	225.4	634.0	6.6	24.5	68.9
2007	942.7	60.9	228.1	653.7	6.5	24.2	69.3
2008	980.9	63.0	207.4	710.5	6.4	21.2	72.4
2009	998.3	62.2	199.6	736.5	6.2	20.0	73.8
2010	1031.6	61.4	202.7	767.5	6.0	19.6	74.4
2011	1069.7	59.1	219.2	791.4	5.5	20.5	74.0

资料来源：根据《北京统计年鉴》数据统计制作.

3.3.2　对不同行业就业结构的影响

围绕北京城市功能定位与产业调整、升级方向，引导外资投向以商务服务、信息服务、科技服务、金融服务、物流服务为主的生产性服务业与创意设计、动漫、游戏等文化创意产业；鼓励外资投向新一代信息技术、生物、节能环保、新材料、新能源等战略性新兴产业；吸引外资发展高效、高辐射、高技术的高端制造业。

在北京市十二五规划中，把以上的行业作为重点吸引外资的对象，在政策的扶持下，外商直接投资企业中的就业情况不仅将继续倾向于商业服务行业、金融服务行业等近几年一直占比较大的第三产业行业，而且会加大向如创意设计、动漫等新兴行业的转移。

4 北京利用FDI促进就业的对策

通过上述分析可知外商直接投资对北京市的就业数量、薪资水平、就业区位与就业产业结构均有不同的影响，针对这些影响，结合北京市外商直接投资的特点与北京市的实际情况，给出以下几点对策。

4.1 注重引入服务行业的外资

北京是我国的首都，大量务工人员的到来致使目前北京市仍面临严峻的就业压力。如何增加就业仍然是北京市面临的严峻课题。同时，北京市劳动力的比较优势仍然存在，对服务行业的外商直接投资仍然具有很大的吸引力。因此，在北京市目前十分严峻的就业形势投资与就业的实际情况。这是一项重大的、长期的促进就业的计划，在充分利用富余劳动力下，北京市应该继续鼓励外资投向服务行业，可以考虑开展服务行业投资计划，创造更多的就业。

4.2 注重提高引进外资的水平与质量

目前，北京市在吸引外资中应该继续注重对质的要求。北京市吸引外资的来源结构发生了重大的变化，来源于韩国的外资所占的比重有所下降，而来源于我国香港地区与欧美地区的外资比重不断上升。因此必须高度重视引资结构与外资流向，通过制定更加科学合理的引资政策，注重引资质量与引资规模，努力寻求新的引资模式，改变过去那种单纯追求引资规模的政策，并有针对性、有目的性地选择、引导外商直接投资的产业流向。积极引进那些关联度大、就业乘数显著的产业，积极通过外商直接投资缓解北京当前严峻的就业形势。

4.3 合理协调与引导外商直接投资

积极鼓励外商对第三产业进行投资以缓解目前比较严峻的就业形势。因为外商直接投资对第三产业的带动效应更为显著，应及时修订外商投资产业的指导政策，引导外商投资到附加值更高的生产环节上，如现代服务业、资本与技术密集程度较高的制造业等。所以在制定政策时，应该有针对性地引导与选择外商直接投资向第三产业流入。

4.4 合理协调与引导外商直接投资，调整投资的地区流向

在利用外商直接投资方面，可以根据北京市各地区的经济技术水平与劳动力素质的差别，有针对性地引导外商直接投资的地区流向。对于朝阳区、海淀区与东西城区，引资时要把引资质量放在第一位，拓展引资的来源，鼓励资本密集型与技术密集型部门的引资发展。同时还要制定合理的发展规划，在促进高新技术发展的同时，要协调好常规技术行业与技术相对落后行业的配置比例，协调好增长与就业的关系。对于技术相对落后的远郊区县来说，大力改善基础设施建设，有针对性的鼓励远郊区县加强招商引资力度，实行优惠的政策以吸引外资，以鼓励旅游方向建设的外资企业。

4.5 注重高等教育与市场需求相结合

加强人力资本投资，提高劳动力素质是促进经济增长与劳动力就业的关键因素，而现在各企业对劳动力素质的要求也越来越高。但是，北京市目前的状况是劳动者素质不高，缺乏必要的劳动技能，企业提供的职业培训不足，高等教育与市场需求脱节。因此，加大北京市教育投入力度，提高北京市劳动力的综合素质势在必行。

参考文献：

[1] 刘斌．FDI 对中国就业数量影响研究［J］．现代商贸工业，2012（9）：10-11.

[2] 潘素昆．北京市利用外商直接投资的现状、问题及对策［N］．河北科技大学学报（社会科学版），2012（3）：17-23.

[3] 周艳梅．FDI 对我国制造业就业结构的影响［J］．技术经济与管理研究，2011（11）：68-72.

[4] 梁永强．FDI 流入对中国内资企业就业与工资水平影响的计量分析［J］．现代财经，2010（5）：79-85.

[5] 罗燕，陶钰．FDI 对东道国就业的影响［N］．重庆理工大学学报（社会科学），2010（3）：67-71.

[6] 毛日昇．出口、外商直接投资与中国制造业就业［J］．经济研究，2009（11）：105-117.

我国化工产品遭遇反倾销的现状、问题与对策分析

李　霞[1]

摘要：长期以来反倾销问题是国际贸易领域研究的一个热点话题，它已成为企业国际化经营所必须面对的问题。在 WTO 框架下，不管是我国对国外发起的反倾销还是国外对我国发起的反倾销，化工产品都是重灾区。与发达国家相比，我国还存在化工产品出口结构不合理，企业对反倾销诉讼意识淡薄及国家法制不健全等问题。因此，认真分析我国化工产品反倾销的发展现状、存在的原因，据此提出中国应对化工产品反倾销的对策，对我国积极应对化工产品反倾销具有极为重大的意义。

关键词：化工产品；反倾销；现状；原因；对策分析

我国加入 WTO 后，对外贸易不断发展。我国海关统计数据显示，2011 年，我国化工产品实现进出口贸易总额 6071.5 亿美元，同比增长 32.3%，增速高于全国对外贸易总额增速的 9.8%，较 2010 年提高 1.3%。其中，出口贸易额 1723.5 亿美元，增速高于全国外贸出口总额增速 8%，占全国外贸出口总额的 9.1%；[2] 但是我国出口的化工产品频繁遭到国外反倾销，2011 年国外针对我国化工产品发起的贸易救济调查为 13 起，涉及的案件数位居我国遭遇贸

---

[1] 作者简介：李霞（1989-），女，北京联合大学商务学院国际经济与贸易专业学生，指导教师梁瑞。

[2] 国家石油与化工网．2011 年我国石油和化工行业进出口贸易分析［EB/OL］．http：//www.cpcia.org.cn/html/124/20126/109190.html.

易救济调查总数的第二位。在这 13 起贸易救济调查中，反倾销 7 起，占比 53.8%。[1] 由此可以看出反倾销是我国化工产品遭遇贸易救济调查的主要形式。因此，积极研究我国化工产品遭遇反倾销的现状，分析原因并探究应对策略，对我国化工产品贸易的健康发展及应对化工产品反倾销调查具有重要的意义。

目前化工产业仍是我国国民经济的基础产业之一，在我国国民经济中占有重要的地位。化工产品涵盖了树脂、轮胎、石油及制品、化学纤维、无机化学原料、有机化学原料、日用化学品等诸多领域，与人们的生产、生活息息相关。本文所述的化工产业分为上游产业（石油组分）、中游产业（基础油及原料/有机中间体）、下游产业（精细化学品/高分子材料）。

1　我国化工产品遭遇反倾销的现状

1.1　反倾销是我国化工产品遭遇贸易救济调查的主要形式

据中国贸易救济信息网统计，1979—2011 年，我国遭遇贸易救济调查 1487 起，其中反倾销调查 1127 起，占我国遭遇贸易救济调查总数的比重为 75.8%，反倾销是我国遭遇贸易救济调查的主要形式。其中，涉及化工产品的案件共 358 起，反倾销调查 299 起，反补贴调查 5 起，涉华保障措施 47 起，特别保障措施 7 起。反倾销调查占我国化工产品遭遇贸易救济调查总数的 83.5%。[2] 2011 年，共有 20 个国家（地区）对我国启动 69 起贸易救济调查，化工产品遭遇贸易救济调查为 13 起，涉及的案件数位居第二位。在这 13 起贸易救济调查中，反倾销调查所占化工产品贸易救济调查总数的 53.8%。从上述数据及图 1 中可以看出，反倾销依然是我国化工产品遭遇贸易救济调查的主要形式。

---

[1] 裘红. 2011 年国外对华贸易救济新立案数同比下降 6.8% [EB/OL]. http://www.cacs.gov.cn/anjian/indexshow.aspx? str1=0&articleId=101047.

[2] 广州市对外贸易经济合作局. 国外对华化工产品贸易救济案件概况 [EB/OL]. http://www.gzboftec.gov.cn/article.jsp? id=30800.

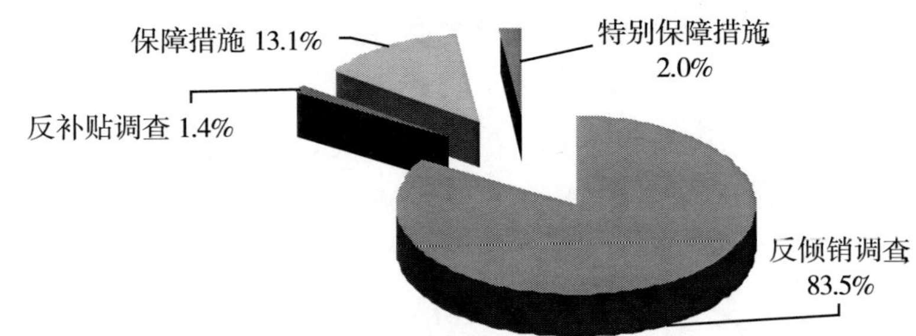

图1　1979—2011年化工产品遭遇贸易救济的形式情况

注：图内数据来源于广州市对外贸易经济合作局和中国贸易救济信息网整理而得.

1.2　化工产品是我国遭遇反倾销调查的重点产品

近年来，我国遭遇反倾销调查的产品范围不断扩大，在20世纪80年代我国遭遇反倾销调查的主要产品是农副产品，后来扩大到工业制品、矿产品，直到附加值较高的机电产品，现在涉案商品已达4000多种。化工产品是国际贸易中的传统产品，为纺织、轻工、医药等行业提供原料，是人们在日常生活中不可缺少的产品。自从WTO成立以来，1995—2011年全球对金属及其制品发起的反倾销调查1103起，居于全球反倾销的首位，其次是对化工产品发起的反倾销调查825起。在此期间，我国化工产品遭遇反倾销调查170起，占全球化工产品反倾销调查总数的20.6%，是全球遭遇化工产品反倾销调查最多的国家。[1] 据中国贸易救济信息网统计，1979—2011年，我国遭遇反倾销调查1127起，涉及化工产品的案件共358起，占我国遭遇反倾销调查案件总数的31.8%，年均立案11起。不论在全球范围内还是在我国国内，从反倾销的调查数量来看，化工产品一直是我国遭遇反倾销调查的重点产品。

1.3　化工产品反倾销税税率不断提高，涉案金额不断增加

反倾销税率的制定一直是反倾销最终裁决的关键，近年来，反倾销税率也在不断的上升。以美国对我国晶体硅光伏电池征收的反倾销关税为例，2012

[1] 世界贸易组织．Anti-dumping Sectoral Distribution of Initiations：By Exporting Country 01/01/1995 - 31/12/2011.

年3月，美国商务部初裁认定，中国输美晶体硅光伏电池（无论是否组装入模块）存在倾销行为。反倾销税初裁结果，税率达31.14%至249.96%，并将征税措施向前追溯90天。2012年10月10日，美国商务部作出终裁，裁定对中国涉案企业征收18.32%—249.96%的反倾销税。[1] 这是迄今为止我国企业被征收惩罚性关税最高的一次，大幅上升的反倾销税极大地抵消了我国出口晶体硅光伏电池的优势，直接影响了晶体硅光伏电池出口贸易。而在2012年8月31日，欧盟已经向我国驻欧盟使团发出照会，确认将对我国企业出口欧洲的太阳能电池及其组件发起反倾销调查，涉案金额超200亿美元。关于太阳能电池反倾销调查牵涉企业之多，涉案金额之大，是对我国出口企业的严峻考验。

1.4 发展中国家是对我国化工产品实施反倾销调查的主要发起者

近年来，在对我国化工产品启动反倾销调查程序的国家（地区）中，发展中国家立案数量所占的比重正在逐渐增多，从表1中可以看出，对我国化工产品反倾销的17个国家（地区）中除了美国、欧盟、澳大利亚、韩国和加拿大这5个发达国家（地区）外，其余12个国家均为发展中国家（地区）。在1995—2011年这16年间印度是对我国化工产品发起反倾销调查最多的国家，其次是发达国家中的欧盟，但也只占到印度发起反倾销总数的37.1%。

表1 1995—2011各国对我国化工产品发起反倾销

国家或地区	发起反倾销调查	采取最终反倾销措施
印度	70	58
美国	24	21
欧盟	26	24
澳大利亚	8	6
韩国	6	6
阿根廷	6	4

[1] 张辉. 美国对华晶体硅光伏电池作出反倾销终裁［EB/OL］. http：//www.cacs.gov.cn/anjian/indexshow.aspx？articleId=105130.

续表

南非	5	2
墨西哥	6	2
巴西	5	3
印尼	3	3
泰国	3	2
巴基斯坦	2	2
加拿大	1	1
菲律宾	1	1
土耳其	2	2
乌克兰	1	1
哥伦比亚	1	1
总数	170	139

数据来源：中国贸易救济信息网及 WTO 整理而得.

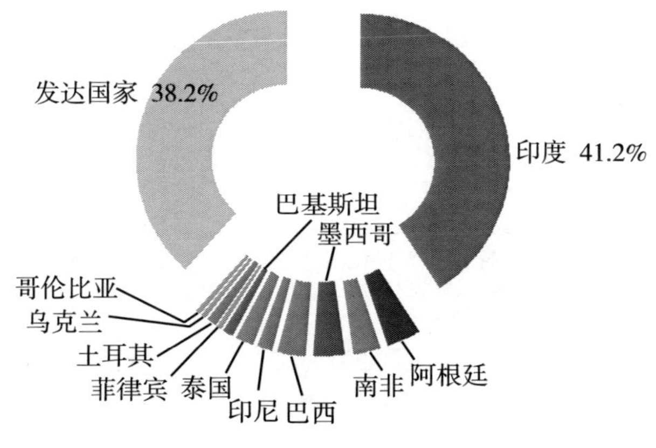

图 2　1995～2011 年各国对我国化工产品发起反倾销比重

从图 2 可以看出，除印度之外，墨西哥、印度、阿根廷等发展中国家（地区）也加入到对我国化工产品反倾销的队伍中来，但印度占的比重最高。1995—2011 年印度对我国化工产品发起反倾销的次数最多，高达 70 次，占比 41.2%。在 1994 年之前，印度并没有对我国化工产品发起过反倾销调查。1994 年，印度首次对我国启动反倾销调查，即印度对我国异丁基苯的反倾销。1994—2011年，印度对我国化工产品反倾销案件占同期国外对我国化工产品反倾销总数的38.2%，这应该引起重视。

1.5 基础化学原料是我国化工产品遭遇反倾销调查的主要产品

我国遭遇反倾销的产品主要集中在资源型、劳动密集型低附加值产品，化工产品出口仍在走以资源换资金的道路，如萤石和氢氟酸以低价出口，不仅以低廉的价格出口了我国宝贵的氟资源，另一方面，又给国外造成反倾销的口实，引发国外对我国的反倾销案件。如表2所示，2007—2011年基础化学原料遭遇反倾销调查次数占我国化工产品遭遇反倾销总数的63.3%。从图3可以看出，除2008年金融危机化工产品遭遇反倾销数量有所减少，且基础化学原料反倾销所占化工产品反倾销调查的比重低于50.0%，另外4年基础化学原料反倾销所占化工产品反倾销调查的比重均高于50.0%，2009年达到最高点69.2%。

表2 2007—2011年我国化工产品遭遇反倾销调查情况

年份	2007	2008	2009	2010	2011
对化工产品反倾销	19	8	13	13	7
对化学基础原料的反倾销	15	3	9	7	4

数据来源：商务部发布《国别贸易投资环境报告》及中国贸易救济信息网整理而得.

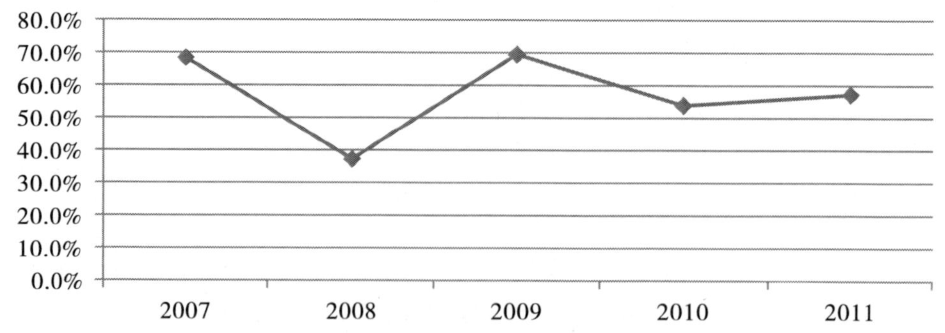

图3 2007—2011基础化学原料反倾销所占化工产品反倾销调查的比重

1.6 我国化工产品遭遇反倾销呈现连锁反应

反倾销很容易产生连锁反应，当一种涉案产品被一国征收反倾销税时且无法进入该市场时，会蜂拥转向另一个市场，结果会导致新的反倾销诉讼。例如在轮胎领域，2001 年，委内瑞拉对中国轮胎，秘鲁对中国的摩托车、卡车和篷车轮胎，埃及对中国的汽车轮胎分别进行反倾销立案调查；2004 年，土耳其对原产于中国的橡胶外胎进行反倾销立案调查；2005 年南非国际贸易管理委员会对原产于中国的充气轮胎，墨西哥对原产于中国的旅行小客车和轻型卡车斜纹轮胎，印度对原产于中国的客车和卡车斜纹轮胎，分别进行反倾销立案调查。[1] 一国对我国化工产品进行反倾销调查后，往往会引起有关国家的警惕，它们担心同类产品已在自己国家倾销，从而引发反倾销调查程序，引起连锁反应。

2 化工产品遭遇反倾销的原因分析

2.1 产能过剩，企业低价恶性竞争

改革开放以来，我国经济迅速发展，但由于市场机制不健全，存在盲目跟风现象，市场上出现了大量过剩化工产品。企业为了生存，在出口上采取低价销售的策略。这种低价以及无节制的出口给进口国市场带来的巨大冲击，为我国化工产品遭遇反倾销埋下了隐患。这也是我国化工产品遭遇反倾销的根本原因。另外，我国化工企业数量众多，经营方式一般是分散经营，行业组织没有起到应有的管理和协调作用，出口企业为了拿到订单不惜互相压价，自相残杀。这种做法不仅造成国外对我国化工产品质量的质疑，而且给进口国留下了低价倾销的印象。以柠檬酸为例，2001 年我国柠檬酸的产能为 45 万吨，到 2007 年产能为 100 万吨，柠檬酸产能已过剩 30%—40%。多年来，柠檬酸的出口价格比国际市场低，而且国内市场各企业也压价销售，柠檬酸成为历年来

[1] 商务部. 五年遭遇七国反倾销调查广东轮胎出口急谋对策 [EB/OL]. http://www.mofcom.gov.cn/aarticle/hzzn/200602/20060201563118.html.

遭遇国外反倾销调查最多的产品之一。

2.2 化工产品出口结构不合理

我国化工产品的产业结构与发达国家具有互补性，但与发展中国家缺少互补性，并且产业结构相似。大多发展中国家和我国出口的化工产品均比较单一，主要为劳动密集型产品和资源密集型产品。而且我国低附加值的化工产品比重高，石油化工产品、有机化工产品和高档新产品的比重过低，目前，我国化工产品的精细化率不到40%，而发达国家则达60%—70%。[1] 我国化工产品附加值低，缺乏自主品牌，而且原材料和劳动力价格低廉使我国产品具有低成本优势，而这又极容易被误认为是倾销。

2.3 贸易保护国滥用"替代国"制度

2001年12月11日我国加入了WTO，但是我国在加入WTO时签署的文件中承诺接受"非市场经济地位"，贸易保护国利用我国的"非市场经济地位"用"替代国"制度保护本国化工产品，这是我国化工产品遭遇反倾销的重要原因。2011年国外对我国化工产品发起的7起反倾销调查中，有4起对我国反倾销初裁采用替代国。"非市场经济"是反倾销调查确定倾销幅度时使用的一个重要概念。"如果认定被调查商品的出口国是'非市场经济'国家，将引用与出口国经济发展水平大致相当的市场经济国家（即替代国）的成本数据来计算所谓的正常价值，并进而确定倾销幅度，而不使用出口国的原始数据。"[2] 这种做法导致我国本来没有倾销的产品被裁定存在倾销，或本来只有轻微倾销的产品被裁定高额倾销幅度。只要我国的"市场经济地位"没有得到认可，进口国的化工企业就会千方百计地利用这一点来使用反倾销武器以达到保护自己的目的，这将导致我国化工企业失去出口市场。

---

[1] 危丽琼．精细化率：做强的重要指标［EB/OL］．http：//www.ccin.com.cn/ccin/news/2011/12/16/213192.shtml.

[2] 李金玲，李晓燕．"非市场经济地位"相关问题的理论分析［EB/OL］．http：//www.cacs.gov.cn/news/newshow.aspx？str1=2&articleId=361734.

2.4 预警机制不健全，行业协会组织企业应诉不力

虽然我国已建立化工产品的预警机制，但却不健全。数据的获取和更新不及时，预警信息滞后，使得对出口化工产品的反倾销应对往往成为遭受反倾销诉讼的事后补救措施。而且我国的行业协会与国外同类机构相比差距明显。在反倾销应诉工作中我国的行业协会分工不明确，服务质量不高，与企业之间缺乏协调，一些希望参加应诉企业得不到相关信息，生产企业得不到指导和帮助。此外，经费不足的问题也制约了协会服务能力的提高，无力组织企业应诉。

2.5 企业对化工产品反倾销诉讼的意识淡薄

我国化工企业频频遭遇国际反倾销，这与不少化工企业缺乏反倾销应诉的知识和意识有重大的关系。在遭受反倾销时，企业不知如何进行反倾销申诉，不懂得运用正当的贸易手段和法律手段进行反倾销申诉，如在应对 CVP23 反倾销诉讼案中，在美国反倾销调查期间，仅有 4 家企业参加应诉。最终裁决参加应诉企业的税率降至 27%，而其他没有参与应诉的企业税率高达 200% 以上，几乎完全失去美国市场。此外，我国化工产业的行业协会法律定位不清、行政色彩过浓，目前仍未全部承担起组织、帮助化工企业开展反倾销的重任。从更大的范围来看，国外对我国的反倾销轻易地取得胜利，也极容易造成其他国家的效仿。

3 我国积极应对化工产品反倾销的对策分析

3.1 从国家角度来分析

3.1.1 力争“市场经济地位”，积极利用 WTO 多边争端解决机制

我国政府应利用国内外媒体加强宣传攻势，大力宣传我国市场化进程，并可以委托国内外有关专家或权威机构对我国市场经济转轨程度进行鉴定，增强说服力，避免歧视性待遇。我国应加强对欧美等国在反倾销投诉方面的法律法规以及对我国的歧视政策放在 WTO 规则中加以评判的力度，以便尽早通过

WTO 这一多边贸易体制来维护我国应得的正常待遇。这样，贸易保护国滥用“替代国”制度的问题也会得到解决。我国还应充分利用加入 WTO 后的有利条件，行使成员国的合法权益，有重点、有针对性地采取相应的反击措施，积极应诉，以彻底改变我国在双边贸易纠纷中的不利地位。

3.1.2 完善我国反倾销立法

我国反倾销立法起步较晚，起初并未得到足够的重视，还存在很多不完善之处，需要尽快加以弥补。尽管我国已于 2001 年制定实施了《中华人民共和国反倾销条例》，并于 2004 年在大量参照国际惯例，特别是重点遵守了 1994 年“世界贸易组织反倾销守则”的基础上进行了修订。但是，还应该考虑到法规之间的相互作用和影响的关系。另外，应该注意反倾销立法中的因果关系及附加条件。GATT《1994 年反倾销协议》对于倾销与损害之间的因果关系采取了列举式和排除式相互结合的做法，即应当审查提交给当局的所有相关证据，并排除倾销产品外的、同时对国内产业造成损害的其他因素，如非倾销价格出口的进口产品的数量和价格、国内需求的减少或消费模式的变化等。这些都是在修改我国反倾销法中值得借鉴的。还有就是，应该进一步明确和规范反倾销调查程序以及建立与完善我国反倾销诉讼体制。

3.2 从协会角度来分析

3.2.1 健全化工产业损害预警机制，协助政府部门维护出口秩序

化工产品反倾销的预警系统可以为化工协会提供有力的证据去引导和协调化工出口企业的出口行为及规范出口企业的出口秩序。2004 年 4 月 7 日我国颁布了新的《中华人民共和国对外贸易法》，进一步完善了关于我国实施对外反倾销的有关规定，该规定是政府有关部门参与反倾销的法律依据，利用这些权利参与反倾销，其反倾销力度就会更大。我国众多化工企业应付反倾销的能力和运用反倾销的能力还不成熟，特别是我国反倾销诉讼启动时间不长，而且我国律师还未完全介入到反倾销调查和诉讼程序中。因此，化工协会提供必要的法律帮助和法律指导是很重要的。应建立和高效使用反倾销预警机制、防范机制，如设立反倾销基金，提供足够的财力支持，坚持“谁应诉，谁受益”的原则，鼓励企业参与反倾销诉讼和提起反倾销诉讼。

3.2.2 协助企业做好反倾销应诉工作

化工行业协会作用的充分发挥有助于我国化工企业及时做好反倾销的应对工作，增强企业的应变能力。在我国加入 WTO 后，我国政府在市场经济活动中的行政职能受到 WTO 法律框架体系的约束，行业协会应首当其冲承担政府的部分职能。实践证明，在反倾销的抗争中行业协会发挥了政府不可替代的作，如新安化工草甘膦反倾销之战。当化工企业遭遇反倾销时，化工行业协会应组织化工企业进行反倾销申诉，配合申诉工作提供行业资料，并尽可能给企业提供反倾销人力、物力、财力和技术上的支持。在反倾销调查阶段，行业协会还应该组织好各相关企业搜集证据和信息，对企业配合调查进行指导和帮助。此外，还应加强反倾销的宣传、咨询和人员培训工作。

3.3 从企业角度来分析

3.3.1 优化化工产品的出口结构

企业应逐步优化化工产品的出口结构，扩大高技术含量、高附加值产品的出口，摆脱出口产品低层次的价格竞争。要实现贸易多元化战略，以多元化的市场替代单一市场的出口，在巩固和提高现有国际市场的前提下加强对其他国家市场的开拓，这样可以避免短期内化工产品出口的增长速度与绝对数量增加造成的倾销侵害。另外，企业实施战略转型，从低价策略转移到技术创新、品牌推广以及产业重组等创造高附加值的策略上，通过实施化工企业出口产品差异化的策略来打造非价格竞争优势，从而达到“规避”反倾销的目的。出口产品差异化策略注重提高产品技术含量，发挥自身特色，在国际市场上培养和创造企业全新的竞争优势，这是“规避”反倾销的长远之计。

3.3.2 规范企业内部管理，建立企业自身的预警机制

首先，化工企业应规范企业的内部管理，建立反倾销预警系统和运行机制，密切关注国内外市场动态，并加强反倾销的管理工作，以共同抗击其他国家或地区化工产品的倾销，来保护本国化工产业的健康发展。其次，我国企业应加快实现对账目的统一管理，这些数据将是我国应对反倾销诉讼中重要的证据来源。化工企业不仅应采取国际标准，还应该了解其他国家的相关制度，了

解两者的不同。这样，我们的会计报表才会更加规范化，具有更强的证明力及可信度。虽然近年来我国对进口化工产品实施反倾销措施的效果已初步显现，但仍存在诸多问题，为使反倾销措施在我国的贸易救济中充分发挥作用，政府部门、行业协会及企业应发挥主动性和积极性，建立一个包括上述三方在内的各司其职、相互配合、多层次、联合对外的反倾销统一体系。

3.3.3 建立跨国公司，积极推动企业“走出去”

我国化工产品频繁遭遇反倾销的问题，反映出我国化工企业的国际化经营层次不高的问题，暴露出了我国的化工产品在国际上的竞争力不强，同时，又由于我国化工产品是低附加值产品，侵害了东道国本国的产业，无法推动东道国经济的发展；东道国对我国化工产品发起反倾销的几率增大。但是企业成为跨国公司后可以有效地规避国外对我国发起的反倾销制裁。跨国公司可以在全球范围内形成网络化生产、研发、销售的体系，这样不仅提高了企业化工产品的竞争能力，而且可以通过在国外的投资以及内部转移价格方式来规避反倾销。化工企业还可以凭借自身的技术、雄厚的资金实力、品牌的知名及现代化管理走出国门，只有这样才能使得我国的化工产品避过其他国家关税壁垒的障碍，而且也能占领和开拓新的国际市场，就地生产就地销售，以减少国外反倾销的投诉。跨国公司还可以利用投资来增强东道国政府和社会对企业的依赖程度，在企业遭到反倾销诉讼时，有机会减小损失。

4 结语

综上所述，我国还存在化工产品出口结构不合理、企业对反倾销诉讼意识淡薄及国家法制不健全等问题，而且我国化工产品采取低价销售的策略，极易遭受反倾销诉讼而呈现出连锁反应，进而遏制了我国化工产品的对外贸易。近几年，化工产品遭遇了反倾销的新趋势，由传统的劳动密集型产品、资源密集型向科技密集型延伸。因此，为了解决我国化工产品面对的问题，国家、行业、企业需要共同努力来维护我国的权益及化工企业的利益，知晓并熟练地运用反倾销规则来应对国外对我国化工产品的反倾销；加大化工产品创新力度，增强我国化工产品在国际市场上的竞争能力；建立健全产业预警机制，加快信息化建设，制定合理的国际化经营策略，这样才能使我国在国际化工产品市场立于不败之地。

参考文献：

[1] 张绍娟，周灏．化工产品反倾销统计及分析［J］．现代商贸工业，2011（11）：103-105.

[2] 林荣．化工出口企业开拓国际市场的对策分析［J］．现代商业，2011（32）：182-183.

[3] 宋利芳．中国的反倾销摩擦及其对策研究［J］．中国软科学，2012（2）：5-15.

[4] 解彬．浅论国际对华反倾销的新趋势及中国的应对策略［J］．法制与经济，2012（2）：96-99.

[5] 林超越，张丹琳．化工产品：自由贸易与反倾销之争［R］．北京：中国海关，2011（3）：82-84.

[6] 李秉航．反倾销法中替代国制度及中国对策研究［D］．青岛：中国海洋大学，2011.

中泰大米国际竞争力比较分析

董　晨[1]　田　园[2]

摘要：中国大米产量为世界第一，泰国也是世界大米生产和出口大国。本文首先通过比较2001年至2010年中泰两国大米的贸易现状，对中泰两国大米的国际竞争力进行了定性分析；其次通过偏重于测量贸易份额的贸易竞争力指数，偏重于出口形势测量的显示性比较优势和忽略进口因素影响的显示性竞争优势指数三个指标从不同角度精确地判断中泰两国大米的贸易竞争力，并对定性判断和定量分析的结果进行比较分析，以便更客观准确地分析中泰两国大米的国际竞争力。最后，根据泰国大米产业发展的经验，分析影响中国大米国际竞争力的主要因素。

关键词：中泰；大米；国际竞争力

1　中泰大米贸易现状

从总体趋势上来看，中泰大米的出口都位居世界前列，泰国一直是世界上第一大米出口国，中国在2010年时大米出口额位居世界第五。但是中泰两国大米进口量却相差甚远。近年来，中泰大米产量都有大幅增加，中国大米年产量从2005年的1.81亿吨逐年增长至2010年的1.96亿吨，增长8.2%，并且年产量一直位居世界第一。泰国大米年产量则从2005年的2353万吨增长到2010年的3070万吨，增长30.5%，位居世界第五。同时中泰两国还都是大米

[1] 作者简介：董晨（1990-），男，北京联合大学商务学院国际经济与贸易专业学生。

[2] 作者简介：田园（1982-），女，讲师，博士，北京联合大学商务学院国际经济系教师，研究方向为国际贸易理论与政策、国际服务贸易。本文通讯作者。

出口大国，泰国一直是世界大米出口第一大国，在2010年泰国出口大米总计一亿吨，占世界大米出口总量的31.58%，而中国近年来出口也逐渐增加，在2010年出口大米总计600万吨，占世界大米出口总量的1.89%，位居世界第11位。通过上面呈现的数据，不难发现中泰大米从2005年—2010年这段时间，无论是从产量上还是进出口贸易上，都有较大幅度的提高。

1.1 中国大米贸易现状

1.1.1 中国大米进出口金额分析

表1 2005—2011年中国大米进出口额

年份	出口额（美元）	进口额（美元）
2005	224648157	196079258
2006	408739315	288470135
2007	478472160	217630136
2008	481430066	183398405
2009	523565176	201402413
2010	416056843	253286898
2011	426959467	386749951

数据来源：世界粮农组织网站FAOwww. fao. org.

从表1可以看出，在2005—2009年间中国大米的出口额迅速增加，出口额从2亿多美元增长到5亿多美元，增长率为133%，可见中国大米出口增长势头很旺。但是从2010年开始，中国大米出口额却出现了跳水式下降，从2009年的5亿多美元下降到4亿多美元，下降幅度达20.53%。但出口额的下降并不是由于大米出口数量减少，而是由于2010年以来大米的价格大幅下降所引起。2010年以前，受国际金融危机的影响和大米主要出口国的大米出口限制，国际大米市场价格持续走高。但是2010年以后，中国市场出现了异常的稻强米弱的现象，即中国市场中水稻价格坚挺，而大米价格一直低迷不振。从总体来看，在没有金融危机等外界不利因素的影响下，中国大米出口有很明显的逐年增长的趋势，只是随着近年来国际经济形势多变，国内大米和水稻价格不稳定给大米出口带来了不利影响，所以在未来几年，仍要注意国内外经济和市场因素对大米出口的影响。

相比中国大米的出口情况，中国大米进口趋势变化更为复杂，在2005年到2006年间，大米进口迅猛增加，增长率为47.1%，但是随后又快速下降，截止到2008年，中国大米进口额已经降至1亿8千万美元，仅相当于2006年大米进口金额的63.6%。随后的2009年到2011年，大米进口金额呈现快速增长的趋势，2011年中国大米的进口额已相当于2009大米进口额的两倍多。对于这样的趋势变化，分析其主要原因是国际大米市场价格波动和国内大米进口策略变动。在2006—2007年，国际大米价格因国际大米需求上涨而价格上涨，所以中国大米的进口大幅减少。2008年全球金融危机爆发，更加剧了全球大米价格的上升，导致中国大米进口量进一步下降，但是在2009年中国大米进口政策发生变化，由于国际大米市场的高价格，而且中国国内大米市场也面临着稻强米弱的问题，所以中国开始从周边国家大量进口低端大米来充当口粮，导致中国大米进口数量大幅上升。

1.1.2 中国大米进出口国别/地区分析

表2 2005—2011年中国大米主要出口国和地区

排名＼年份	2005	2006	2007	2008	2009	2010	2011
1	日本 亚洲	日本 亚洲	科特迪瓦共和国 非洲	科特迪瓦共和国 非洲	韩国 亚洲	韩国 亚洲	韩国 亚洲
2	俄罗斯 亚欧	韩国 亚洲	韩国 亚洲	利比里亚 非洲	日本 亚洲	日本 亚洲	朝鲜 亚洲
3	韩国 亚洲	俄罗斯 亚欧	日本 亚洲	韩国 亚洲	南非 非洲	朝鲜 亚洲	越南 亚洲
4	尼日利亚 非洲	科特迪瓦共和国 非洲	美国 北美洲	新几内亚岛 独立岛屿	尼日利亚 非洲	中国香港 亚洲	日本 亚洲

续表

5	利比里亚 非洲	利比里亚 非洲	新几内亚岛 独立岛屿	尼日利亚 非洲	朝鲜 亚洲	利比里亚 非洲	中国香港 亚洲
6	朝鲜 亚洲	美国 北美洲	利比里亚 非洲	日本 亚洲	中国香港 亚洲	越南 亚洲	巴基斯坦 亚洲
7	越南 亚洲	新几内 亚岛 独立岛屿	朝鲜 亚洲	中国香港 亚洲	越南 亚洲	科特迪瓦 共和国 非洲	印度尼 西亚 亚洲
8	科特迪瓦 共和国 非洲	尼日利亚 非洲	古巴 北美洲	孟加拉国 亚洲	利比里亚 非洲	巴基斯塔 亚洲	南非 非洲
9	中国香港 亚洲	朝鲜 亚洲	越南 亚洲	俄罗斯 亚欧	萨摩亚 太平洋 南部	新几内 亚岛 独立岛屿	肯尼亚 非洲
10	安哥拉 非洲	中国香港 亚洲	中国香港 亚洲	美国 北美洲	俄罗斯 亚欧	俄罗斯 亚欧	孟加拉国 亚洲

数据来源：原始数据来源于 UN COMTRADE database，排名自行整理.

通过上表可以看出，中国大米主要的出口国和地区大都集中在亚洲和非洲，主要的亚洲国家或地区有日本、朝鲜、韩国、中国香港、越南和孟加拉国等。主要的非洲国家有肯尼亚、科特迪瓦共和国、利比里亚和尼日利亚等。还有像美国、古巴这样少数的北美洲国家以及俄罗斯这样的亚欧国家。总体看，从 2005—2011 年中国大米主要出口国和地区中，亚洲国家和地区占据一半以上份额，非洲国家占到 40% 左右，可见亚洲和非洲是中国大米主要的出口市场。从大米出口量和出口额来看，中国的周边国家和地区，像中国香港、日本、韩国、越南、朝鲜和俄罗斯等国在中国大米出口贸易中占据主导地位，中国向这些国家出口数额巨大，占中国大米出口总额的 30%—40%。其中，中国大陆向香港地区大米出口额逐年增加的趋势和向非洲一些国家大米出口逐渐减少的趋势十分值得关注，中国大陆向香港地区大米出口额从 2005 年的 6 百多万美元增加到 2011 年 2 千 3 百多万美元。相比而言，中国对非洲国家如尼日利亚的大米出口额从 2005 年 1 千 9 百多万美元减少到 2011 年的 353 美元。究其原因，是因为香港回归后，中国大陆政府十分重视与香港地区一起共同发展，并郑重强调要做好香港地区食品和能源的后勤保障工作。近年来，中国大陆一直以比国际大米市场较低的价格出售给香港的大米进口商。而从上一轮世界粮食危机爆发后，非洲各国政府充分认识到粮食安全的重要性，纷纷制定政策，大力促进本国农业发展，减少外贸依赖度。像中国大米主要的非洲出口国——尼日利亚，近年来大米产量保持了两位数的增长率。

表3　2005—2011年中国大米主要进口来源国和地区

排名＼年份	2005	2006	2007	2008	2009	2010	2011
1	泰国 亚洲	泰国 亚洲	泰国 亚洲	泰国 亚洲	泰国 亚洲	泰国 亚洲	泰国 亚洲
2	越南 亚欧	越南 亚洲	越南 亚洲	老挝 亚洲	老挝 亚洲	越南 亚洲	越南 亚洲
3	缅甸 亚洲	老挝 亚欧	老挝 亚洲	日本 亚洲	越南 亚洲	老挝 亚洲	巴基斯坦 亚洲
4	巴基斯坦 亚洲	巴基斯坦 亚洲	巴基斯坦 亚洲	缅甸 亚洲	巴基斯坦 亚洲	日本 亚洲	老挝 亚洲
5	老挝 亚洲	日本 亚洲	日本 亚洲	巴基斯坦 亚洲	日本 亚洲	缅甸 亚洲	韩国 亚洲
6	美国 北美洲	缅甸 亚洲	美国 北美洲	越南 亚洲	缅甸 亚洲	巴基斯坦 亚洲	缅甸 亚洲

数据来源：原始数据来源于UN COMTRADE database，排名自行整理.

注：由于中国大米产品进口总额的90%都集中于前六名进口国，从第七名开始进口额仅为几千元，所以在此只列举前六名。

从表3可以看出，中国大米的进口市场较集中，主要集中在周边亚洲国家，尤其是泰国、缅甸、越南等东盟成员国。中国和东盟成员国签订的《中国-东盟全面经济合作框架协议》中对于农产品减免税率的条款对中国和东盟成员国之间的大米贸易有较大的促进作用。其中，泰国一直是中国大米最大的进口来源国，从2005年到2008年，中国从泰国进口大米的总额占到中国从世界进口大米总金额的85%到90%，主要原因是泰国大米质量好、口感好，尤其是泰国香米深受中国百姓喜爱，弥补了中国国内大米市场中高端大米产品的供应不足。但是2009年金融危机爆发，各国大米价格纷纷上涨，泰国大米因为质量好，价格上涨幅度最快，达5%左右，这促使中国大米进口政策发生了改变，中国开始从越南大量进口廉价大米，以充实低端口粮市场，学校及员工食堂等单位和部门大量采购廉价中低端大米。截止到2011年，泰国虽然还是中国大米最大的进口来源国，但是进口比重已经下降到44%。而中国从越南进口大米的比重从2005年的4.1%，提高到2011年的21%。

1.2　泰国大米贸易现状

1.2.1　泰国大米进出口金额分析

表4　2005—2011年泰国大米进出口额

年份	出口额（美元）	进口额（美元）
2005	2321681917	919323
2006	2579059721	961505
2007	3470015325	1972118
2008	6107572101	10508628
2009	5046463708	18644693
2010	5341082404	5459897
2011	6507473018	8912892

数据来源：世界粮农组织网站 FAOwww. fao. org.

从2005年到2008年泰国大米出口额一直呈现上升趋势，这是由于泰国的大米产量逐年增高，其良好的品质和口感使泰国大米在国际市场上很受欢迎。2008年全球金融危机后，泰国大米出口出现下降，随着金融危机对全球经济影响的消退，国际大米市场价格回落，泰国大米出口额开始回升，截止到2011年，泰国大米出口额为65亿余元，相比2008年的总出口额增长6.5%。

泰国大米的进口额相对于泰国大米的出口额，显得微乎其微。总体来看，从2005到2007年，泰国大米进口额保持平稳，但2007年到2010年，出现迅速上升后又明显下降。这是由于金融危机时，国际大米市场价格相对较高，泰国从周边国家进口许多廉价的大米用作饲料。据统计，2008年泰国大米进口额是2007年进口额的5倍。随着金融危机对国际经济形势影响的消退，国际大米市场价格的回落，泰国大米进口额迅猛减少。而2011年后泰国大米进口额又因国际大米价格浮动而上升。

1.2.2 泰国大米进出口国别/地区分析

表5 2005—2011年泰国大米主要出口国和地区

排名/年份	2005	2006	2007	2008	2009	2010	2011
1	中国 亚洲	中国 亚洲	贝宁 非洲	尼日利亚 非洲	尼日利亚 非洲	尼日利亚 非洲	尼日利亚 非洲
2	尼日利亚 非洲	伊朗 亚洲	美国 北美洲	贝宁 非洲	南非 非洲	美国 北美洲	美国 北美洲
3	美国 北美洲	美国 北美洲	中国 亚洲	菲律宾 亚洲	美国 北美洲	科特迪瓦 非洲	印度尼西亚 非洲
4	贝宁 非洲	伊拉克 西南亚	伊朗 亚洲	马来西亚 亚洲	贝宁 非洲	菲律宾 亚洲	孟加拉国 亚洲
5	马来西亚 亚洲	贝宁 非洲	塞内加尔 非洲	南非 非洲	科特迪瓦 非洲	贝宁 非洲	南非 非洲
6	伊拉克 西南亚	马来西洋 亚洲	南非 非洲	美国 北美洲	中国香港 亚洲	伊拉克 西南亚	科特迪瓦 非洲
7	中国香港 亚洲	中国香港 亚洲	中国香港 亚洲	伊朗 亚洲	中国 亚洲	中国 亚洲	伊拉克 西南亚
8	南非 非洲	科特迪瓦 非洲	马来西亚 亚洲	特科迪瓦 非洲	塞加内尔 非洲	中国香港 亚洲	中国 亚洲
9	塞内加尔 非洲	南非 非洲	科特迪瓦 非洲	中国香港 亚洲	新加坡 亚洲	日本 亚洲	中国香港 亚洲
10	喀麦隆 非洲	尼日利亚 非洲	印度尼西亚 亚洲	塞内加尔 非洲	日本 亚洲	印度尼西亚 亚洲	加纳 非洲

数据来源：原始数据来源于UN COMTRADE database，排名自行整理.

泰国大米的出口市场分布与中国相似，主要是亚洲国家和地区以及非洲的国家。在2005和2006年间泰国大米主要出口国家为中国，但是在2008年以后，泰国大米向中国出口的份额急剧下降，甚至没有进入前十位。而尼日利亚成为2008年到2011年间泰国大米最大的出口市场国。贝宁、美国等国也迅速成为泰国大米十分重要的出口市场。

通过分析中国和泰国大米的进出口额、进出口主要国家和地区可以发现，中国是世界大米主要生产国，出口额始终保持平稳，出口市场集中于亚洲地区，进口额变化较大，这与中国大米的价格变化较大有关。而泰国是世界传统的大米出口大国，进口额较少，出口价格能保持较高水平，初步判断泰国大米在国际市场上更加具有竞争力。因此，将通过国际竞争力指标准确判断中国和泰国大米国际竞争力的实际水平。

2 中泰大米国际竞争力测定

为了更加客观准确地计算中国和泰国大米的国际竞争力，本文将选取侧重于贸易份额的贸易竞争力指数（TCI）、侧重于出口形势的显示性比较优势指数（RCA）和侧重于出口因素的显示性竞争优势指数（CA）三个指标从不同角度进行测算。所用数据均来自于联合国贸易统计数据库（UN COMTRADE database）、联合国粮农组织网站（http：//www. fao. org）及世界贸易组织网站（http：//www. wto. org）。

2.1 中泰大米贸易竞争力比较分析

2.1.1 贸易竞争力指数（TCI）

贸易竞争力指数（Trade Competitive Index）又称水平分工度指标，它能够反映本国生产的一种产品相对于世界市场上供应的他国同种产品而言，是处于效率的竞争优势还是劣势以及优劣的程度，可以用来说明该产品或产业的国际竞争力。其计算公式为：

$$TCI_i = X_i - M_i / X_i + M_i \qquad （式 1）$$

其中（式 1）中的 TCI_i 为某国 i 种产品的贸易竞争力指数（本文中为大米的贸易竞争力指数），X_i 为某国 i 种产品的出口值，M_i 为某国 i 种产品的进口值。

如果 $0.8 \leq TCI_i < 1$ 时，该产品具有非常明显的竞争优势；当 $0.5 \leq TCI_i < 0.8$ 时，该产品具有较为明显的竞争优势；当 $0 \leq TCI_i < 0.5$ 时，该产品具有竞争优势，但不明显。TCI_i 接近于 0，说明该产品竞争力呈中性，与国际平均水平相当。若 $-1 \leq TCI_i < -0.8$ 时，该产品处于非常明显的竞争劣势；若 $-0.8 \leq$

TCI_i<0.5 时，该产品具有较为明显的竞争劣势；当-0.5≤TCI_i<0 时，该产品处于竞争劣势，但不明显。

2.1.2 中泰大米 TCI 测算结果分析

表7 2005—2011 年中泰大米贸易竞争力（TCI）比较

国别/年份	2005	2006	2007	2008	2009	2010	2011
中国	0.068	0.173	0.375	0.448	0.444	0.243	0.049
泰国	0.999	0.999	0.998	0.996	0.993	0.998	0.997

数据来源：原始数据来源于 UN COMTRADE database，TCI 数据由公式计算得出.

首先，中国和泰国大米从 2005 年到 2011 年的 TCI 值均大于 0，说明两国在大米这种产品的生产效率上都高于国际水平，具有贸易竞争优势。但是泰国大米的 TCI 远远高于中国大米，说明泰国大米的贸易竞争优势大于中国大米的贸易竞争优势。

其次，中国大米的贸易竞争力指数呈现先快速上升后迅速下降的趋势。根据测算，2011 年中国大米的贸易竞争力比 2005 年的贸易竞争力还要低 30% 左右。2005 年到 2007 年间，中国大米贸易竞争力快速增长，即出口量快速增加，进口量增加较少。主要是因为 2005 年全国大米实现全面增产，国家继续实施在 2004 年公布的稻谷最低收购价政策，加大对农业的支持力度，继续减轻农业税负。根据中国农业部统计，2005 年的全国大米供给量比 2004 年增长 11%。连年的增产和国际大米价格持续走高导致大米进口量相对减少，也使中国大米 TCI 数值持续大幅上升至 2008 年达到最高值 0.448。但是 2008 年以后中国大米 TCI 数值大幅下降，主要因为：（1）受国际金融危机的影响和大米主要出口国的大米出口限制，国际大米市场价格持续走高，使得中国大米出口受到影响，据统计，2010 年和 2011 年中国大米的出口量相比 2009 年分别下降了 20.5% 和 18.5%。（2）近年来，中国市场出现了异常的稻强米弱的现象，即水稻价格坚挺，而大米价格一直低迷不振，许多中小型稻米加工企业无法正常开工，一开工就意味着赔钱，国内的稻米加工企业 95% 都是中小型私营企业，使得大米供给减少，中国大米出口受到影响。（3）相对于中国大米出口量的减少，中国大米的进口量节节高升，根据国家海关统计数据显示，2011年，我国累计进口大米32.5万吨，同比增12.3%。而2012年上半年，我国进口大米数量就达到了117.84万吨，同比增加82.40万吨，增幅为232.56%，是2011年全年进口量的3.6倍。这是因为，我国除了进口高端大米以外，开始从越南、印度等国进口低端大米充当口粮，全国很多省市的学校、施工单位竞相购买越南大米充当口粮，对中低端大米的需求量大，使我国大米进口量迅速增加。从总体趋势看，中国大米的贸易竞争力在2005—2008年间迅速增加，但是由于众多因素的影响，在2008—2011年间出现了大幅下降。在随后的发展中，中国应该注意调整大米产业的产业结构，防止进口低端大米对中国本国大米产业的冲击，同时注意调整稻强米弱的异常市场行情，避免对中小型稻米加工企业生产的不利影响。

相比中国，泰国大米的TCI数值从2005年到2009年均在0.99以上，说明泰国大米的生产效率明显高于国际水平，具有极高的贸易竞争优势。泰国一直是世界上传统的最大的大米出口国，每年大米出口量占世界大米出口量的25%以上，然而进口量相比出口量就显得微乎其微，“出口极大，进口极小”的贸易结构使得泰国大米具有较强的贸易竞争力。从TCI计算结果可以看出，泰国大米TCI值在2005年和2006年间保持平稳，但从2007年至2009年出现小幅度的下降，随后又回升到2005年的水平。主要是因为：(1) 2008年全球金融危机爆发，国际大米价格一路飙升，多国政府因为担心国内大米短缺，纷纷出台大米出口限制令，但是泰国不进行大米出口限制，国际市场上竞争者较少，售价相对较高，导致其出口减少，2009年泰国大米出口金额相比2008年减少17%。(2) 金融危机时，泰国大米市场价格相对较高，泰国从周边国家进口许多廉价的大米，用作饲料。据统计，2008年泰国大米进口金额相对于2007年翻了5倍多，2009年较2008年相比又增长77%。

2.2 中泰大米显示性比较优势分析

2.2.1 显示性比较优势指数（RCA）

显示性比较优势（Revealed Comparative Advantage）是一国某产品出口在

全世界该产品出口中的份额与该国所有产品的出口在世界总出口中的份额的比率。这一指标反映了一个国家某一产品的出口与世界平均出口水平的相对优势，它剔除了国家总量波动和世界总量波动的影响，该指数能够较好地反映生产该产品产业的相对优势。这一指数的计算公式为：

$$RCA_{ij}=\frac{X_{it}}{X_{wj}/X_{wt}} \quad (式2)$$

其中 RCA_{ij}表示的是显示比较优势指数，X_{it}则代表 i 国全部产品的出口值，X_{wj}代表世界 j 种产品的出口总值，X_{wt}表示世界所有产品的出口总值。

一般来说，如果 RCA 指数大于 2.5，表明该国该产业具有极强的国际竞争力，且数值越大，说明显示性比较优势越明显；若 RCA 指数小于 2.5 而大于 1.25，则表明该产业具有较强的国际竞争力；若 RCA 指数小于 0.8，那就表明该国该产业的国际竞争力较弱；RCA 数值越小，比较劣势越明显。

2.2.2 中泰大米 RCA 测算结果分析

表 8 2006—2010 年中泰大米显示性比较优势指数（RCA）比较

国家/年份	2006	2007	2008	2009	2010
中国	0.49	0.40	0.27	0.29	0.21
泰国	22.87	23.01	27.61	21.73	21.45

数据来源：原始数据分别来源于联合国粮农组织网站（http：//www.fao.org）及世界贸易组织网站（http：//www.wto.org），RCA 指数数据由公式计算得出.

通过 RCA 测算发现，泰国大米具有极强的显示性比较优势（RCA>2.5），而中国大米的显示性比较优势指数较低，大米行业已经变成比较劣势行业（RCA<0.8）。

中国大米的 RCA 值从 2006—2010 年逐年降低，说明中国大米的国际竞争力呈逐年下降趋势，主要是因为中国大米产业的发展速度相对于其他产业发展速度较慢。在中国国际货物贸易快速发展的时候，大米产业缺乏技术创新，国内大型加工企业较少，95%都是中小型加工企业，具有国际竞争力的大米加工企业更是少之又少，且遭受着大量进口周边国家廉价大米的冲击。这使得中国大米产业相对于世界水平逐渐缺乏竞争力，丧失比较优势。

泰国大米的RCA值呈现先增加后下降的趋势，从2006年到2008年，泰国大米RCA指数强劲增长，但是2009年大幅下降，截止到2010年，泰国大米RCA指数比2006年的水平还低。泰国大米贸易占泰国所有货物贸易总额的比重在2%—3%浮动，相对于世界其他国家这一比重非常高，可见大米贸易对于泰国的影响之大，所以泰国非常重视大米贸易，积极促进大米培育，在2005年以后年年增产，出口猛增，得到世界各国的认可。但是在2008年金融危机爆发后，全球大米价格激增，泰国政府制定的统一的大米收购价格过高，导致泰国米商从政府手中购买大米的成本过高，迫使一些大型米商不得不提高泰国大米在国际市场的售价，比其他世界主要大米出口国的售价高出很多，使得泰国大米原有的极高国际竞争力出现下降。

2.3 中泰大米显示性竞争优势分析

2.3.1 显示性竞争优势指数（CA）

显示性竞争优势指数（Comparative Advantage）只考虑一个产业或产品的出口所占的相对比例，并没有考虑到进口的影响。为了消除进口的影响，沃尔拉斯（Vollrath）设计了一个显示性竞争优势指数，就是从出口的比较优势中减去了该产业进口的比较优势，其计算公式如下：

$$CA_{ij} = RCA = \frac{M_{ij}/M_{it}}{M_{wj}/M_{wt}} \qquad （式3）$$

公式中M_{ij}代表i国j种产品的进口值，M_{it}代表i国全部产品的进口值，M_{wj}表示全世界j种产品的进口总值，M_{wt}则代表世界所有产品的进口总值。

如果$CA_{ij} \geq 0$，那就表示i国j种产品具有显示性竞争优势，且其数值越大，显示性竞争优势越明显；如果$CA_{ij}<0$，则表示i国j种产品不具有显示性竞争优势，且其数值越大，竞争劣势越明显。

2.3.2 中泰大米CA测算结果分析

表9 2006—2010年中泰大米显示性竞争优势指数（CA）比较

国家/年份	2006	2007	2008	2009	2010
中国	0.09	0.17	0.15	0.16	0.07
泰国	22.86	23.00	27.57	21.64	21.43

数据来源：原始数据分别来源于联合国粮农组织网站（http：//www.fao.org）及世界贸易组织网站（http：//www.wto.org），RCA指数数据由公式计算得出.

总体来看，中国大米和泰国大米的CA数值在2006—2010年间全都大于0，说明排除了进口因素影响后，中国和泰国大米在国际市场都具有竞争优势，尤其是泰国大米具有极高的竞争优势。同时，泰国大米的CA值远远高于中国大米，表明泰国大米的竞争优势远远大于中国大米的竞争优势。

从2006—2008年，中国和泰国大米的竞争优势都有明显的增长，但是在2009年和2010年，又出现下降态势。这种现象和全球经济危机爆发后导致的世界大米市场价格暴涨有很大关系，一些大米主要出口国纷纷实行大米出口限令政策，世界大米贸易垄断度较高，中泰两国出口的大米价格持续上涨。而在中国国内，又出现了异常的稻强米弱的现象，很多中小型大米加工厂商都被迫停产或者减产，国内市场的大米供给量大幅减少，中国大米出口的价格再度升高，中国大米的高价格严重影响了中国大米竞争优势。泰国的情况和中国比较类似，泰国政府出台的大米统一收购价格较高，大米成本上升，迫使很多米商提高售价出口大米以谋求更多利益。泰国米商的提价销售同样影响了泰国大米的竞争优势。

3 中国大米国际竞争力影响因素分析

通过分析贸易竞争力指数（TCI）、显示性比较优势指数（RCA）和显示性竞争优势指数（CA）变动的原因，可以发现大米国际竞争力的影响因素可以分为价格竞争力的影响因素和非价格竞争力的影响因素。前者主要指价格变动对于大米国际竞争力的影响，后者主要指改良品种、调整产业结构、提高产品质量等方面的因素对于大米国际竞争力的影响。

3.1 价格竞争力的影响因素

大米出口价格是影响大米贸易竞争力的主要因素。当某国的大米出口价格较高时，则该国在大米贸易方面会缺乏竞争力，但是如果某国大米出口价格相对于其他国家较低时，则该国在大米贸易方面会相对于其他国家更具竞争力。在影响大米出口价格变动的因素方面，除了要考虑某国大米的品质和质量以外，还要考虑国家和国际大米市场价格的波动。根据本文对于中泰大米贸易竞争力的分析，因为金融危机的影响，国际市场大米价格一路走高，泰国国内政府大米的统一收购价也升高，使得出口商从政府购买大米后不得不提高价格出口大米，使得泰国大米在这一阶段的贸易竞争力指数降低，贸易竞争力下降。

表 10　中国和泰国大米历年出口价格（单位：美元/吨）

国别/年份	2005	2006	2007	2008	2009	2010	2011
中国	334	330	361	497	668	672	828
泰国	308	347	377	598	585	597	608

数据来源：原始数据来源于 UN COMTRADE database，表中数据由计算得出。

从上表可以看出，泰国从 2005 年到 2008 年间大米出口价格一直高于中国大米出口价格，对泰国大米的竞争力造成一定影响，但是还要综合考虑泰国大米质量和品质较好等非价格因素来判断泰国大米该时期国际竞争力的变化。从 2009 年到 2011 年，受金融危机的后续影响，中泰两国大米出口价格节节升高，此时中国大米出口价格明显高于泰国大米，一定程度上削弱了中国大米的国际竞争力。

3.2 非价格竞争力的影响因素

3.2.1 大米生产规模与效率

表11 中泰两国2005—2010年大米总产量（单位：万吨）

国别/年份	2005	2006	2007	2008	2009	2010
中国	18205.5	18327.6	18739.7	19328.4	19668.1	19721.2
泰国	3029.2	2964.2	3210	3165	3122.6	3159.7

数据来源：世界粮农组织数据库（http：//www.fao.org）.

中国大米的年产量远远高于泰国大米的年产量，位居世界第一位。中国大米的生产规模大，但是收割、加工的效率却较低，机械化程度也较低，尤其是一些较为贫困的地区，大米的收割都靠人力完成。但是泰国政府大力推行机械化生产，大米的生产、收割和加工流程中大都靠机械化完成，耗时短，效率高。

3.2.2 大米品质

中国在20世纪70年代末制定了大米的国家标准《GB1354—78》，并于20世纪80年代进行修订，根据稻米的加工精度将大米品质分为四个等级。但是这个标准重视了加工指标，却忽视了各品种自身的特性；重视物理外观指标，却忽略了化学内涵品质，不能全面反映稻米的质量状况。然而泰国政府十分重视大米品质的提高，早在1968年专门成立了全国性的稻米品质检测研究室，主要负责评价稻米品质，提供服务。同时泰国商业部在1958年对精米的质量制定了严格的分级标准，根据粒型、杂质、精度、水分等24项指标将其分成l0个等级。无论是国内消费还是国际贸易，大米价格按照等级有很大差异。从大米标准的制定上，中国应提高大米品质的制定标准。

泰国也十分注重根据市场需求引进新品种，2005年为打开日本、韩国、中国香港、新加坡、中国台湾地区的大米市场，从日本引进了一些优良品种，来提升泰国大米的整体品质水平。相比之下，我国水稻种植的品种多以杂交水稻为主，而优品系水稻种植面积相对较小，并且水稻品种有限，造成我国出口大米质量逊于泰国、越南等国家。虽然近年来随着科学技术的发展和大米品种方面的研究，中国大米品种逐渐得到改善，但大米品质仍无法问鼎世界优质大米市场。

3.2.3 大米的质量安全

大米从收割、贮存到脱壳、去皮等加工程序再到销售、运输，要经历一系列复杂的流程，大米本身是对安全度要求较高的产品，泰国政府非常重视大米质量的控制与检验，建立了一系列严格的质量体系标准和检测标准。泰国国内市场流通的大米质量由商务部内贸厅在市场抽样进行质量核验，并且规定大米为法定检验商品，并对出口大米质量进行严格控制保证出口大米的质量。除了这些政府规定的强制质量检查，泰国商务部还将大米分为泰国大米和泰国香米。相比之下中国的大米质量体系标准不是非常健全，检测力度也不够。同时一些因素也正影响着中国大米的质量安全。如一些水系和淡水湖泊受污染的程度有所加重，直接导致了灌溉用水的质量受损，严重影响大米质量。另外农药使用过量，铅和镉等重金属的污染等问题也导致中国大米国际竞争力有所下降。

参考文献：

[1] 谢国娥，李亮．中泰两国农产品贸易竞争力及其关系研究［N］．华东理工大学学报(社会科学版)，2008，3：47-53.

[2] 旷乾，汤金丽．中国与泰国农产品的贸易竞争性与互补性分析［J］．理论探究，2012，5：82-86.

[3] 白建军，徐立青．我国大米的外贸竞争力分析［J］．山西农业科学，2012，40（9）：993- 996.

[4] Buckley，P. J.，Pass，C.，Prescott，C，Measures of International Competitiveness：a critical survey［J］，Journal of Marketing Management 1988，4：175-200.

中国汽车产品出口的现状、问题及对策

李相如❶　田　园❷

摘要：2009 年以来中国成为世界汽车产销量第一大国，汽车产业成为中国支柱性产业之一。但是在辉煌的背后，中国汽车出口也隐藏着许多问题。本文通过中国汽车出口市场分布以及销售额变化等现状来分析中国汽车出口存在的问题和劣势，并从政府、协会、企业三个层面提出了促进我国汽车出口及可持续发展的对策及建议。

关键词：汽车出口额；现状；问题；对策；金融危机

1　中国汽车出口现状

1.1　中国汽车出口量及出口额

入世十余年来，我国汽车出口量以及出口额呈逐年快速上升趋势，目前我国汽车产量以及出口量都处于世界领先水平。自从 2000 年开始，中国汽车产量就达到位居第三的领先位置，2009 年更是中国汽车产量的“里程碑”。资料显示，中国汽车的出口量呈现出了每五年成倍增长的态势，如表 1 所示。

---

❶ 作者简介：李相如（1990-），男，北京联合大学商务学院国贸经济与贸易专业学生。

❷ 作者简介：田园（1982-），女，讲师，博士，北京联合大学商务学院国际经济系教师，研究方向为国际贸易理论与政策、国际服务贸易。本文通讯作者。

表1　1996—2010 年中国汽车进出口数量

单位：辆

时间	进口量合计	出口量合计
“九五”时期	243013	80838
1996	75863	15112
1997	46039	14868
1998	40216	13627
1999	35192	10095
2000	42703	27136
“十五”时期	708281	401011
2001	71398	26073
2002	128195	28645
2003	171710	45777
2004	175654	136258
2005	161324	164258
“十一五”时期	2185713	2575482
2006	227773	343379
2007	314130	614412
2008	409769	681008
2009	420696	370030
2010	813345	566653

注：数据来源于《中国汽车出口年鉴》、《中国汽车工业年鉴》.

“九五”时期，中国汽车五年出口量之和为 80838 辆；“十五”时期，中国汽车五年出口量之和为 401011 辆，同比五年增长 396.06%；“十一五”时期，中国汽车五年出口量之和为 2575482 辆，同比五年增长 542.25%。由数据可以看出，每五年出口量之和几乎都为前一个五年出口量的 4 倍左右。可见中国汽车出口已被定位中国汽车产业的重要发展方向，并且预计这种增长还会持续。

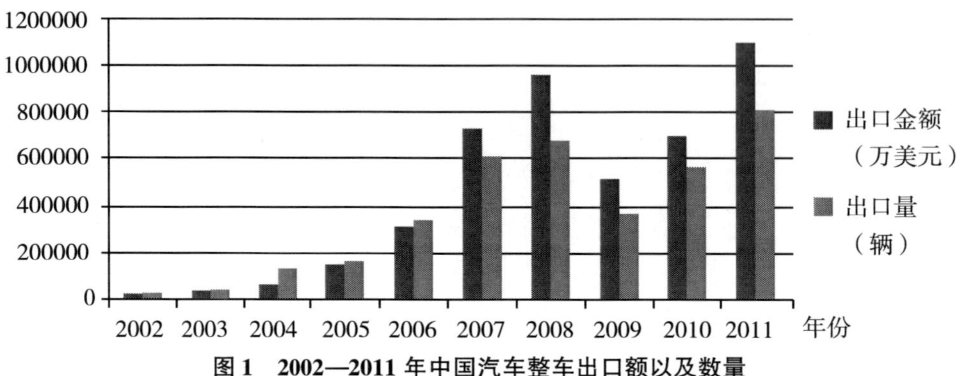

图 1　2002—2011 年中国汽车整车出口额以及数量

注：数据来源于《中国汽车出口年鉴》、《中国汽车工业年鉴》、中国汽车工业协会.

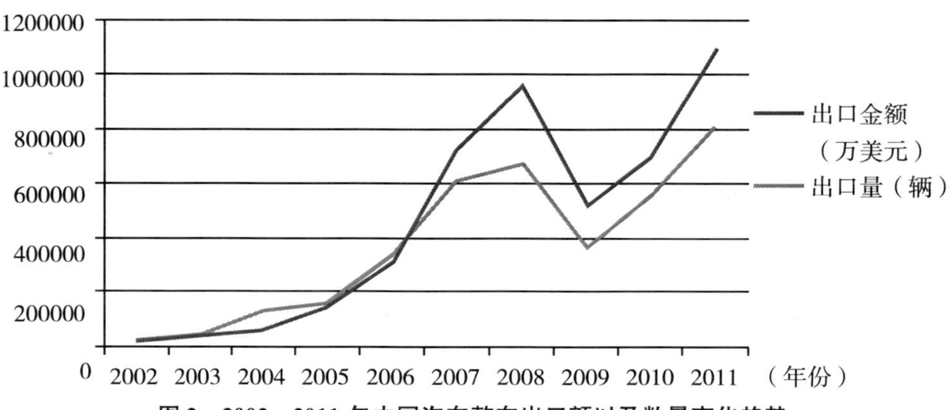

图 2　2002—2011 年中国汽车整车出口额以及数量变化趋势

注：数据来源于《中国汽车工业年鉴》.

2005 年之前，中国汽车整车出口数量明显少于进口数量。但是入世以后至 2007 年，在吸纳外资以及国家政策的双重作用下，进出口量都呈现出了井喷式的增长。2002 年整车出口量为 28645 辆，同比增长 9.86%，整车出口额为 24777 万美元，同比增长 15.8%；2003 年整车出口量为 45777 辆，同比增长 59.81%，整车出口额为 37191 万美元，同比增长 50.1%。相比之下出口额增长幅度开始大幅上升。2004 年整车出口量为 136258 辆，同比增长 197.66%，整车出口额为 65473 万美元，同比增长 76.05%；直至 2005 年，中国汽车整车出口合计数量超过进口合计数量，出口量为 164258 辆，同比增长 20.55%，整车出口额为 151011 万美元，同比增长 130.65%。随着 2003—2005 这三年较快的出口额增长速度，

2006—2008 年中国汽车整车出口额依然保持了飞快的增长速度。2006 年整车出口量为 343379 辆，同比增长 109.5%，整车出口额为 313465 万美元，同比增长 107.58%；2007 年整车出口量为 614412 辆，同比增长 78.93%，整车出口额为 730567 万美元，同比增长 133.06%。但是由于金融危机影响，2008 年的增长速度有了明显的回落，整车出口量为 681008 辆，同比增长 10.84%，整车出口金额为 962991 万美元，同比增长 31.81%。2009 年和 2010 两年由于受到经济危机影响，并且随着该影响的扩大使得中国汽车整车的出口量有了大幅下降，2010 年稍有回升但是还未达到 2008 年的水平。2009 年整车出口量为 370030 辆，同比下降 45.66%，整车出口金额为 519036 万美元，同比下降 85.53%。据中国海关统计，当年汽车出口经销商锐减 58%。2010 年出口量以及出口额都有回升，2010 年整车出口辆为 566653 辆，同比增长 53.14%，整车出口额为 698413 万美元，同比增长缓慢，为 34.56%。2011 年中国汽车出口保持了自金融危机以来的快速回升趋势，出口量以及出口额都超过了 2008 年的水平，2011 年整车出口量为 814000 辆，同比增长 43.65%，整车出口额为 1095000 万美元，同比增长 56.78%，呈现出整体上升趋势。

1.2 中国汽车出口结构的分布

2006—2008 年，经济危机以前，中国汽车出口处于高速发展状态。中国的汽车出口结构按照出口金额来看，占主要部分的是载货车、轿车、专用汽车以及大中型客车。2008 年各项数值达到了经济危机前的最高点。如图 3 所示。

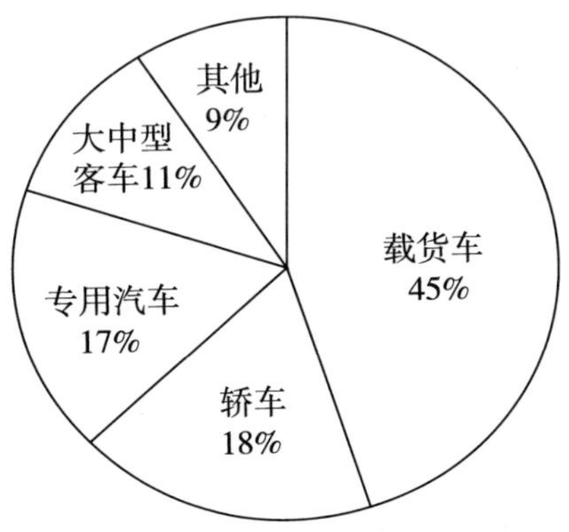

图 3 2008 年中国汽车出口结构

注：数据来源于《中国汽车出口年鉴》.

在中国汽车出口结构中，载货车出口量及出口额分别为287720辆以及431573.9万美元，占当年中国汽车出口的最大份额，出口量占当年总出口的42.25%，出口额占当年总出口额的44.82%，出口量与出口额比例相当。其次是乘用车类的轿车，位居当年汽车出口总额第二，出口量为241316辆，占当年总出口量的35.44%，出口额为179500.5万美元，占当年汽车总出口额的18.64%。排到总出口金额第三位的是商用车类的专用汽车，当年出口量为14364辆，只占当年出口总量的2.1%，但是当年出口额为160233万美元，占到了当年出口总额的16.64%。大中型客车也占到了当年一定的出口额比重，其出口量为33928辆，占当年总出口量的4.9%，大中型客车出口额为108175.3万美元，占到当年汽车出口总额的11.23%。由此可见，2008年中国汽车出口主力是载货车与小轿车，整体比例与前年无太大差异。

2009年随着金融危机的影响逐渐明显，扩散。中国的汽车出口受到了很大程度的影响。如图4所示。

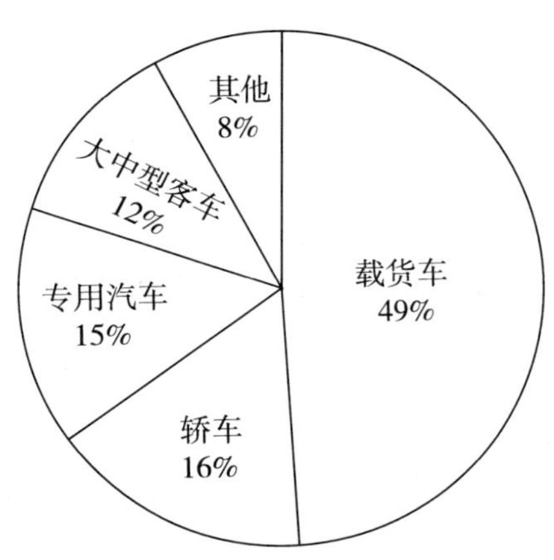

图4 2009年中国汽车出口结构

注：数据来源于《中国汽车出口年鉴》.

2009年由于金融危机的打击，出口主要车型的出口数量以及出口额相比2008年出现了大幅度的下降，降幅从各个车型来看都在50%左右，其中小轿车降幅最大，当年出口数量同比下降达到了57.6%，出口额同比下降达到了55.2%。其次是专用汽车，当年出口数量为8912辆，同比下降38%，当年出口额为79432万美元，同比下降50.4%。载货车与大中型客车出口额下降幅度相同，同比下降41%，出口量分别同比下降38.2%、31.4%。

2010年中国汽车出口总量与出口总额与2009年相比有所好转。如图5所示。

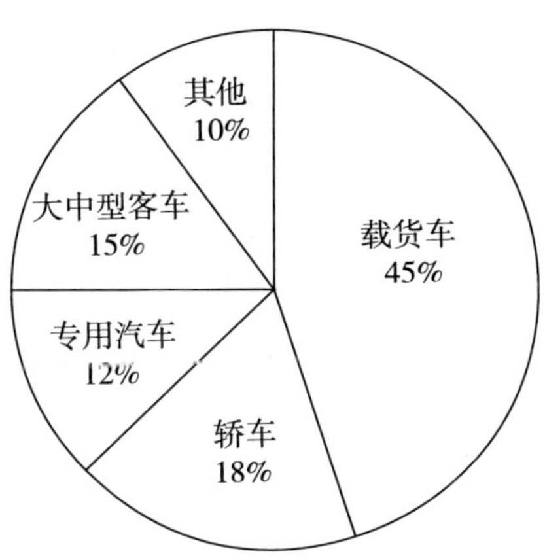

图5　2010年中国汽车出口结构

注：数据来源于《中国汽车出口年鉴》.

无论从出口量还是出口额来看都有了明显的回升。其中按出口额来看，同比增加幅度最大的是小型客车，当年出口额为12746.6万美元，同比增长高达130.9%。当年载货车出口额为318382.1万美元，同比增长25%，占当年整车出口总额的45.59%，出口量为232081辆，同比上升30.4%，占当年出口总量的40.96%。轿车出口额为127631.7万美元，同比增加58.8%，占当年整车出口总额的18.27%，出口量为179940辆，同比上升75.7%，占当年整车出口总量的31.75%。大中型客车出口额为103656.8万美元，同比增长62.4%，占当年整车出口总额的14.84%，出口量为36517辆，同比增长57%，占当年整车出口总量的6.4%。2011年无论出口量还是出口额都有了进一步增加，大体分布情况与2010年相似。从长远分析来看，2006—2011年中国汽车出口的整体分布结构都大体相似，都是载货车位居出口额第一位，轿车位居出口额第二，专用汽车与大中型平分秋色位居第三。

1.3 中国汽车出口的市场分布

随着中国汽车出口的规模逐渐变大，自2006年以来，中国汽车出口的基本市场格局已经成形，中国汽车出口的主要市场以非洲以及亚洲为主要市场，随着出口规模的进一步扩张，欧洲市场也逐渐打开，成了中国的载货车出口主要市场。直至2009年，南美洲已然成为了中国最有发展潜力的汽车市场。至今，非洲、亚洲以及欧洲成了中国汽车出口的最主要地区。

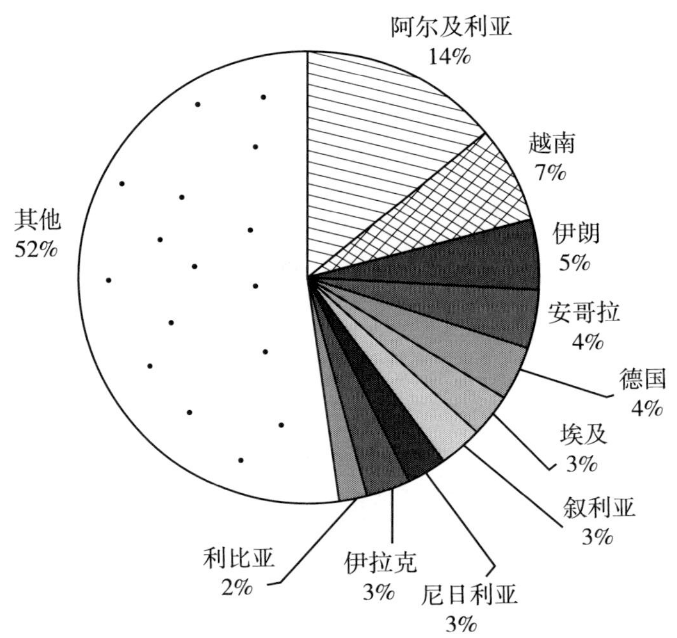

图6 2009年中国汽车整车出口金额前10名国家

注：数据来源于《中国汽车出口年鉴》.

由于金融危机的影响，2009年海外市场对中国汽车整车的需求大大降低了，很多2008年排名前十的国家都没有出现在2009年出口额的前十名里，但是通过观察不难发现当年中国汽车的出口市场仍然以非洲、亚洲等地区为主要出口市场。2009年阿尔及利亚以0.61亿美元的进口量位居中国汽车出口额的第一位，还有非洲、中东、中亚以及东南亚等地区也是中国商用车的主要出口市场。商用车出口的国家集中度都相对较高，比如载货车，2009 年阿尔及利亚之所以名列第一是因为载货车的进口量名列第一，中国适中的车辆价格、经济耐用等高性价比的品质深受这些国家、地区的欢迎。但是同时存在着一个问题，虽然中国出口到非洲、中东、东南亚、中亚以及拉丁美洲等地区的规模在逐渐扩大，但是出口的分布并不均匀，这是由于对环保更看重的欧美国家来说，环保法规是一个更为重要的标准，我国商用车尤其载货车在欧美国家市场的竞争力还不足以与国际知名重型汽车企业相抗衡。另外要注意的是德国 2009 年位居第六，虽然出口量很大，但主要是以加工贸易的方式出口，而不像中国自主品牌的车辆以一般贸易的方式出口。2011 年的状况如图 8 所示。

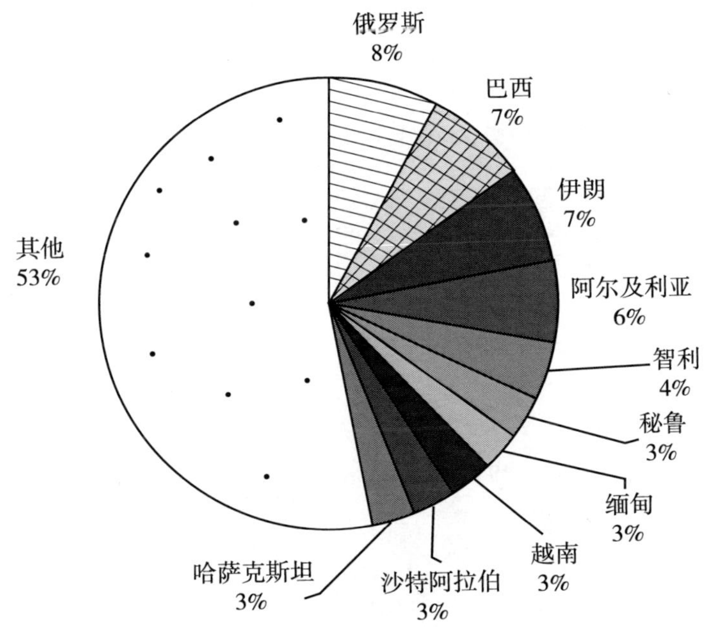

图 7　2011 年中国汽车整车出口金额前 10 名国家

注：数据来源于《中国汽车出口年鉴》、国际商报.

2011 年中国汽车整车出口到俄罗斯的出口额再次位居第一。而其他前十名也还是与 2007 年金融危机之前的状况基本相似，像伊朗、哈萨克斯坦、秘鲁、阿尔及利亚等国家主要进口中国商用车较多，当年中国汽车在秘鲁的市场占有量持续增高，已占有秘鲁市场总销量的14%，并且2012年有望继续增长25%。秘鲁和智利市场的占有率迅速上升要归功于中国—秘鲁自由贸易区以及中国—智利自由贸易区协议的签署。

2 中国汽车出口存在的问题

2.1 中国汽车出口产品结构单一

表2 2002—2010年中国出口汽车产品分类

年份	出口金额（万美元）	汽车整车（辆）	发动机（台）	零部件（件）	零部件占比例
2002	335890	24777	25100	221006	65.8%
2003	802642	37191	30058	625559	77.94%
2004	1276635	65473	49606	915447	71.71%
2005	1677028	151011	60778	1151936	68.69%
2006	2890961	313465	77343	2154721	74.53%
2007	4126332	730567	118519	2869119	69.53%
2008	4762503	962991	131771	3163103	66.42%
2009	3835151	519036	72182	2927598	76.34%
2010	5413927	698413	98488	4170867	77.04%

注：数据来源于《中国汽车出口年鉴》.

由表2可以发现中国汽车每年的零部件出口额占总出口额的比例很大，几乎占到2/3以上。2002年中国汽车零部件出口额占当年汽车商品出口总额的65.8%，整车出口额只占当年汽车商品出口总额的7.4%。2003年零部件出口额占当年汽车商品出口总额的77.94%，整车出口额只占当年汽车商品出口总额的4.6%。2004年零部件占比71.71%，2005年为68.69%，2010年为77.04%，直到2011年中国汽车零部件出口额首次突破500亿美元，高达521.93亿美元，占当年汽车商品出口总额的75.71%，同比增长达到28.6%，期间一直占总出口额的2/3左右，保持出口贡献额第一位的成绩，而相比之下整车占当年汽车商品出口总额的比例还不足25%，相差甚远。近年来人民币持续升值，原材料价格以及人力成本逐年上升，导致了中国汽车零部件出口的优势逐渐减弱，极大地压缩了汽车零部件的利润空间，而零部件利润率本来就相对偏低，长此以往会使零部件出口利润率持续缩减，对中国汽车出口额整体产生较大的影响。然而尽管中国汽车零部件出口占总出口额的2/3，但是中国汽车零部件的生产企业依旧缺乏具有高新技术的自主生产研发能力，这使得核心技术上的不足成为了中国汽车产业的一个短板。

2.2 抵御风险能力差

在中国遭受到经济危机以前，中国汽车出口无论从出口量还是从出口额的角度来看，都处于一个快速上升的发展过程中。如图2所示。

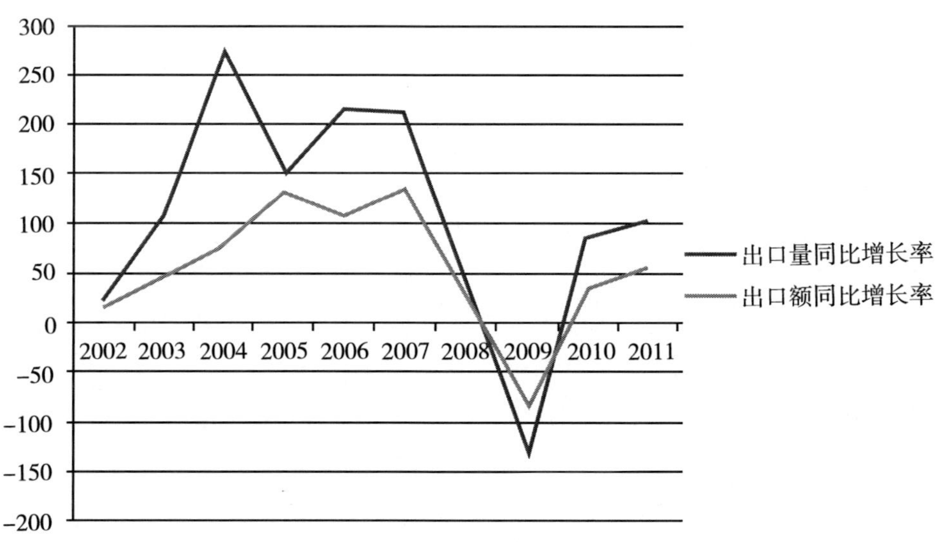

图2　2002—2011年中国汽车出口量以及出口额同比增长趋势

注：数据来源于《中国汽车出口年鉴》.

2008年之前，中国汽车出口发展状况很好，汽车出口额保持了一个相对稳定的增长速度，出口量也基本处于逐年稳步增加阶段。但是由于2008年遭受了经济危机的影响，出口量还有出口额都发生了直线下降，同比增长速度放慢。直至2009年，金融危机对中国汽车出口的影响才逐渐明显起来，出口额还有出口量的同比增长出现了负数，汽车出口额同比下降85.53%，基本下降了100%，这使当年中国汽车出口遭到了极为惨烈的打击。2009年金融危机对汇率造成的影响，使得原材料大幅度涨价，从而给中国汽车出口带来了很大的压力，国外购买能力、消费能力的降低使得全球汽车市场大幅缩水，中国汽车出口自然未能幸免于难。2010年到2011年，经过两年的缓冲，中国汽车出口也未能迅速复苏，2011年中国汽车出口量以及出口额勉强超过2008年。而从2008年开始，中国汽车出口遭受打击使得汽车产业逆差的格局直至现在还未改变。随着欧债危机的到来与进一步影响，中国汽车出口前途也很坎坷，在美国次债危机与欧债危机的双重影响下，外资逐渐从中国撤离，福特汽车、卡特彼勒等汽车制造公司接连离开中国，将部分或者全部产能撤回美国本土，进一步使中国整车出口受到影响。

2.3 出口规模分散，秩序混乱

2.3.1 出口规模分散

我国汽车出口规模也是影响汽车出口质量的一大问题。中国汽车发展历史本身不长，企业规模不够成熟，相对较小，出口汽车产品层次不高，再加上品牌效应薄弱，中国汽车出口主要市场还是亚洲、非洲等发展中国家，与发达国家、汽车工业国家相比竞争力较差。据海关统计以及汽车工业年鉴，中国汽车出口企业过于分散。每年出口1—10辆的企业约占10%。长此以往中国汽车出口过于分散，且没有能力长期稳固市场，从而主导市场的能力不强，也就不能向发达国家一样具有稳定的出口市场、出口量以及出口额。从大的方面说，中国汽车出口规模与世界主要汽车出口国的差距也很大。以日本为例，2010年日本总共出口汽车480万辆，而中国当年汽车出口只有56.5万辆，虽然中国是世界汽车生产大国，当年汽车生产1800余辆，但是出口比例只有3.1%，而世界主要汽车出口国家，例如日本、德国、韩国等国家，每年有50%以上的出口比例，由此可见中国的汽车出口规模还未成气候。

2.3.2 出口秩序混乱

中国汽车的不断发展以及汽车生产规模的分散化使得中国汽车的出口秩序受到一定程度的影响。由于中国汽车出口的门槛不高，大量的汽车整车出口企业相互进行恶性竞争，压价出口。尤其在非洲市场，恶性竞争明显，每年 100 多种品牌在非洲市场相互打压，无序竞争，这严重了影响品牌之间的生存能力，相互残杀，无法建立品牌效应。而与此同时，在中国汽车自相残杀的时候，各大汽车巨头可以轻松地以其领先的技术、规模、品牌等优势占据市场，从而进一步压制中国汽车的出口。

2.3.3 售后服务难度大

由于规模分散和出口秩序混乱而产生的后续问题，售后服务问题接踵而至。之前提到过根据海关统计，每年出口 1—10 辆的企业就占 10% 左右，而出口量在 50% 以下的企业在 2010 年就有 50% 。结果可想而知，很多企业一年间在不同的市场只卖出不到 50 辆整车，而规模如此之小的企业并没有足够的时间、能力以及资金去建立一个健全完整的售后服务体系。这就导致了售后服务难度巨大，从而严重影响了中国汽车出口企业的品牌声誉。由此可见，要想提高海外市场占有率，必须将建立合理的规模、制定完善的出口体制以及保质的售后服务作为重点来进行。

2.4 自主品牌竞争形势严峻，不敌合资品牌

根据中国汽车工业年鉴的资料显示，2001 年到 2011，这 11 年是中国汽车产业发展的黄金时段。2001 年到 2010 年这 11 年间，年平均销量增长率为 22.8% 。直至 2011 年，在中国自主品牌与中外合资品牌的努力之下，中国坐上了世界产销量第一的宝座。而在中高端产品的分类时，虽然中国已经有了一定的自主研发能力，但是高端汽车产品还是以中外合资企业的产品为主，而中低端的汽车产品以自主品牌产品为主，这个现象在乘用车领域较为明显，如图 2所示。

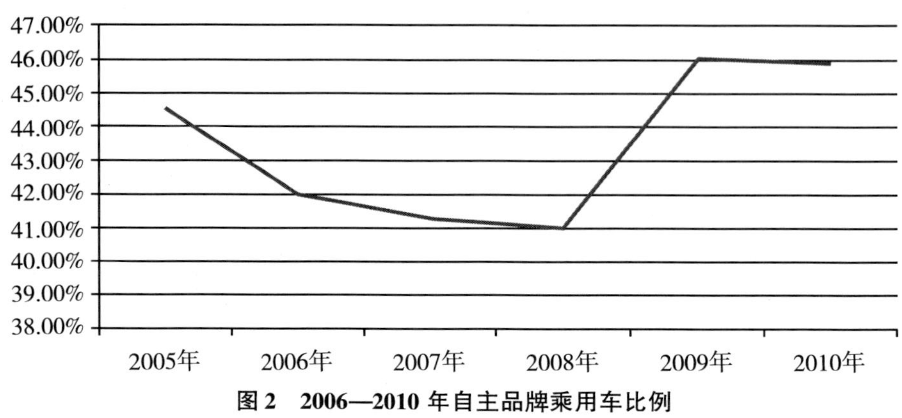

图2　2006—2010 年自主品牌乘用车比例

注：数据来源于《中国汽车工业年鉴》.

近年来，中国汽车行业中外资的身影越来越活跃，中国合资品牌中外资的股份几乎都在一半以上，实际上在大多数中外合资企业中外资都占据了“统治”地位。从图中很容易发现，从 2005 年开始到 2008 年，中国自主品牌乘用车所占比例一直处于下滑状态。2009 年开始在中国出台的众多优惠政策的刺激下，自主品牌乘用车比例出现了明显的上升。相关政策如汽车下乡政策以及以旧换新等政策，但是在这些优惠政策之下，自主品牌乘用车比例依然没有超过 50%。

从另一方面来看，从汽车工业产值这个指标来看，中国自主品牌与中外合资品牌的差距就相当明显了。2010 年中国汽车自主品牌的企业总产值基本都在 500 亿元以下，而中外合资企业的总产值基本都在 1000 亿元以上，如上海通用、一汽大众等著名中外合资品牌。由此可见中国自主品牌汽车在规模上与中外合资品牌已经有了很大的差距。再从企业利润率上看，中国自主品牌汽车的利润率相比中外合资品牌的利润率差距更悬殊，中国奇瑞、长城、江淮、一汽轿车、上汽通用五菱、比亚迪、吉利这 7 家主要自主品牌企业的年利润价值和还不敌上海大众这一家合资企业的年利润高，更不用与具有更高利润的上汽通用、东风日产甚至利润最高的一汽大众相比了。而利润正是一个企业发展的命脉，从常年的数据分析来看，中国汽车自主品牌的发展局势很严峻，如果得不到有效的改善，中国自主品牌汽车企业将面临更大的生存威胁。

3 促进中国汽车出口的对策

3.1 政府层面

中国汽车出口到海外市场首先离不开政府的支持。在海外建立新的市场需要投入大量资本，出口秩序也要依靠政府出台的措施来维护。依照目前中国出口存在的问题看，中国政府首先需要维持一个更加井然有序的出口环境，减少恶意竞争。据资料显示，2011 年 7 月 7 日出台的《关于“十二五”期间促进机电产品出口持续健康发展的意见》，国家有关部委应在 2012 年修订《规范汽车出口秩序管理办法》。就如同前几年出台的《关于规范汽车出口秩序的通知》，在 2006 年初卓有成效，为净化中国汽车出口环境起到了很好的作用。

技术也是汽车产业发展的命脉，所以中国还应该出台一些核心技术开发的奖励、优惠政策，不要再一味地用市场换取技术。之前的出口存在的问题中就已经提到了，目前中国自主品牌的不敌中外合资品牌的一大因素就是缺乏自主核心技术。如果中国有了自主核心技术就可以掌握主动权，不用再受到外资企业的压制。所以中国政府为自主品牌出台一些优惠措施将会有效地帮助自主品牌的崛起，如减免税率、政府主动增加对自主品牌的购买力度等。

中国加入 WTO 后，一直被各种贸易纠纷、各种保护措施所困扰。所以中国还应该成立更多的相关机构去解决争端，避免技术性贸易壁垒，提高中国汽车检测机构的认可度以及权威性。而应对反倾销等贸易壁垒的主要措施是优化市场结构、提高自身生产技术等。所以提高自身竞争力、获取自主核心技术才是根本。

3.2 协会层面

作为中国汽车企业与政府之间的连接纽带，中国的汽车协会应该积极配合国家出口政策，维持好市场秩序，协助政府有关部门展开反倾销、反补贴案件的调查，还要及时为会员提供公平竞争的机会。现在中国汽车企业的生产以及出口规模不成气候，过于分散，为了应对此问题，协会应该制定更加严格的出口门槛，限制不具资质的企业，使市场更加集中化，规范出口的标准，起到催化剂的作用。如中国汽车工业协会管理着270多家汽车企业。为了促进中国汽车出口，中国汽车工业协会为会员提供了很多咨询服务，为企业的改革、技术改进、建立危机预警机制做出了卓越的贡献。

3.3 企业层面

通过政府以及协会的辅助作用，具体落实各种政策、规定还要靠企业来做。首先要解决的是产品质量问题以及售后服务问题，正如前面问题中所提到的，中国汽车由于发展较晚、起步较低，产品质量以及售后服务都明显落后于国外著名品牌汽车。但是在未来的发展中，产品质量以及环境保护方面有很大的提升空间，提升了产品质量，也就让外国的质量监管机构无机可乘。

其次就是建立完善的售后服务网络，中国汽车由于市场过于分散化而降低了售后服务标准。所以中国汽车企业应该再花一定的人力和资金成本在国外提供具有企业特色的、反应速度敏捷的售后服务，在优质的品质上锦上添花，在国外市场树立良好的口碑。

最后，中国汽车企业应该团结一致，减少恶意竞争，共同努力打造一个和谐的市场。如果每个企业都独自去海外市场闯荡，其难度与风险还有所需要的成本都大大高于数个企业合作共同开拓市场所产生的风险及成本。虽然现在中国七大自主品牌的利润加在一起还不如上海大众，但是如果能团结面对风险、共同分享信息、资源，携手共进，相信中国自主品牌很快就会崛起，超过上海大众也将不是梦想。

参考文献：

[1] 王延娜. 对我国汽车零部件行业发展的战略探讨 [J]. 汽车工业研究，2010：18-20.
[2] 李永钧，徐欣. 对中国汽车业现状的几点思考 [J]. 汽车工业研究，2012 (8)：22-27.
[3] 沈庆. 关于我国汽车出口问题的若干思考 [J]. 汽车工业研究，2010 (8)：12-16.
[4] 曾庆洪. 加强自主创新建设汽车强国 [J]. 汽车工业研究，2012 (4)：7-11.
[5] 康长青，王壮. 金融危机下中国汽车出口现状及应对措施 [J]. 中国新技术新产品，2010 (1)：192.